首届"暨南大学詹伯慧语言学奖"特刊

NANFANG YUYANXUE

第十八辑

广东省普通高校人文社会科学重点研究基地暨南大学汉语方言研究中心

刘新中　主编

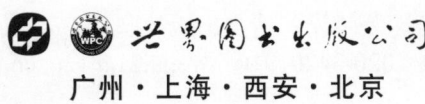

广州·上海·西安·北京

图书在版编目（CIP）数据

南方语言学. 第十八辑 / 刘新中主编. —广州：世界图书出版广东有限公司，2021.12
　ISBN 978-7-5192-9345-1

　Ⅰ.①南… Ⅱ.①刘… Ⅲ.①汉语方言—方言研究—丛刊 Ⅳ.①H17-55

中国版本图书馆CIP数据核字（2021）第280635号

书　　名	南方语言学（第十八辑）
	NANFANG YUYANXUE（DI SHIBA JI）
主　　编	刘新中
责任编辑	李　婷　魏志华
装帧设计	书窗设计
责任技编	刘上锦
出版发行	世界图书出版有限公司　世界图书出版广东有限公司
地　　址	广州市新港西路大江冲25号
邮　　编	510300
电　　话	020-84184026　84453623
网　　址	http://www.gdst.com.cn
邮　　箱	wpc_gdst@163.com
经　　销	各地新华书店
印　　刷	广州市怡升印刷有限公司
开　　本	787mm×1092mm　1/16
印　　张	13.25
字　　数	306千
版　　次	2021年12月第1版　2021年12月第1次印刷
国际书号	ISBN 978-7-5192-9345-1
定　　价	42.00元

版权所有　侵权必究

（如有印装错误，请与出版社联系）

咨询、投稿：020-34201910　weilai21@126.com

汉语方言研究中心
学术委员会名单

学术顾问

詹伯慧　李如龙　张振兴　许宝华　邢福义　邵敬敏　潘悟云　张双庆
陆镜光　鲍厚星　张洪年　单周尧　刘村汉　林立芳　钱曾怡　温端政
平山久雄

主任委员

麦　耘

委　员
（按姓氏音序排列）

曹志耘　陈洁雯　范俊军　甘于恩　侯兴泉　李　蓝　林伦伦　刘新中
麦　耘　邵慧君　邵　宜　万　波　汪国胜　伍　巍　张　敏　张屏生
庄初升　祖漪清

《南方语言学》编辑组

名誉主编

詹伯慧

主　编

刘新中

编　委
（按姓氏音序排列）

陈晓锦　范俊军　甘于恩　高　然　侯兴泉　刘新中　彭小川　彭志峰
邵　宜　伍　巍　肖自辉　钟　奇

编　辑
（按姓氏音序排列）

程欣媛　张建人

目 录

首届"暨南大学詹伯慧语言学奖"专栏

"暨南大学詹伯慧语言学奖"章程……………………………………………………（1）
"暨南大学詹伯慧语言学奖"管理办法…………………………………………（2）
首届"暨南大学詹伯慧语言学奖"获奖作品名单………………………………（5）
首届"暨南大学詹伯慧语言学奖"获奖作品专家评语…………………………（6）
《礼制语境与经典诠释》专家评语………………………………………………（6）
《元音研究》专家评语……………………………………………………………（9）
《徽州方言音韵研究》专家评语…………………………………………………（11）
《湘语益阳（泥江口）方言参考语法》专家评语………………………………（13）
《浙江九姓渔民方言研究》专家评语……………………………………………（15）
《粤西湛茂地区粤语语音研究》专家评语………………………………………（18）
《泰国的西南官话》专家评语……………………………………………………（21）
《原始纳西语前冠音的来源与演变》专家评语…………………………………（23）
《东安新圩江土话精知庄章组读塞音的现象和性质》专家评语………………（25）

方言理论探索与建构

汉语方言单字调现有入声的调型……………………………………刘新中（27）
略论粤方言保护研究的新问题与新视角——兼评单韵鸣《广州人语码转换代际差异研究》
……………………………………………………………………………祝晓宏（38）

岭南汉语方言

粤方言肇庆端州话"点"的分布位置及其语义制约…………梁嘉莹 侯兴泉（50）
试论粤语动词后缀"硬"和"梗"的用法、差异及限制……………罗佩珊（62）

语音与音韵

翁源新江客家话语句焦点的音高模式………………………何枫清 王茂林（70）
苏州车坊方言舌尖擦音、塞擦音的发音部位…………………凌 锋 林齐倩（84）

赣方言遂川话鼻化韵和鼻音韵的实验分析……………………曾玲　余俊毅　刘新中（90）
鄂赣皖交界处中古泥来母的读音类型………………………………………姜迎春（102）
河南新乡方言中的Z变音…………………………………………………董一博（114）

语法、语用与语言类型

襄阳方言副词"儘"的话语关联和语义情态………………………………阮秀娟（122）
新媒体语境下突发事件政府舆情处理的修辞策略分析——以2017年11·18北京大兴火灾
　　为例………………………………………………………………………李春红（132）
鄂西北无撮口呼方言的来源与归属………………………………李　旭　刘新中（143）

少数民族语言

彝语峨山方言的致使范畴…………………………………………………沐　华（153）

方言与文学

方言学视域下的明代七子派文学追求与实践……………………史小军　欧阳婷（166）

海外汉语方言

从语音特点看古巴台山话的演变…………………………………陈晓锦　龙祉均（179）

书　评

《音乐、语言与脑》述评……………………………………………邓德崇　侯兴泉（190）
《明代南京官话军屯移民语言接触演变研究》简评………………………邓宏丽（198）

Table of Content

Special Column for The 1st Zhan Bohui Award in Linguistics of Jinan University

Constitution of Zhan Bohui Award in Linguistics of Jinan University (1)
Measures for Zhan Bohui Award in Linguistics of Jinan University (2)
List of Award-winning Works for The 1st Zhan Bohui Award in Linguistics of Jinan University (5)
Expert Remarks on Award-Winning Works for The 1st Zhan Bohui Award in Linguistics of Jinan University (6)
Remarks on Context of Ritual System and Annotate of Classics (6)
Remarks on Vowel Studies (9)
Remarks on The Phonological Studies on Huizhou Dialect (11)
Remarks on A Reference Grammar of Yiyang Xiangese (Nijiangkou) (13)
Remarks on Studies on the Dialect of Nine Surname Fishmen, Zhejiang (15)
Remarks on Phonetic Studies on Zhanjiang-Maoming Cantonese in Eastern Guangdong (18)
Remarks on Southwest Mandarin in Thailand (21)
Remarks on Pre-consonants of Proto-Naxi: Origin and Evolution (23)
Remarks on Ancient Consonant Group, Jing, Zhi, Zhuang, Zhang(精知庄章), Pronounced as Stops in Dong'an (Xinxujiang) Patois: Phenominon and Nature (25)

Dialect Theory: Exploration and Construction

The Patterns of Checked Tone in Contemporary Chinese Dialects ············ *LIU Xinzhong* (27)
New Issues and Perspectives on Cantonese Protection Research: Some Remarks on Shan Yunming (2021) on the Intergenerational Difference in Code Switching among Cantonese People ············ *ZHU Xiaohong* (38)

Lingnan Dialects

On the Distribution and Semantic Constraints of tim^{35} (点) in Zhaoqing Duanzhou Cantonese
············ *LIANG Jiaying & HOU Xingquan* (50)
The Functions, differences and Constraints of Postverbal Particles ŋɐŋ^{22}(硬) and kɐŋ^{35}(梗) in Cantonese ············ *LAW Pui Shan* (62)

Phonetics and Phonology

The Pitch Pattern of Sentence Focus in Wengyuan Xinjiang Hakka Dialect
············ *HE Fengqing & WANG Maolin* (70)

An Articulatory Study of Apical Fricatives and Affricates in the Suzhou Chefang Chinese
.... *LING Feng & LIN Qiqian*　(84)

The Experimental Analysis of Nasalized Finals and Nasal Codas of Suichuan Dialect
.... *ZENG Ling, YU Junyi & LIU Xinzhong*　(90)

The Pronunciation Types of The Middle Ancient Initials of Ni(泥) and lai(来) at the Junction of Hubei, Jiangxi and Anhui .... *JIANG Yingchun*　(102)

Z Rhyme Change in Xinxiang Dialect of Henan Province .... *DONG Yibo*　(114)

Syntax, Pragmatics and Typology

Discourse Relevance and Semantic Modality of Xiangyang Dialect Adverb "jin(儘)"
.... *RUAN Xiujuan*　(122)

Rhetorical Strategy on Government Public Sentiment Handling the Emergency in New Media Context: Daxing Fire Disaster in Beijing on the Nov. 18th, 2017 as an Example
.... *LI Chunhong*　(132)

Northwest Hubei Dialects without Rhymes y & y-: Sources and Attribution
.... *LI Xu & LIU Xinzhong*　(143)

Minority Languages

The Causative Category of Eshan Dialect in Yi Language .... *MU Hua*　(153)

Dialect and Literature

The Literary Pursuit and Practice of the Seven-Scholar School in the Ming Dynasty: A Perspective from Dialectology .... *SHI Xiaojun & OUYANG Ping*　(166)

Oversea Chinese Dialects

The Evolution of Cuba Taishanese: from Sound Characteristics
.... *CHEN Xiaojin & LONG Zhijun*　(179)

Book Reviews

Book Review: Music, Language, and the Brain .... *DENG Dechong & HOU Xinquan*　(190)

A Brief Comment on "Garrison Migration and Dialect Contact: A Geolinguistic Study of Four Descendants of Ming Dynasty Nanjing Mandarin" .... *DENG Hongli*　(198)

▶ 首届"暨南大学詹伯慧语言学奖"专栏 ◀

"暨南大学詹伯慧语言学奖"章程

詹伯慧先生是我国著名语言学家,对我国的语言学事业做出了卓越的贡献。为弘扬中华优秀文化传统,保护丰富的语言资源,繁荣我国的语言学研究,特设立"暨南大学詹伯慧语言学奖"。

第一条 本奖项授予对中国语言和汉语方言研究有贡献的学者。参评论著必须是在规定的评选日期前3年之内公开发表的,首届为1至5年内公开发表的。经评审未获奖的参评作品不得再次参评。

第二条 每两年评选一届,于单数年份举行。首届于2021年7月前评出,10月底举行颁奖典礼。每届获奖名额为9人(集体论著按1人计)。一等奖1名,奖金10000元(暂定);二等奖3名,奖金各5000元(暂定);提名奖5名,奖金各3000元(暂定)。获奖成果将在《南方语言学》(半年刊)中以专栏形式进行介绍。

第三条 成立"暨南大学詹伯慧语言学奖"管理委员会(以下简称"管委会"),由暨南大学教育发展基金会、暨南大学汉语方言研究中心及捐赠方代表共9名成员组成管委会。管委会负责该奖项及奖项基金的日常管理运营。

第四条 暨南大学汉语方言研究中心聘请知名专家担任评审委员,组成"暨南大学詹伯慧语言学奖"评审委员会。

第五条 本奖项只对专家(教授、研究员、编审等)推荐的论著进行评选,不接受申请者本人的申请。每份参评论著需由两位专家推荐。

第六条 推荐人将推荐意见表报送管委会,随后申请人将论著3份和作者简介1份报送管委会,上述材料请于评选年的上一年12月31日前送达。推荐意见表可从暨南大学汉语方言研究中心网站(dialects.jnu.edu.cn)"暨南大学詹伯慧语言学奖"专栏中下载。

第七条 本章程解释权归"暨南大学詹伯慧语言学奖"管理委员会所有。

暨南大学詹伯慧语言学奖管理委员会
暨南大学汉语方言研究中心
2021年9月9日

"暨南大学詹伯慧语言学奖"管理办法

第一章 总则

第一条 为弘扬中华优秀文化传统，保护丰富的语言资源，繁荣我国的语言学研究，特设立"暨南大学詹伯慧语言学奖"（以下简称"本项目"）。

第二条 为加强本项目基金的筹措与管理，保障和监督捐赠款的规范使用，依据国家有关法律及《广东省暨南大学教育发展基金会章程》《广东省暨南大学教育发展基金管理办法》，特制定本办法。

第三条 本项目基金严格遵循"规范运作、专款专用、公开透明"的管理原则。

第二章 组织机构

第四条 为保证本项目基金的正常运转和有效使用，设立"暨南大学詹伯慧语言学奖"管理委员会（以下简称"管委会"），对项目基金进行决议与监督。

第五条 管委会由暨南大学教育发展基金会、暨南大学文学院、暨南大学汉语方言研究中心及捐赠方代表等共9名代表组成。

成员名单

主任：程国赋

副主任：甘于恩、魏霞

委员：刘新中、侯兴泉、彭志峰、肖自辉、周治、王振华

第六条 管委会每届任期为4年，任期届满，可以连选连任，无届数限制。

第七条 管委会下设秘书处，秘书处挂靠暨南大学汉语方言研究中心办公室。秘书处为管委会的执行机构，负责本项目基金的日常事务性工作。

第八条 管委会的职责包括：

一、制定项目资金的募集、管理和使用计划；

二、决定项目基金的使用及其他重大事项；

三、制定项目基金内部管理制度；

四、审议项目基金的年度工作报告和财务报告。

第九条 本项目设立"暨南大学詹伯慧语言学奖"评审委员会（以下简称"评委会"），聘请知名专家担任评审委员。

成员名单

中国社会科学院：江蓝生、张振兴、刘丹青

北京大学：唐作藩、王洪君

香港大学：单周尧

中央民族大学：戴庆厦

北京语言大学：李宇明

浙江师范大学：曹志耘

复旦大学：许宝华

陕西师范大学：乔全生

暨南大学：甘于恩、彭小川、邵宜、刘新中、侯兴泉

第三章　基金管理与使用

第十条　项目资金来源：

一、2020年11月15日，在暨南大学举行的"暨南大学詹伯慧语言学奖"启动大会上，筹集以下捐赠资金：詹伯慧先生50万元、广东天福连锁商业集团有限公司20万元、广东省饶平商会10万元、詹门弟子8.5万元、广州詹氏宗亲联谊会7.3万元、暨南大学饶平校友会5万元，启动资金总额为100.8万元。暨南大学教育发展基金会从中计提总金额5%作为管理费，即人民币5.04万元。

二、其他捐赠者不定期不定额捐赠。

三、本项目的其他合法收益。

第十一条　本项目基金用于设立"暨南大学詹伯慧语言学奖"，包括但不限于以下用途：

一、奖励对中国语言和汉语方言研究有贡献的学者；

二、"暨南大学詹伯慧语言学奖"评审委员会的专家评审费；

三、暨南大学汉语方言研究中心师生开展田野调查和学术交流所需的合理合规经费；

四、开展"暨南大学詹伯慧语言学奖"评审所产生的费用，包括劳务费、差旅费、会议费、软件开发费、数据采集费、出版物/文献/信息传播费等。

第十二条　评选对象及奖项设置：

一、本奖项授予对中国语言和汉语方言研究有贡献的学者。参评论著必须是在规定的评选日期前3年之内公开发表的，首届为1至5年内公开发表的。经评审未获奖的参评作品不得再次参评。

二、每两年评选一届，于单数年份举行。首届于2021年7月前评出，10月底举行颁奖典礼。每届获奖名额为9人（集体论著按1人计）。一等奖1名，奖金10000元（暂定）；二等奖3名，奖金各5000元（暂定）；提名奖5名，奖金各3000元（暂定）。获奖成果将在

《南方语言学》(半年刊)中以专栏形式进行介绍。

第十三条　评选流程：

一、本奖项采用推荐制，只对专家（教授、研究员、编审等）推荐的论著进行评选，不接受申请者本人的申请。每份参评论著需由两位专家推荐。

二、推荐人将推荐意见表报送管委会后，申请人将参评论著3份和作者简介1份报送管委会，上述材料请于评选年的上一年12月31日前送达。

三、评委会及管委会审议通过最终评奖名单后进行公示。

第四章　附则

第十四条　本项目基金统一纳入广东省暨南大学教育发展基金会财务管理，并接受广东省暨南大学教育发展基金会的管理和监督。

第十五条　本办法未详尽事宜，参照《广东省暨南大学教育发展基金会章程》《广东省暨南大学教育发展基金管理办法》，由管委会讨论决定备案。

第十六条　本办法于2021年9月由广东省暨南大学教育发展基金会秘书处审核通过。

暨南大学文学院

暨南大学汉语方言研究中心

广东省暨南大学教育发展基金会

2021年9月9日

首届"暨南大学詹伯慧语言学奖"获奖作品名单

首届"暨南大学詹伯慧语言学奖"评奖工作于2021年6月30日圆满结束。本届评奖共收到参评论著20部，其中著作11部，论文9篇。评审委员会认真审议了每一部参选论著，最终评选出一等奖1名、二等奖3名、提名奖5名，具体如下：

一等奖：

作者	论著名称	单位	出版社/发表刊物	出版/发表时间
许子滨	《礼制语境与经典诠释》	香港岭南大学	上海古籍出版社	2018年11月

二等奖：

作者	论著名称	单位	出版社/发表刊物	出版/发表时间
胡 方	《元音研究》	中国社会科学院	外语教学与研究出版社	2020年9月
陈 瑶	《徽州方言音韵研究》	福建师范大学	中国社会科学出版社	2020年9月
夏俐萍	《湘语益阳（泥江口）方言参考语法》	中国社会科学院	商务印书馆	2020年6月

提名奖：

作者	论著名称	单位	出版社/发表刊物	出版/发表时间
刘 倩	《浙江九姓渔民方言研究》	山东大学（威海）	语文出版社	2019年7月
邵慧君	《粤西湛茂地区粤语语音研究》	华南师范大学	中山大学出版社	2016年9月
肖自辉	《泰国的西南官话》	暨南大学	广东人民出版社	2016年2月
李子鹤	《试论纳西语方言分化的年代——语言年代学与作物栽培史的证据》	北京大学	《澳门语言学刊》	2019年第2期
胡乘玲	《东安新圩江土话精知庄章组读塞音的现象和性质》	湖南师范大学	《中国语文》	2020年第3期

暨南大学詹伯慧语言学奖评审委员会
2021年7月8日

首届"暨南大学詹伯慧语言学奖"获奖作品专家评语

《礼制语境与经典诠释》专家评语

一等奖获奖作品

著作:《礼制语境与经典诠释》

作者:许子滨　　　　　单位:香港岭南大学
推荐专家:郭鹏飞　　　单位:香港城市大学

许子滨教授大著《礼制语境与经典诠释》是礼学的重要著作。

本书提出"礼制语境"的观念,为礼学研究带来突破。许氏对于"礼制语境"所下的定义为"文字所记录的古人践行礼仪的特定环境"。许氏从三方面论述"礼制语境"。

1. 重构古代礼仪

如涉及人之大事的冠礼、昏礼、丧礼,关乎国家社会的祭礼、朝礼、聘礼、飨礼、射礼等。记载诸礼的礼典、行礼之仪式、礼仪使用的物品、礼仪中口述的言辞以及礼仪代表的含义,都呈现在"礼制语境"之中,古礼面目得以重见于今日。

2. 解释寻常事物在礼制语境中有着不同含义

如不同步速的"行""步""趋""走""奔",在礼制语境中,均有其特定指涉。如《尔雅·释宫》"堂上谓之行""堂下谓之步""门外谓之趋""中庭谓之走""大路谓之奔",指出场所不同,行走动作亦不同。此为礼容中之行容,带有表礼功能,其事关涉礼仪、礼制,许书置于"礼制语境"中讨论,而大有发明。

3. 重构礼制语境与经典的关系

许氏认为若要准确释读某一经典中与礼相涉之文字,必须以该经典之文例与其他经典参照互证,如重构《春秋》《左传》之"礼制语境",除以经传本文为据,亦需参考《三礼》及其他经典。其中礼制有合有不合,则需自行从经传本文归纳出礼制之实质内容,否则可能会偏离春秋实况。许氏亦因而广之,以本证与他证确立"礼制语境"后,与《尚书》《论语》及《左传》之互作诠释,由此创见良多。

许氏论礼,甚为重视语言文字的比较方法,如《〈仪礼·士冠礼〉冠者取脯适东壁见母》一文，详细比对"适"字与"壁"字在众经的用法，从而完整诠释"适东壁"的内涵。

综合而言，许书成就在于融会先秦典籍中的各种礼仪形相，拈出"礼制语境"的概念，将礼学研究提升到一个新的境界。许氏重视传统文字、训诂、音韵等学问在经学、礼学研究中所发挥的作用，又能利用新近出土的历史材料，与传世文献相互印证，因此能发人之未发，在相关课题上有所突破。《礼制语境与经典诠释》当成传世之作。

一等奖获奖作品

著作：《礼制语境与经典诠释》

作者：许子滨　　　　单位：香港岭南大学
推荐专家：李雄溪　　单位：香港岭南大学

许子滨教授为海内外知名之语言学学者，其研究范围既广且深，包括传统经学、文字学、音韵学、方言学，于《左传》及礼学研究，尤称誉士林。许教授大作《礼制语境与经典诠释》胜义纷陈，具极高之学术价值。兹细述如下：

1. 厘清概念，创新领域

许教授提出"礼制语境"之创新概念。有关论述，以前学者仅零碎提及，然许教授先厘清"礼制""礼典""礼物""礼仪""礼辞""礼义""礼书"等概念，再指出"礼制语境"的定义为"文字所记录的古人践行礼仪的特定环境"，道前人所未道。《礼制语境与经典诠释》对相关概念和内涵作清楚阐述，确立理论体系。全书围绕"礼制语境"，研究经典之文句涵义，层层深入探析，自成蹊径，开创研究之新领域。

2. 突过前人，提出新见

许教授重视前人之研究成果，却绝不重复因袭，如"庙门"一语，学者训释颇有不同，许教授先列举郑玄、孔颖达、司马迁、朱熹、王国维、曾运干、刘起釪、屈万里、江灏、钱宗武、黄怀信、陈戍国等古今学者之看法，再透过详细考析、反复论述，提出"所谓'庙门'，自必为宗庙之门。举行册命即位礼的场所与殡宫之所在，不必同在一处。换言之，经文称'庙'，此庙不是指因殡宫所在得称为庙的路寝，也没有包含殡宫在庙的意思"，之前悬而未决，尚无定案之问题，经许教授仔细研究，即得确凿可信之结论。突过前人之论，本书比比皆是，以上仅举一以见其余。

3. 包融广阔，气魄宏大

是书中以考索先秦经典为标的，所涉及之经典甚多，包括《三礼》《尚书》《论语》《左传》，而各经典之诠释皆考证详密，条分缕析，结论令人折服。有关礼典的探究，极为全面，涵盖冠、昏、丧、祭、朝、聘、乡等礼；而讨论对象亦甚广泛，包括礼物、礼仪、礼辞等。《礼制语境与经典诠释》能反映作者学问之博大，气度之宏阔。

4. 方法全面，考释细密

许教授重视传统小学研究方法，又注意"本证"和"他证"，亦利用出土文献、器物，以至礼图作分析对象。透过各种研究方法之互用，加以细密之考证，是书成果极为丰硕。诸如"禬""旌繁""适东壁""堕币"等之论述，即为明显例子。《礼制语境与经典诠释》研究方法全面，考释细致深入，为传统语言学研究之楷模。

总括而言，《礼制语境与经典诠释》考证精审，新见迭出，自成一家，为语言学、经学研究不可多得之作。是书提供钥匙，使读者得开启经典文字之门，允为启迪后学，传世不朽之作。

《元音研究》专家评语

二等奖获奖作品

著作:《元音研究》

作者：胡　方　　　　单位：中国社会科学院
推荐专家：李爱军　　　单位：中国社会科学院

《元音研究》一书以汉语及汉语方言材料为基础，对元音问题进行了全面的语音学研究。与中文书名相比，其英文书名更能准确体现书稿的内容：以汉语及汉语方言元音为实证，开展元音的通论性研究。而书中所述的汉语及汉语方言的元音研究内容主要来自于作者本人与合作者对元音研究多年的成果，以及作者对元音理论体系的梳理。元音是人类语言中音质区别相当明显且复杂的语音基本单位，《元音研究》围绕元音如何产生、在感知上有什么特点、如何分析语言中的元音这三大关键问题，对元音进行了系统、全面的介绍，无论是对语音学领域，还是对方言学领域的研究都有一定的启发、引领意义，同时也是一本很好的语音学教材。

《元音研究》不仅包含有导论性的内容、概论性的章节，更重要的还是占书稿最大篇幅的阐述性、研究性的内容。即使是导论性的内容，作者的写法也颇为创新。比如，第一章介绍元音的概念，作者分别从传统视角和科学视角进行阐释，并且结合了自己的教学经验与研究成果，令人耳目一新。在研究性的章节，关于元音的声学和感知、元音的发音、元音的动态理论、元音的特征等诸多方面，作者都有基于自己研究的精彩阐述。尤其是关于声学与感知的关系、元音的发音生理、元音动态理论、电磁发音仪的使用等方面的内容，体现了作者的理论创新，是当前元音研究的前沿和发展方向。

总之，《元音研究》具有学术性、前沿性、引领性，作者使用汉语及汉语方言的材料，创新了元音研究的理论，实践了"中国立场，世界眼光"。同时，作者提出"实验描写主义"的视野，对汉语、汉语方言、少数民族语言，以及其他相关语言的深度描写，都具有很好的方法论上的指引意义。

二等奖获奖作品

著作：《元音研究》

作者：胡　方　　　　　单位：中国社会科学院
推荐专家：庄初升　　　单位：浙江大学

首先，胡方研究员的《元音研究》一书采用了大量的汉语方言材料，特别是方言元音的材料，这些材料大部分是作者经过多年实地调查和实验统计而获得的一手语料。其中，有一些研究内容相当精彩。第一，作者使用声学与发音研究方面的实验语音学材料，对诸多汉语方言的双元音进行了剖析，所提出的元音动态理论很有启发性，特别是对单、复元音的讨论非常有助于我们理解汉语的音节结构，学术创新性显著。第二，作者对于元音特征的分析加深了学界对元音复杂性的理解，尤其是对圆唇、舌尖元音、擦音性、r音化等特征的讨论，都是具有学术前沿性的发现。

其次，《元音研究》不仅在汉语元音的描写上有创新，而且是一本理论性著作。作者从汉语元音的研究出发，对元音问题进行了一般语音学层面的全面检讨，对元音的产生与感知、元音的发音生理、元音的声学与感知关系等方面的论述尤其精彩。

再次，《元音研究》还具有导论的功能。作者不仅阐述元音理论，分析语言中的元音特征，同时也讲述方法论。而且，无论是相关实验设备的使用，还是研究中实验方法的应用，很多都是基于作者多年学术经验的积累，对读者颇具启发性。用作者自己的话说，就是"实验描写主义"，用实验语音学的方法描写具体语言与方言中的语音事实与语音现象。

综上所述，我认为《元音研究》是一本立足于现代汉语及方言复杂的语言事实，用实验科学的方法进行理论创新的力作，必将在实验语音学、普通语音学和汉语方言学等学科领域产生重要的学术影响。

专此推荐如上，备供卓裁。

《徽州方言音韵研究》专家评语

二等奖获奖作品

著作:《徽州方言音韵研究》

作者:陈　瑶　　　　单位:福建师范大学
推荐专家:陈泽平　　　单位:福建师范大学

《徽州方言音韵研究》以专题形式对徽州方言声母、韵母、声调的音韵特点以及文白异读、小称音变等做了详细的讨论。每个专题都摆出若干个方言点的语音资料,梳理异同,概括类型和分布区块,再分别从纵向的音韵史和横向的方言接触角度做出解释。在此基础上,作者对徽州方言的归属问题提出自己的看法。书后还附有5个方言点的同音字汇。该著作中的部分内容曾以专题论文形式在《中国语文》《方言》等权威核心期刊上发表。

《徽州方言音韵研究》的贡献在于详细展开了徽州方言在各项音韵特征上的细节,梳理内部差异,分析历史层次,以丰赡、周全的方音资料做出具体的论证,多有创新性的见解。该书是一部严谨而又有一定学术分量的论著,今后继续以《切韵》音系为框架对徽州方言音韵的研究,应该绕不过陈瑶博士的这部新作。

詹伯慧教授为推进汉语方言调查研究的事业慷慨解囊,设立此奖项奖掖后进;敬佩和感激之余,我郑重向评审委员会推荐陈瑶博士的这部新作。

二等奖获奖作品

著作:《徽州方言音韵研究》

作者:陈　瑶　　　　单位:福建师范大学
推荐专家:顾　黔　　　单位:南京大学

《徽州方言音韵研究》以《切韵》音系为框架,从声母、韵母、声调等方面,对徽州方言的音韵特征进行全面考察与比较分析。梳理徽州方言音韵的发展脉络,确定共同要素的对应关系,逐项讨论徽州方言音韵的共性和特征。观察徽州方言的内部差异,从共时和历时角度解释其内部歧异形成的原因,探索徽州方言的发展线索和演变规律,对徽州方言的归属问题提出自己的看法,既有承继,又有创新,将徽州方言的研究向前推进了一大步。

与以往的徽州方言研究成果不同的是,《徽州方言音韵研究》以专题形式展开研究,更利于问题的深入讨论。此书还充分利用徽州地方韵书等历史资料,确定音类的发展线索和特点,多维度、多层面分析徽州方言内部差异,梳理历史层次。书中的部分内容曾以单篇论文形式在《中国语文》《方言》《语言研究》等核心期刊上发表,颇多新见。例如,在讨论徽州方言古泥、来母分混规律时,针对娘母的异常表现,指出泥、娘母的区别于中古就存在的。作者采用以今证古"回顾"的方法,从现代汉语方言泥、娘母的音韵表现入手,探寻泥、娘二母发展的线索,为音韵学界一直存有争议的问题提供了新的研究视角。

总之,《徽州方言音韵研究》是近年徽州方言研究领域具有重要学术价值的成果。故而乐于推荐。

《湘语益阳（泥江口）方言参考语法》专家评语

二等奖获奖作品

著作：《湘语益阳（泥江口）方言参考语法》

作者：夏俐萍　　　　单位：福建师范大学
推荐专家：谢留文　　单位：中国社会科学院

近年来，汉语方言语法的描写和研究取得了长足的进展，关于方言语法的学术论文和学位论文越来越多。但从内容来看，多为方言特殊语法的描写，对一个方言的语法现象进行全面系统描写的著作还不多见。

参考语法属于描写语法的一种，它以单一的共时语言特征为描写对象，目的是为语法的理论研究和应用研究提供充分可靠的材料。由中国社会科学院刘丹青研究员等主编的《汉语方言参考语法丛书》，在语言类型学框架下对汉语方言的语法范畴进行细致描写，夏俐萍副研究员的《湘语益阳（泥江口）方言参考语法》为该丛书系列的第一本，于2020年6月在商务印书馆出版。该书也是国内第一本汉语方言参考语法专著，在学术界产生了积极的影响。

《湘语益阳（泥江口）方言参考语法》以"参考语法"所倡导的语言描写和研究原则为理论指导，采用Comrie & Smith编写的《语言描写性研究问卷》以及刘丹青于2008年以此为基础编著的《语法调查研究手册》为调查描写框架，对湘语益阳市泥江口镇方言的音系、形态、词汇、句法、语义等方面进行系统研究。该书对方言语法的描写不局限于某些特定的语法范畴，而是考虑整体性和全面性，更利于不同方言之间，乃至不同语言之间进行共时平面的比较，具有普遍适用性。

在全面描写的基础上，该书对益阳方言的一些显赫范畴进行了集中描写和分析，如小称标记"唧"的扩展用法，类定冠词"阿"的扩展与演变，时体情态的研究，作者对这些语法范畴描写细致，分析深入，展现了益阳方言与其他湘语之间的异同。

该书语言材料丰富，对相关事实的描写准确、细致，体现了作者扎实的学术功底和丰富的语言调查经验。该参考语法所采用的框架和研究范式对同类著作具有引领作用，对汉语方言语法的研究也必将起到积极的推动作用。

因此，我很乐意推荐夏俐萍的《湘语益阳（泥江口）方言参考语法》申请"暨南大学詹伯慧语言学奖"。

二等奖获奖作品

著作：《湘语益阳（泥江口）方言参考语法》

作者：夏俐萍　　　　单位：福建师范大学
推荐专家：庄初升　　　单位：浙江大学

汉语方言研究一直是汉语研究的重要组成部分。早期汉语方言的研究集中于语音和词汇，语法研究相对较少。近年来，方言语法的研究日渐受到重视，相关成果丰富。随着调查的深入和类型学视野的引入，我们对方言语法的研究不再局限于方言与共同语的简单比较，而是更注重类型学视野下的深入描写和比较，并为语言学不同领域提供更为有价值的成果。在这种背景下，汉语方言参考语法应运而生。

夏俐萍副研究员的专著《湘语益阳（泥江口）方言参考语法》（商务印书馆，2020年6月出版），是刘丹青、胡方、唐正大研究员主编的"汉语方言参考语法丛书"的第一本，也是严格意义上的国内第一本汉语方言参考语法，其框架设计对日后的其他学者的汉语方言参考语法描写具有重要的参考价值，因此，其重要的开拓意义特别值得称道。该书采用类型学调查框架，对湘语益阳（泥江口）方言做了全面、细致的描写，涉及音系、形态、句法、语义语用等多个方面，系统地呈现了该方言的语法面貌。

该书采用Comrie & Smith编写的《语言描写性研究问卷》，并结合《语法调查研究手册》的描写框架，具备跨理论和跨语言的广泛适用性，有利于不同学术背景、不同研究目的的学者进行跨方言或跨语言比较，也为后来的参考语法编写提供了研究范式，具有指导性和开创性。

该书既注重基本语法范畴，又突出显赫范畴。在统一框架的基础上，该书对益阳方言的音系、词、句，乃至语篇系统的各个范畴进行全面描写，不仅描写了以往语法专著中突出的时体情态部分，还介绍了以往较少提及但又普遍存在的多项修饰语的语序、主观量和客观量、同位语等情况。该书同时又突出了益阳方言中各类显赫范畴，将小称范畴、类定冠词"阿"、情态范畴等进行集中描写。这样不仅照顾了方言之间的共性，又突出了湘语益阳方言的个性。

该书语料丰富，语料上综合了自然语料和调查语料，使之有机结合起来，起到取长补短的作用。全书既有丰富的语言事实，又有立足于理论的思考和分析，结构布局合理、逻辑性强，反映了夏俐萍副研究员扎实的学术基础和语言研究经验。因此，我郑重推荐《湘语益阳（泥江口）方言参考语法》一书申请暨南大学詹伯慧语言学奖。

《浙江九姓渔民方言研究》专家评语

提名奖获奖作品

著作：《浙江九姓渔民方言研究》

作者：刘 倩　　　　　单位：山东大学（威海）
推荐专家：秋谷裕幸　　单位：日本爱媛大学

1.《浙江九姓渔民方言研究》的内容和价值

浙江九姓渔民所说的方言是一种严重濒危的汉语方言，主要分布在浙江省西部新安江、兰江、富春江三江交汇地带，即建德、兰溪、桐庐一带。

作者刘倩女士曾以浙江九姓渔民方言为题完成博士论文，拿到了北京语言大学的博士学位，导师是著名语言学家曹志耘教授。之后，她的语言调查能力和理论分析水平又有了很大提升，成功修改博士论文而完成了本书。

九姓渔民方言是一个严重濒危的方言。因为九姓渔民的小孩已经不学这个方言了，所以，本书按照传统描写方式而做的第二章《语音系统》、第五章《词汇语法特点》都具有永久性的语言学价值。这是毫无疑问的。刘倩女士对九姓渔民方言的调查是分两次进行的。第一次是2006至2008年，第二次是2017至2019年。读者可以从书中清楚地了解到，仅仅十几年的时间里，九姓渔民的方言以及他们的生活方式都发生了巨大、不可逆转的变化。我相信本书将成为汉语方言史不可或缺的重要组成部分之一。我们可以预测20年以后将调查不到九姓渔民方言了。

第三章《音韵特点与语音表现》和第四章《方言语音研究的理论和方法反思》则是在实地田野调查的基础上所进行的分析。作者运用新的方法对传统方言研究中尚未能描述清楚的问题进行了解释。这两章就是本书中最出色的章节。

2.《浙江九姓渔民方言研究》的创造性和学术水平

本书的创造性集中表现在第三章《音韵特点与语音表现》和第四章《方言语音研究的理论和方法反思》。

第三章分析九姓渔民方言的历时共时特征。除了依照传统扎实的分析法以外，作者还借鉴了实验语音学的方法和社会语言学的统计方法。在实验语音学方面，作者充分吸收朱晓农教授和孔江平教授的研究成果而对古全浊声母今读发声态类型、入声舒化的时长表现、声调系统的相关问题等题目进行了量化研究，成功地阐明了清入字舒化后在九姓渔民方言里表现出的假声特征，以及这种发声态特征对音系所起到的作用。对知庄章声母变异的情况,作者也运用统计学的方法仔细分析了性别和年龄对这些声母变异的影响,是一个社会语言学方法的尝试。

第四章中,作者则整理了近几年调查积累的困惑和对方言语音研究的一些反思,并且进一步深化了第三章的内容。英国学者 Peter Trudgill 教授、美国学者 William Labov 教授等学者一直以来十分重视共时变异对解释历时演变的作用。作者强调此时音值的细致描写至关重要。本书以九姓渔民方言中的高元音韵母为例,实现了共时平面上变异的精细描写和历时语音演变之间的有机结合。本书运用变异理论所做的音变研究对于今后的汉语方言学具有示范作用。此外,作者还谈到了词汇扩散理论及音法演化理论。论述中读者很容易了解到作者已熟练掌握了这些研究理论,这些新的方法目前还较少应用在传统汉语方言学研究上。而本书通过大量的第一手材料展示了新的研究理论在汉语方言学上的重要性,并且具体地展示了研究理论的可行性。要做到这一点必须具有相当的理论深度和开阔的视野。本书的创造性也就在这里。

第六章《与周边方言比较》通过浙江九姓渔民方言与周边吴语、徽语的比较,尝试对浙江九姓渔民方言的属性进行初步判定。根据浙江九姓渔民方言与周边方言的相关性分析,作者指出九姓渔民方言虽然受到徽语的强烈辐射,但在诸多语言特征上更接近南部吴语婺州片。我认为这个结论是十分中肯的。

总之,我认为本书资料丰富详实,摆列有序,条理清晰,分析合情合理,各种方法论有机结合在一起,已经达到同类著作的最高水平,我郑重向暨南大学詹伯慧语言学奖推荐。

提名奖获奖作品

著作:《浙江九姓渔民方言研究》

作者:刘 倩　　　　单位:山东大学(威海)
推荐专家:赵日新　　单位:北京语言大学

九姓渔民方言是一种严重濒危的汉语方言,主要分布在浙江省西部新安江、兰江、富春江三江交汇地带,呈现出一些复杂而独特的语言现象,非常值得深入调查研究。随着九姓渔民群体逐渐融入主体社会,操本方言的合适发音人越来越少,调查难度很大。本书在实地田野调查的基础上,对浙江九姓渔民方言的语言面貌进行了全面、详尽的描写,揭示其音韵特点和演变规律,并借鉴社会语言学、演化语言学的研究方法对传统方言研究中尚未能描述清楚的问题进行了分析解释。

《浙江九姓渔民方言研究》有以下突出的特点:

语料翔实。作者调查浙江省六地的九姓渔民方言,收录兰溪船上话同音字汇和5个方言点、7位发音人的字音对照，列举兰溪九姓渔民词语4300余条及语法例句、歌谣语篇等，是非常宝贵的一手资料。

描写堪称细致，研究有深度。作者从6个点的方言音系入手，描写浙江九姓渔民方言的异同点，深入探讨声母、韵母、声调的特点和演变规律，讨论文白异读、连读变调、儿化等，词汇、语法特点的分析细致深入。书中对清入字舒化后表现出假声特征的描写分析让人印象深刻。

有独到的理论思考。作者运用实验语音学的方法和社会语言学的统计方法，对全浊声母的语音特征、知庄章声母变异情况、入声舒化的时长表现、声调系统的相关问题进行量化研究，并通过与周边吴语、徽语的比较，对浙江九姓渔民方言的属性进行初步判定。特别是作者对方言接触与语音演变规律、汉语方言语音研究的新方向和新方法的深入独到思考具有较强的创新性。

总之，无论是对语言现象的描写分析，对濒危汉语方言调查研究方法的思考，还是对多种音变方式及其与语音演变的规律和方向的探讨都颇具新意，《浙江九姓渔民方言研究》是一部有较高学术水平的方言研究著作。

《粤西湛茂地区粤语语音研究》专家评语

提名奖获奖作品

著作:《粤西湛茂地区粤语语音研究》

作者：邵慧君　　　　单位：华南师范大学
推荐专家：陈忠敏　　单位：复旦大学

《粤西湛茂地区粤语语音研究》一书以广东粤语语音数据库的田野调查录音材料为主要依据，并在此基础上对于粤西粤语语音的全面、系统的研究。之所以在广东粤语语音数据库60余个方言点材料中首选粤西茂名、湛江两地市共11个方言点的材料进行核实整理并出版，主要基于以下原因：第一，填补了粤西地区粤语研究的空白。广东粤方言调查基础好，材料丰富，大型的综合性调查报告就有詹伯慧、张日升主编三卷本《珠江三角洲方言调查报告》，包括《珠江三角洲方言字音对照》（1987）、《珠江三角洲方言词汇对照》（1988）和《珠江三角洲方言综述》（1990）；沿珠江流域调查的姊妹篇《粤北十县市粤方言调查报告》（1994）和《粤西十县市粤方言调查报告》（1998）。这几部大型调查报告几乎涵盖除粤西湛江、茂名、阳江三地市之外广东各地粤方言材料，在粤方言研究领域起到示范作用。然而，其中最缺的就是粤西片区的详细资料，此书正好弥补了粤西粤语的材料欠缺。第二，该书是作者长期深入调查和研究的成果结晶，具有一定的理论深度，某些论述和观点具有独创性。自2006年起作者围绕粤西粤语成功申请多个省内和国家社科项目，十多年来长期深入田野，积累了丰富的语料，也撰写发表了相关论文，既有关于粤西粤语研究的，也有关于粤西粤闽客方言接触研究的。因此对于粤西粤语研究具有独特的见解，在研究该地粤闽客三种方言接触的方面做了方言接触的理论探索。这些成果都在本书中得到反映。第三，该书使用数据库导出的严式标音，可尽量保持录音与记音的一致性，审音精细严谨，对传统粤语语音记录有一定的革新，从而能更好展示粤西粤语语音特殊面貌。下面具体说明本书的几个亮点：

1. 精心选取方言点，照顾选点的影响与价值

方言点的选取，表面上只关涉地域分布，但实际上与该书的学术性息息相关。如果每个县市区级行政区域只选中心城镇作为代表，那么许多有特色的语音面貌将无法观察到，甚至影响方言片区的划分。例如，吴川县城为梅菉镇，但其方言与周边廉江、茂名粤语有相似之处；反而吴川老首府吴阳镇土白话则极富特色，也反映了该地区早期粤语形成的一些特点和历史轨迹。类似的情况还出现在化州市区和化州南部各镇粤语的分歧上。此外，遂溪县内虽然粤语通行面不小（如杨柑、草潭等镇），但以北坡镇粤语（当地

俗称"大种白话")影响最大,最能反映遂溪粤语较为纯正的口音;至于县城遂城镇的粤语则带有较强的闽语黎话特征。

2. 注重语音研究的整体性和历史发展性

作者不仅有精细的审音、记音功底,而且在确定音系和专题研讨时,十分注意地将三者紧密结合起来,并置于广东粤语的大语境中进行横向和纵向比较,互相印证,形成有机整体。例如:

(1)粤西粤语韵母结构中有一些具有过渡性质的前滑音和后滑音,以往的研究中很少记录或描写,主要比照广州话音系来定音,而该书不仅配合录音作细致的严式标音,更主要的是有些滑音可以暗示粤语语音发展的踪迹,如"i(介音)+a(主元音)"结构如何演变发展为类似广州话的ε类主元音韵母。

(2)粤西直至广西东南部的不少粤语都存在开口一等读如合口的现象,如蟹摄、山摄、宕摄开口一等,以往的研究为了凸显此特点而处理为合口呼(带u介音)韵母,而本书却将其处理为前滑音u(实际舌位比u略低),理由是它们无论是古音来源还是比照其他地方粤语均为开口呼韵母,而且粤西粤语内部个别点如信宜、茂名和高州市区等地个别字还存在带u滑音和真正u介音(粤语处理为kw系列声母)的对立,如"冈 $k^uŋ$ ≠ 光 kwoŋ、角 $k^uɔk$ ≠ 国 kwɔk"等,并且从老年人到年轻人的语音演变趋势来看,u滑音正处于逐渐脱落的过程中,有些直接读作与广州话一致的不带u滑音的读法,即"冈"kɔŋ、"角"kɔk。正是鉴于这些考虑,因此,该书不拘泥前人的定音把此类韵母均处理为带前滑音u的系列韵母,这一做法后来得到《方言》主编麦耘老师的认可,他在粤北粤语的调查中遇到类似情况,运用了同样的处理方法。

(3)广东粤语声调系统大多没有超出9调的情况,尤其是入声多为三分格局。该书在调查吴阳土白话时意外发现了今阳入调隐约存在高低区别,通过逐字排比辨析,发现基本只是音色上的差异,并不具备调位对立,但是唯有aʔ韵中有少数字组发音人明确指出构成对立,如:袜maʔ^{22} ≠ 物maʔ^{33}、辣laʔ^{22} ≠ 勒laʔ^{33}(吴阳话阴入分别读44和11)。从阳入调的残存对立中我们似乎可以窥见早期粤语声调分类(如广西勾漏粤语博白等地)的情况。

3. 全面、客观定位粤西粤语的内外差异性

粤西粤语的分片定位存在争议,最集中的莫过于"吴化片"的提出。该书基于吴化片内部各代表点和周边湛茂地区粤语的全面比较,指出吴化片粤语虽然有明显的地域特征,但是其内部本身并非绝对一致,很多语音特征存在内部差异,与周边粤语比较并无清晰的界限,其特征分布与周边方言呈现犬牙交错的分布状况。虽然书中并未直接就此问题下定论,但是希望研究者们慎重考虑在何层次上来定义"吴化片"的独立问题。

4. 对粤语问题的理论专题探讨

该书虽然立足于粤西粤语的描写研究,但是还关注粤语整体的内部比较,重视解释语音现象的成因,并作理论上的建构。如对内爆音语音属性和成因的探讨,在宏观视野中对粤方言带i、u介音韵母的产生、发展、消变、地域差异的挖掘等,这些叙述都大大深化了该书的理论深度。

基于以上理由，本人十分乐意推荐《粤西湛茂地区粤语语音研究》参评"暨南大学詹伯慧语言学奖"。

提名奖获奖作品

著作：《粤西湛茂地区粤语语音研究》

作者：邵慧君　　　　单位：华南师范大学
推荐专家：伍巍　　　单位：暨南大学

通过几代人的不懈努力，广东粤语研究相继取得了令人瞩目的学术成果，无论是调查的广度还是理论探讨的深度，在全国均为同行所赞。因为客观条件的限制，过往的粤语研究大凡集中于珠三角、粤北、粤西北等交通便利的地区，对粤西南的湛江、茂名等偏远地带的粤方言虽有涉猎，但调查毕竟不够翔实、系统，为我们全面认知广东粤语的全貌与横向对比带来美中不足的遗憾。

《粤西湛茂地区粤语语音研究》一书集作者多年的研究积累，第一次全面、系统地记录了湛江、茂名地区11个代表点的粤语语音，在此基础上，清晰地展示了该地区粤语的基本面貌与个性特点，据此，说它填补了广东粤语研究的一个空位是不为言过的。

在近年的粤语研究中，作者曾先后参加了粤西、粤北数十个粤方言点的实地调查记录。这一经历无疑为该书的撰写提供了丰富的参照系数与整体驾驭的条件。

《粤西湛茂地区粤语语音研究》的特点大致有三：

1. 研究目标明确、架构合理

运用翔实的田野材料与相关粤语的对比，旨在显现湛、茂粤语的基本结构与语音特点。该书为这一地区的语言分布与区块定位提供了实证依据，达到了研究的目的。作者思路清晰、论证中肯。

2. 布局严密

作者打破了按现代行政中心布设调查点的惯常思路，按区块选取最有代表性的城镇方言作为调查点，避免了不必要的干扰，并在整体调查点布局上，兼顾点与面的结合，所采用的方法是科学的。

3. 记录翔实、材料可靠

该书采用严式记音，对某些很容易忽略的语音现象作详细标注，凸显了某些重要的语音过渡特点。与此同时，作者亦兼顾到严格的音位判定，如信宜、高州等个别地区粤语的"冈 k^{h}ɔŋ ≠ 光 kwɔŋ、角 k^{h}ɔk ≠ 国 kwɔk"等。这些严谨的工作态度与求是精神难能可贵，也反映了作者扎实的专业基本功与理论驾驭水平。

据此，我全力荐举《粤西湛茂地区粤语语音研究》一书作为"暨南大学詹伯慧语言学奖"的评选对象。

《泰国的西南官话》专家评语

提名奖获奖作品

著作：《泰国的西南官话》

作者：肖自辉　　　　单位：暨南大学
推荐专家：林　涛　　单位：北方民族大学

泰国是海外华人社区西南官话主要分布地之一（仅次于缅甸）。学术界对于泰国西南官话的研究论著甚少，只有陈晓锦、黄素芳、朱辉等人的几篇论文。肖自辉博士不畏艰险，克服重重困难，深入极具神秘色彩，有"金三角"之称的泰国北部山区，实地调查了华人社区的多个西南官话方言点，出版了40万字的《泰国的西南官话》著作。首次全面揭示了泰国华人社区孤岛型西南官话的面貌。

该书在对泰国云南籍华人华侨的移民史、地理文化及汉语西南官话使用状况调查总结的基础上，全面、系统地调查、研究和描写了分布在泰国北部华人社区的麻栗坎话、澜沧话、龙陵话和腾冲话。语音部分记录了6个方言点的声韵调，归纳了同音字表，进行了内部、外部及与中古音系的比较研究；词汇部分用较大篇幅规范翔实地对比泰国3种主要西南官话方言点词汇表之外，还对其核心词、特色词、内部差别等做了分析，对古汉语词和各种借词进行了研究；语法部分除词法、句法和例句之外，还探讨了特殊语法现象。在描写研究泰国西南官话方言全貌的同时，书中还记述了云南籍华人社区的文化风俗、宗教信仰及教育发展状况，采集了歌谣、故事、历史传说等各种形式的语言材料，彰显了泰国汉语西南官话所承载的厚重的历史文化。

海外华人社区方言文化是我国汉语研究不可或缺的一个部分。《泰国的西南官话》一书具有科学性、创新性，有较高学术水平。该书对挽救海外濒危汉语方言、研究语言接触理论、开展"一带一路"国际文化交流等方面都具有重要的学术价值和社会意义。我郑重推荐该书入选"暨南大学詹伯慧语言学奖"。

提名奖获奖作品

著作：《泰国的西南官话》

作者：肖自辉　　　　　单位：暨南大学
推荐专家：范俊军　　　单位：暨南大学

　　在泰国的中国云南移民主要居住在北部清莱、清迈两府的山区，以清莱府居多。整个泰北地区（包括清莱府、清迈府）有大大小小上百个清末和民国以后形成的云南移民村，当地人称之为难民村。这些移民村落是伴随着近代中国移民的避难、躲避战争、躲避灾害和寻求生活出路而形成的，栖息地大多是以前的原始森林、高山峡谷等无人区，国内外至今未有对这些区域的社群社情和汉语方言进行全面调查和研究。《泰国的西南官话》对这个地区的西南官话进行了较为全面、系统的调查和研究，首次详细披露了泰国西南官话的面貌。国内有一些边境地带汉语方言的调查资料，但多集中在境内一侧，且很少有把境内外综合起来的调查研究。该著作详细介绍了泰国北部山区华人社区的西南官话的状况，对泰国西南官话的语音、词汇、语法等做了扎实的调查和研究，记录了丰富的语言材料，并将泰国西南官话和境内西南官话作了比较研究，书中还提供了境外华人社区的人口、历史、文化等方面的重要资料。总之，这部著作有助于促进我国边疆语言、跨国界线分布语言、境外移民语言、海外华侨社群社区的调查研究。

《原始纳西语前冠音的来源与演变》专家评语

提名奖获奖作品

论文：《原始纳西语前冠音的来源与演变》

作者：李子鹤　　　　单位：北京大学
推荐专家：陈保亚　　单位：北京大学

　　该文建立了原始纳西语与书面藏语之间的语音对应，找出了原始纳西语与藏语之间较严格的对应规则。该文材料基础扎实，理论模型运用合理，行文条理性强，是汉藏语比较研究中一篇有较高价值的论文，曾应邀在2018年李方桂学会青年学者论坛（全球仅邀请13人）上宣读。

　　这篇文章及作者近年的一系列研究是作者博士阶段研究的延续。作者的博士论文首次基于全面严格的纳西语方言语音对应构拟了原始纳西语，此后的研究继续完善原始纳西语与亲属语言之间的比较。该文及作者这一系列研究，对应工作比国内外学者已有的构拟标准严格，构拟的系统和语素更丰富。这篇文章还注意区分了语音层面的对应规律和形态层面的对应规律，将名词和动词的对应分开讨论，结论更有说服力。

　　这篇文章还提出了一个重要的问题，就是原始纳西语是否有形态。原始纳西语部分动词与藏文动词现在时形式对应，作者在严密地证明了这种对应关系之后，对这个问题给予了充分关注，并敏锐地注意到这个问题关系到原始藏缅语乃至原始汉藏语的结构特征，对于汉藏语同源关系的论证非常重要。这也充分显示了作者的问题意识和理论功底。

　　总之，这篇文章在作者多年田野调查积累的材料基础上，实质性推进了纳西语历史比较研究，为更高层次的比较打下了较好的基础。在研究难度很大的汉藏语历史比较领域，作为青年学者，这样的研究成果是非常可贵的。

提名奖获奖作品

论文:《原始纳西语前冠音的来源与演变》

作者：李子鹤　　　　单位：北京大学
推荐专家：曾晓渝　　　单位：南开大学

　　该文在作者此前一系列纳西语历史比较研究的基础上，结合前人其他研究，进一步解决纳西语方言分化年代问题。该文收集了丰富的纳西语方言材料，研究方法运用得当，论证清晰，结论可靠。

　　作者对纳西语方言材料非常熟悉，文章多处细节分析显示了作者对材料的熟练掌握，如54页对纳西语"玉米"的语素分析，又如对纳西语"小麦"语义演变的分析。同时作者通过查阅大量资料，掌握了前人作物栽培史的研究成果，找到了农作物词聚及其分阶。在理论方法上作者也显示了扎实的功底，全文沿着"语言年代学"和"词聚分阶法"两种方法展开，对两种理论框架都有深入的理解，熟练运用其操作方法，所得结果能相互印证，使得结论非常有说服力。

　　该文一个突出的创新是将语言与文化研究有机结合起来，解决了语言演变绝对年代的问题。以往语言与文化结合的研究往往是举例式的，而该文找到了文化现象对语言中的词汇聚合的塑造，从结构性的差别论证语言与文化的互动。该研究提供了语言与文化结合研究的很好的例证。对于缺乏早期文献的语言，其演变的绝对年代一直是研究中的难题，作者通过词聚分阶法较好地在纳西语中解决了这个问题。

　　近年来国内汉藏语历史比较研究相对薄弱，特别是青年学者的成果较为少见。该文作者多年坚持纳西语的田野调查和历史比较研究，一步步扎实推进原始纳西语的历史比较研究，研究成果富于启发性，为更大规模的深入研究提供了基础。

《东安新圩江土话精知庄章组读塞音的现象和性质》专家评语

提名奖获奖作品

论文:《东安新圩江土话精知庄章组读塞音的现象和性质》

作者：胡乘玲　　　　单位：湖南师范大学
推荐专家：陈　晖　　　单位：湖南师范大学

该论文通过对湖南东安新圩江土话精知庄章组读塞音现象的描写，有以下重要发现：1. 与汉语其他方言精知庄章各组读如端组塞音不同，新圩江土话精知₂庄章母所读塞音 t 与端母塞音 ɗ 有音位对立，送气塞音与端组透母塞音 tʰ 合流；2. 精知₂庄章组读塞音是一种后起的创新演变，t、tʰ 来自 ts、tsʰ 的塞化，知₂组塞音声母读如端组塞音 ɗ 具有存古性质；3. 精知₂庄章组是否发生塞化受今读韵母的影响，声母的分化主要是根据今音韵母洪细的类型，在洪音前塞化，在细音前不塞化；4. 精知₂庄章组声母塞化以后，形成了新圩江土话不送气清塞音 t、送气清塞音 tʰ、内爆音 ɗ 和浊塞音 d 四分的塞音格局，这是汉语方言中非常少见的现象。

该论文为探讨精知庄章组读塞音的性质提供了一个很好的案例，能让我们厘清语音演变中的存古现象和后起音变的差别。尤其是"塞变"在舌尖元音前仍处于不稳定状态，这一方面证实了精知₂庄章组塞音"后起演变"的性质，另一方面揭示了新圩江土话这种正处于演变过程中的汉语方言的特殊价值。该论文材料可信、论证充分，不仅深化了对汉语方言精知庄章组声母的塞化问题的探讨，也是探究方言语音演变的重要文献。

提名奖获奖作品

论文:《东安新圩江土话精知庄章组读塞音的现象和性质》

作者：胡乘玲　　　　单位：湖南师范大学
推荐专家：陶　寰　　　单位：复旦大学

汉语方言尤其是湘赣语中精知庄章组读塞音的性质引起了不少学者的关注和讨论。该论文发现湖南东安新圩江土话精知庄章组所读塞音与汉语绝大多数方言不同，塞音有两种不同的性质来源：精知₋庄章组所读塞音t是一种后起的创新演变现象，知₌组所读塞音ɗ具有存古性质。论文还指出：精知₋庄章组是否发生塞化受今读韵母的影响，在洪音前塞化，在细音前不塞化，在舌尖元音前塞化不明显，在非舌尖元音前塞化明显。另外，塞化在老派和新派发音人身上也有不同的表现。新圩江土话的精知₋庄章组声母塞化以后，形成了不送气清塞音t、送气清塞音tʰ、内爆音ɗ和浊塞音d四分的塞音格局，这是汉语方言中非常少见的现象，揭示了新圩江土话在汉语方言中的特殊价值。

论文提出：新圩江土话的塞化音变受到了"拉链"作用的影响，由于端组（和知₌）读内爆音ɗ，造成了t这个音系空位，拉动了ts向t的演变。论文通过东安土话其他点的材料进一步推测端母读内爆音的时间应早于精知₋庄章组声母塞变的时间，而不是精知₋庄章组声母塞变后挤占了端母的位置导致端母读内爆音。

该论文基于第一手的调查材料，翔实可靠，思考深入，论证充分。全文以事实为基础进行了理论探究，在众多前人研究成果的基础上，提供了新材料，提出了新观点，对探究方言语音演变也有重要的贡献。

> 方言理论探索与建构

汉语方言单字调现有入声的调型①

刘新中

（暨南大学文学院/汉语方言研究中心　广东广州　510632）

【提　要】 本文针对汉语方言语音描写中入声调型描写的有关问题进行了探讨。(1) 从声学实验的角度重新界定了单字调和语调；(2) 根据实际调查和《汉语方言音档》的材料分析了汉语方言促调入声的声学类型共有平、升、降、曲、断5种主要类型；(3) 利用舒促比、民族语、方言连读调的例子说明汉语方言入声调的主要特征以及明确描述入声调型的重要性。

【关键词】 促声　入声调　舒促比　调型

一、声调的再认识

我们对于声调的描写，最先关注的问题是调值，因为它是声调分类的基础，而我们通常将调值表述为高、低、升、降、曲、直、长、短的相关形式，具体落实就是"调型"。

调型一般指的是声调语言的音节中音高的变化形式，即音高在时间轴上的变化情况。我们关心的声调描写问题，主要包括调型等外在形式上的表现，即音高随时间的变化形式。

赵元任先生说：

"'字调'这个名称是作者杜撰的，就是平常所说的'平上去入''四声''五声'；近来渐渐有人晓得这字调纯粹是乐调的性质，所以又名'声调'。在普通语音学里，英文叫 Intonation 或 Inflection，专用在中国言语上叫了 tone。凡是音高和时间当中的函数

---

① 本文为2021年8月6日至8日北京中国社科院语言研究所语音研究室举办的"声调语调研讨会"的报告，得到王韫佳、熊子瑜等先生的指导意见，在此深表谢忱。

关系都可以叫Intonation或Inflection。这类叫句调。但是在中国、暹罗、中非洲几处言语里非但有句调,而且每字也有一种固有的腔调,其重要和每字有一定的辅音和元音一样。……因为这每字固有的腔调和说话读书时抑扬的句调不是一件事情,也不是言语学上一类的现象,所以最好给它一个特别名称叫字调。旧名'声'字太泛,在科学讨论里不便取用。"①

根据赵元任先生的这个观点,结合我们这些年对于声调的实验研究,对于声调的界定,我们认为可以这样表述:声调是音高和时间在韵律空间形成的轨道模式,就像图1所示:

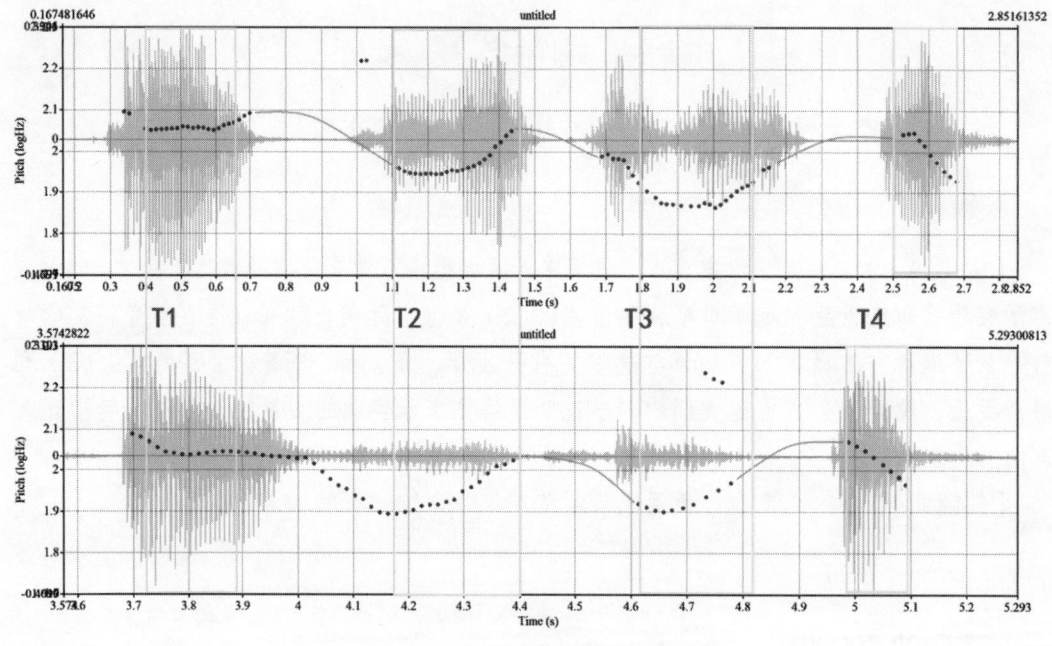

图1 普通话四声单字和连读的音高轨迹

图1上面是普通话"啊1啊2啊3啊4"单字调分别发音的四声,下面是四声的连读普通话"花1园2好3大4"的波形和音高曲线,声调就是这个轨道上的框架轨道。单字调集中在单个儿的音节音段,语调则是基本声调轨道根据语义的要求和韵律特征进行的语句层面的调整。

声调语言和非声调语言的区别是,音节以及音节之间的轨道是否相对固定,固定的就是声调语言,即音高变化与表意有固定关系的就是声调语言。

一般音节层面的声调音高表现形式是高低、升降、曲直、长短,对于大量存在的中折调的观察,"断—连"也应该是一个重要的区别特征。当音节末尾是唯闭音的入声音节时,音节之间很容易感觉到"断",它会自然形成音节的界线;但是归在声调区别特征

---

① 赵元任:《中国言语字调底实验研究法》,《科学》1922年第7卷第9期。赵元任:《赵元任语言学论文集》,商务印书馆,2002年,第27–36页。

的音节内部的"断",是一种时间中断的不连续特征。比如,在赣语、官话等的一些方言点,它有区别意义的功能;比如我们结合产出和感知的研究,在诸多区别特征中,赣语遂川话中折调最重要的区别特征是音节的不连续。①

对于声调的讨论,尤其是单字调的讨论,多数集中在一个音节之内,一旦超出单音节,进入韵律层面,我们就会考虑它的结构单位与动静分层,就必须区分单字调、词调、短语调、句调;但是无论怎样变化,都必须紧扣音高等关键因素与时间的函数关系,以此来概括、界定物理上各个层面声调的形式特征。

我们就是根据音高在时间轴上的各种不同表现形式来概括调型、确定调值、并为声调进行分类的。

二、汉语方言入声调型在共时层面的特点

如果是描写舒声调的调型,只需要描写出相应的调型即可,但对于促声调的调型,我们的处理就有不少问题。

我们先看一个广州话单字调系统的描写②,这是一个不同于常见的广州话的单字调描写:

表1 《汉藏语概论》中所记录的广州话的声调

调值调类	阴平55/53	阴上35	阴去33	长阴入33	短阴入5
例字	花fa^{55} / 敷fu^{53}	苦fu^{35}	裤fu^{33}	阔$fu:t^{33}$	福fuk^{5}
调值调类	阳平11	阳上13	阳去22	长阳入22	短阳入2
例字	符fu^{11}	妇fu^{13}	父fu^{22}	没$mu:t^{22}$	木muk^{2}

这个广州话的声调系统与一般的描写差别最大的是入声分长短,分别是长阴入、短阴入和长阳入、短阳入,通常说的上阴入、下阴入、阳入等声调中,上阴入对应的是短阴入5,长阴入对应于下阴入(中入)3,短阳入对应阳入2。这里的长阳入在广州话的研究、教学中都未作明确交代,此外,广州话中有一个35调的变入,在一般的描写中也少涉及,这说明,我们对于汉语方言中有短促调入声的描写、研究是不充分的,应该引起我们的注意。

汉语方言的入声调型有哪些?升、降、平、曲折,哪个是主导的?这些问题至今没有一个清晰的答案。入声的调值,在一般的方言学描写时,强调的是音高域,不强调调型,比如记录为5、3就意味着这个调值是短促的55、33,记录时标记为55、33,但实际情况却是,平调在入声的调型中并不是主导的调型。

---

① 余俊毅、曾玲、刘新中:《2021 遂川话中折调的不连续特征——基于声学数据和感知实验的研究》,第十四届全国语音学会议论文,兰州,2021年。

② 马学良主编:《汉藏语概论·导论》,民族出版社,2003年,第43页。

我们初步考察汉语方言中入声调型的声学表现，概括为5种，具体见表2。

表2 汉语方言中入声调的主要表现①

方言区	地点	平	升	降	曲	断
晋语	呼和浩特			入43		
	平遥		阴13	阳53		
	太原			入54		
徽语	歙县			入21		
	屯溪		入5(45)			
客家方言	梅州			阴1(21) 阳5(54)		
	桃园			阴22(21) 阳55(54)		
	信宜新宝②			阴32 阳54		
赣方言	南昌		阴5(45)	阳2(32)		
	余干					阴—断升 阳—断降
	临川		阳45	阴32		
	遂川	高平略降				去声： 平+降+升
湘方言	长沙		入声舒24			
闽方言	福州		阴24 阳5			
	漳州		阳12	阴32		
	厦门	阳11 阴55				
	汕头			阴2(32) 阳5(54)		
	海口				阴5 阳3	
吴方言	上海	阴55(54)	阳13			
	杭州		阳2(23)		阴5(54)	
	苏州		阳3(34)	阴5(54)		

---

① 语音数据除了我们自己的调查，主要根据汉语方言音档的录音材料提取分析所得，见侯精一主编《汉语方言音档》。侯精一主编：《汉语方言音档》，上海教育出版社，2003年。
② 根据硕士研究生陈敏华的实验数据。

续表

方言区	地点	平	升	降	曲	断
粤方言	广州 香港	上阴入5 下阴入3 阳入2				
	南宁	上阴入55 下阴入33		阳22(21)		
	东兴	上阴入55		下阴入32 阳入21		
	台山	下阴入33	上阴入45	阳入42		
	阳东		上阴入24	下阴入32 阳入54		
	阳江		上阴入24	下阴入32 阳入54		
	肇庆			阴54、阳32		
	博白①			阴入急54 阴入缓21 阳入急32 阳入缓43		
	博白水鸣②	上阴入5 下阳入33	送气入24	下阴入533 上阳入32		
平话	南宁平话	上阴入5 下阴入3 阳入2	上阳入23			

  表2所反映的是汉语方言中有促声调入声的33个方言点的入声调值，调值后面加注括号的数字，是我们根据声学数据对原有调值的描写。

  根据目前有限数据的观察，汉语方言中湘方言基本没有促声，但是有入声调类，赣方言的许多方言点也没有了促声。保留入声为促声的方言里，晋语、徽语都以降调为主，辅之以升调；客家方言的入声调值也是以降调为主；赣方言的短促入声调升降参半，赣语中比较有特色的是余干方言的中折调，是一个不连续特征；闽方言的平、升、降、曲都有，情况较为复杂；粤方言的入声调平、升、降都有，但是降调略占优势；平话的数据较少，以平调为主、升调为辅。

---

① 根据王力《博白方音实验录》的描写记录转写，见UNE PRONONCIATION CHINOISE DE PO-BEI, Ouvrage honoré d'une subvēntion de l'Institut des Hautes Études Chinsoises de l'Université de Paris, PARIS LIBRAIRIE ERNEST LEROUX, 1932.

② 冉启斌、张玉岩：《博白水鸣粤语有多少个声调——汉语方言极限声调清单声学实验分析之一》，《语言科学》2014年第6期，第641-654页。

总之，完全是平调的入声在有促声的方言中不足1/3，在促声短调的入声调型中，平、升、降都有相当数量，无论标记为怎样的调值，它们几乎没有被简单的平调所主导，如果只是记录为一个数字表示的短调，就不能反映调值的实际。我们还可以通过对博白方言点的观察来进一步说明，见表3。

表3 博白岐山坡老中青11位发音人的地佬话单字调①

发音人	阴平	阳平	阴上	阳上	阴去	阳去	上阴入	下阴入	阳入
OM1	454	132	33	242	52	21	43	33	21
OM2	455	121	33	131	52	21	43	33	21
OM3	454	121	32	132	52	21	54	32	21
MM	455	13	33	12	43	22	44	32	21
MF	454	122	33	212	52	21	55	33	21
YM2	55	122	33	12	51	31	43	33	21
YF1	45	12	22	212	52	21	44	33	21
YM1	45	12	22		41	21	43	32	31
YM3	455	121	33		51	21	44	22	21
YF2	55	12	32		41	21	43	32	21
YF3	55	212	32		51	21	43	32	21

表3是我们的硕士李雯雯做的研究，原稿中平调只标出一个数字，这里补出另一个数字，所有的短调都标出起点和终点调值，用下划线注明。从这个部分的材料可知，入声促声调的调型只标写单个数字来记录入声，虽然是可以接受的，但是它不能有效地反映入声调型的变化，这对于声调跨音节的词、短语层面的表现，以及声调的演化等观察而言，失去了为共时层面语音线索的表现提供依据。

三、入声描写应该明确标出调型

既然入声促调是具有各种调型的，我们为什么只标出一个单独的数字来表示入声的调值呢？

语音描写大都有其特定的目的。对于一般的方言描写，我们标注出音类就算完成任务了，但是要观察共时的差别、历史的演变，就应该最大限度地标注出具体的音值，这样有利于抓住相关的语音线索。

过去的研究，只要满足了舒—促各自分类的需求就完成了描写任务，这就是我们方

---

① 该表3数据来自李雯雯《广西博白地佬话语音的实验语音学研究》。李雯雯：《广西博白地佬话语音的实验语音学研究》，暨南大学硕士学位论文，2018年。

言描写中长时间不标明调型,只标明音高域的主要原因。这样的分类,背后是凸显了时长的决定因素,因为短,就无法展开调型,区别形式上的表面区别手段的权重落在了音高点,而不是调型。

更为深层的原因是时间上的短促无法仔细地衡量具体调型的变化,只将观察点放在了音高域。

现在实验手段为我们清晰地观察入声调型提供了便利。下面将根据有舒声—入声对立的方言点的声学数据,提取单字调的舒声、促声的时长数据,算出它们的舒促比,就是舒声时长/促声时长,由此来观察它们的时间比例关系。

表4 舒促比大于2的方言点

(时长单位:毫秒)

地点	时长—舒	时长—促	舒促比	地点	时长—舒	时长—促	舒促比
南昌wu	329	83	3.96	歙县	310	125	2.48
苏州	385	129	2.99	海口	259	105	2.46
南昌1	399	135	2.95	厦门	437	180	2.43
陆丰3	278	95	2.93	广州6	371	154	2.41
广州2	431	148	2.91	汕头	360	164	2.19
上海	327	115	2.86	广州	418	191	2.19
呼和浩特	256	90	2.85	香港	353	169	2.09
杭州	311	114	2.73	陆丰	272	130	2.09
陆丰4	291	112	2.61	广州3	308	153	2.01
临川	320	125	2.56	广州av	345	172	2.01
陆丰5	204	81	2.51	阳江	310	154	2.01
海丰海城	222	89	2.49				

注:表中地点后的拼音和数字表示不同地点的发音材料,表5、表6同。

这里有23个方言点的舒声调的平均时长和这些方言的促声的平均时长,以及舒声调时长除以促声时长的舒促比,它们代表了舒声调与促声调的时长关系。根据我们的初步观察,一个促声调只有舒声调的1/2到1/3的话,促声调的区别特征就集中在音高域的变化,而不一定是调型。

如果舒促比在1.5—2.0,促声调时长只是舒声调的2/3时,也是有淡化调型的情况。下面是舒促比在1.5—2.0的方言点:

表5　舒促比在1.5—2.0之间的方言点

（时长单位：毫秒）

地点	时长—舒	时长—促	舒促比	地点	时长—舒	时长—促	舒促比
博白4	284	143	1.99	广州4	334	192	1.74
陆丰1	318	160	1.99	南宁	295	179	1.65
福州	353	180	1.96	化州2	268	173	1.55
陆丰2	382	200	1.91	博白j	315	204	1.54
海丰公平	236	125	1.89	南京	280	183	1.53
汕尾城区	204	110	1.86	太原	182	120	1.52
博白5	275	151	1.82	台北	374	248	1.51
桃园	366	204	1.79	屯溪	246	170	1.45
化州1	324	183	1.77				

当舒促比再在1.5—2.0时，能够维持入声所需要的短促的听感，很多舒促对立的方言点都有相同的特征。

那些时长与舒声调差不多的，就会与舒声调的特征趋近，下面是舒促比接近甚至小于1的，这就意味着调型在这些声调的辨别中起决定作用。

表6　舒促比小于1.5的方言点

（时长单位：毫秒）

地点	时长—舒	时长—促	舒促比
博白1	293	211	1.39
博白2	385	276	1.39
合肥	225	167	1.35
广州5	281	211	1.33
博白3	210	166	1.27
平遥	270	243	1.11
建瓯	325	300	1.08
长沙	394	415	0.95
湘潭	370	458	0.81
温州	221	329	0.67

舒促比小于1的一般没有舒促对立，比如表6中建瓯、长沙、湘潭、温州这几个点；当舒促比在1.0—1.5时，可能是元音长短的影响，我们在实际调查时都会遇到，有些老先生都有单字拖腔发音的特点，但是还保留了与舒声调的对立，如表中广州、博白的情况。

我们对于已有的入声记录、描写基本认同，无论如何记录入声，它所反映的重点是短时间内音高域的不同。因此，标明音高点就可以了，但是这对于进一步的研究和观察是有限制的。

同样音段的促声调音节，也可能因为调型的不同而区别意义，下面是马学良先生主编的《汉藏语概论》中勉语金门土语的例子，见表7。

表7 勉语金门土语一些点的入声分成6类[①]

	老书村	新村	词语
阴入甲	a:p^{55}	a:p^{24}	鸭
	da:t^{55}	da:t^{24}	翅膀
	ka:t^{55}	ka:t^{24}	割
	tsep^{55}	θtip^{54}	接
	tɕet^{55}	kjet^{54}	笑
	dat^{55}	dat^{54}	织
阴入乙	sje^{55}	sa^{31}	女儿
	tɕhe^{55}	tɬe^{31}	客
	tshi^{33}	si^{31}	尺
	hop^{55}	hop^{32}	喝
	tshat^{55}	ɬat^{32}	獭
	khot^{55}	kot^{32}	洞
阳入	ta:p^{12}	ta:p^{42}	踩
	bja:t^{12}	bja:t^{42}	辣
	bja:t^{12}	bja:t^{42}	扇子
	tap^{12}	tap^{21}	咬
	bjet^{12}	bjet^{21}	舌
	bjut^{12}	blot^{21}	糯

表7中有灰色底纹的例子都是促声调调型起区别作用的例子，它们反映的是临近方言点的差异，对于方言间共时差异，并由这种共时差异反映的历时演变有重要的意义。这就说明，即使是促声调，我们也应该清楚地标注调型，以便于进一步的研究。

有些声调调型在进入词和语句时，对后接音节的声调会有预测和赋值的作用，比如王韫佳记录的海安话中，关于轻声与非轻声的音高关系，她写道"海安话中第三式连读变调，也就是我们所说的'非轻声+轻声'的连调形式，可以看作是前字单字调分裂成两部分，前一部分赋予前字，后一部分赋予后字"[②]。这里记录的海岸话"非轻声+轻声"的组合中，所有后字的轻声音高都与前面非轻声音节的调尾音高一致，具体例子见表8：

---

① 马学良主编：《汉藏语概论·苗瑶语篇》，民族出版社，2003年，第574—575页。
② 王韫佳：《海安话轻声与非轻声关系初探》，《方言》1998年第3期，第211—217页。

表8　江苏海安话非轻声音节加轻声音节举例[①]

例词	腥气	和尚	本事	罐头	黑子	学生
前字非轻声音节调型	21	35	213	33	3	35
后字轻声音高	1	5	3	3	3	5

表8这些例子非常好地说明前字音节的单字调调型是如何赋值于后接轻声音节的调值的，单字调的调型既然能够影响后接音节的声调，那我们在记录描写时，一定要记录清楚，为词调、连读调的研究打好基础。

这就是我们为什么一定要强调记录完整、清晰的入声调调型的部分理由。声调问题初看简单，但是在具体的使用和研究中会遇到非常复杂的情况。刘复先生说："入声之于平上去，有长短的不同。但平上去三者之自相比较，其不同处并不在于长短；而入声之于平上去，也并不是长短之外，就没有别种关系。"这种关系正是高低，他说其中"有两件应当声明的事：（1）这种的高低，是复合的，不是简单的。（2）这种复合的音，由此音移入彼音，是滑的，不是跳的。"[②]这些洞见应该在我们具体的调查中反映出来，以提高方言语音描写的精度。

完成较为充分的描写只是一部分工作，后面还有很多需要进一步探索的工作。比如，我们是如何感知入声的高低的？标为高调的入声多数的调型是怎样的？标为低调的又是以哪些调型决定的？我们初步观察，调头、调尾的位置会起不同的作用。比如广州话的调尾感知就起到重要的作用，而潮州话可能是调型在起作用。入声的时长因素如何制约调型起作用？时长在一个音节的1/3以内时，音高点是主要的区别项，而调型似乎不起作用。这是为什么？诸如此类，还不涉及词调和连读调、语调，都是非常值得我们进一步研究的内容。

汉语方言声调的形式特征与功能分类在描写方面表现出了多样性的特点，高低长短、升降曲直、连续与中断、嗓音类型等都会参与其中，我们确实需要在充分描写的基础上，不断完善对于声调的研究。我们需要在方言语音的研究中找出跨方言、跨语言的语音特征，发现背后的制约机制，进而在实际应用、类型构建、语言演变与发展等方面有所作为。

参考文献

[1]北京大学中文系，1989.汉语方音字汇·方言音系简介[M].北京：文字改革出版社.
[2]李荣，1957.汉语方言调查手册[M].北京：科学出版社.
[3]李荣，2002.现代汉语方言大词典·四十二处方言概况[M].南京：江苏教育出版社.
[4]梁嘉莹，刘新中，2016.基于大数据的粤方言阳江话（市区）声调实验研究[M]//甘

---

① 王韫佳：《海安话轻声与非轻声关系初探》，《方言》1998年第3期，第211–217页。
② 刘复：《四声实验录》，上海群益书社印行，1924年，第19–20页。

于恩.南方语言学：第11辑.广州：世界图书出版广东有限公司.

[5] 梁嘉莹,熊子瑜,刘新中,2015.粤方言肇庆端州话的声调系统实验研究［M］//《中国语音学报》编委会.中国语音学报：第5辑.北京：商务印书馆.

[6] 刘卫宁,刘新中,2017.潮州方言音节全表［M］//甘于恩.南方语言学：第12辑.广州：世界图书出版广东有限公司.

[7] 刘新中,刘卫宁,祖漪清,2020.潮州府城话语音特征调查手册［M］.广州：暨南大学出版社.

[8] 刘新中,吴艳芬,梁嘉莹,2017.海南付马话的文白两套声调的实验研究［M］//《中国语音学报》编委会.中国语音学报：第8辑.北京：商务印书馆.

[9] 刘新中,2016.汉语方言语音特征调查手册［M］.北京：科学出版社.

[10] 麦耘,2008.广西藤县岭景方言的去声嘎裂声中折调［C］//第八届中国语音学学术会议暨庆贺吴宗济先生百岁华诞语音科学前沿问题国际研讨会论文集.北京：.

[11] 詹伯慧,张振兴,2017.汉语方言学大词典［M］.广州：广东教育出版社.

[12] 朱晓农,2004.浙江台州方言中的嘎裂声中折调［J］.方言（3）.

The Patterns of Checked Tone in Contemporary Chinese Dialects

LIU Xinzhong

Abstract: This paper argue the description of checked tone in the phonetic description of Chinese dialects (1) The tone and intonation according to the acoustic experiment; (2) According to the actual investigation and are redefined the materials of Chinese dialect archives, the acoustic types of checked tone in Chinese dialects are analyzed, including level, rising, falling, contour and discontinuous; (3) The main characteristics of checked tone in Chinese dialects are illustrated by using the ratio which smooth syllables divided by checked syllables.

Key words: checked tone, Rusheng, ratio of long tone/short tone, contour of tone

略论粤方言保护研究的新问题与新视角[①]

——兼评单韵鸣《广州人语码转换代际差异研究》

祝晓宏

（暨南大学华文学院/海外华语研究中心　广州广东　510610）

【提　要】语保工程进入新阶段、粤港湾大湾区建设、新媒体时代全面来临等新情况的出现，向粤方言保护研究提出了3个新问题：粤方言的应用现状、粤方言的功能规划、粤方言的传承机制。新问题需要有新视角。单韵鸣《广州人语码转换代际差异研究》一文综合了几种新的研究视角：把微观层面的年龄段的语码选择和宏观层面的语码转换结合起来，从不同年龄段的广州人语码转换特点，来评估粤方言的传承情况。这样的研究思路对方言保护、语言维护与传承研究都具有启示意义。

【关键词】粤方言保护研究　新问题　新视角

一、引言

有3个新情况正在直接或间接影响着粤方言保护工作的形势，相关研究应该予以重视。

一是中国语言资源保护工程（下称"语保工程"）进入第二期。粤方言保护作为语保工程的重要一环，也随之进入深度语保阶段。相比一期语保，粤方言的深度语保在"保护理念、保护内容、保护方法"等方面需有所深入、有所发展，这不仅关乎粤方言保护工作的推进，也关系到整个语保工程的质量。

二是粤港澳大湾区发展战略的实施。2018年正式启动的粤港澳大湾区建设工程是国家重大发展战略，大湾区一体化进程会加速语言一体化，普通话成为湾区主体语言将是大势所趋，而以往作为区域通用语的粤方言，其传承和发展既拥有了新的契机，也有一些不确定性。

[①] 本研究得到国家社会科学基金重大项目"境外华语资源数据库建设及应用研究"（19ZDA311）、教育部人文社科研究项目"东南亚华语传承口述史数据库建设研究"（19YJC740125）、暨南大学广东语言文化海外传承研究基地2021年度自设项目资助。

三是新媒体时代的全面来临。随着移动互联网的普及，新媒体正在改变每个人的日常生活包括语言生活。粤方言赖以生存和发展的传统媒体荣光不在，而日渐繁荣的新媒体既赋予粤方言以新的传播机遇，同时又以普通话为绝对媒介挤压着粤方言的发展空间。

以上3个新情况，使得粤方言保护研究面临新的课题，需要有新的视角。

二、粤方言保护研究的新问题

（一）粤方言的应用现状

一直以来，粤方言是汉语的强势方言。据Ethnologue网站第24版公布的数据，全球粤方言母语使用者达到8500万之多（Eberhard et al, 2021）。2015年，语保工程启动，联结着海内外8000万使用人口的粤方言名列其中，这是引人瞩目的。我们都知道，随着普通话的普及，社会上对于方言式微的忧虑逐渐增多，2010年，广州民间就曾因"推普废粤"的谣言而爆发"撑粤语事件"（祝晓宏，2011），这是大众语言焦虑的一次集中释放。语保工程赋予粤方言保护以重要的位置，体现了学界语言资源理念的深入，也彰显了我国政府对于语言资源保护的气魄和决心。

粤方言保护工作是语保工程中的有机一环，粤方言保护研究的相关问题，可以放在语保工程的总体中予以观察。

首先，来看语保工程的总体目标。语保工程旨在："利用现代化技术手段，收集记录汉语方言、少数民族语言和口头语言文化的实态语料，通过科学整理和加工，建成大规模、可持续增长的多媒体语言资源库，并开展语言资源保护研究工作，形成系统的基础性成果，进而推进深度开发应用，全面提升我国语言资源保护和利用水平，为传承中华优秀传统文化、促进民族团结、维护国家安全服务。"[①] 以总体目标来衡量中国语言资源保护，实态语料的收集记录应当是"基础的基础"，对于粤方言保护来说，也是今后所要重点考虑的问题。

其次，从语保工程现状来看，一期成果显著，主要表现为"五个一"：采集了一大批语言资源（共完成全国所有省份1712个调查点、123个语种及其主要方言的调查工作），建设了一些资源平台（中国语言资源采录展示平台，语保网），制作了一系列技术规范，出版了一系列重要图书（如《中国语言文化典藏》《中国濒危语言志》），培养了一大批语言人才（1000多个专家团队，4500多名专业人员参与）。语保工程锤炼了我国大型语言资源普查和管理的体制，也产生了良好的社会影响。为了语保工程，国家自上而下投入了大量的财力、物力和人力，人民有理由期待这么大的投入能够发挥实效。即，能真正地减缓中国濒危语言和方言衰亡的速度，切实维持各个方言和民族语言的活力，提高公民语言资源保护意识，传承中华语言文化。应该说，要最终达到这样的期待是很不容易

---

① 中华人民共和国教育部、国家语言文字工作委员会：《关于启动中国语言资源保护工程的通知》，2015年6月3日。

的。李宇明（2019）认为，语言保护有三大层次：语言保存、语言活态保护、语言资源的开发利用。目前来看，后两个层次还带有理想主义的色彩，实际上语保工程更多的是在语言保存或语言记录这一层次用力，并且采集的样本主要集中在语言结构层面，对于方言和民族语的活态和开发利用关注得还很不够。

在学术研究层面，当前对粤方言保护研究成果的专门讨论主要聚焦在保护方法、路径等方面（李诗凫，2012；梁菁洪，2020），针对全国和广东语保也提出了不少好的策略（曹志耘，2017；甘于恩、陈李茂，2017；甘于恩，2020；林小玲，2020）。笔者认为，还应研究语保内容、成效评估、资源开发等问题。粤方言的文化内涵非常丰富，可以文化搭台、经济唱戏，"用经济发展的眼光看待粤方言，让粤方言文化成为各行业的利益增长点，容易实现粤方言的保护和传承"（单韵鸣，2021b）。因此，深度语保应在一期成果的基础上，细化语言样本的颗粒度和扩大语言样本的丰富度，多模态地复现语言资源，同时研究如何创造性地开发应用粤方言资源，以开发应用促保护传承。

当然，这些应用课题着眼点都比较高，要使应用研究落在实处，需要开展粤方言使用实态的具体调查。

（二）粤方言的功能规划

2018年，粤港澳大湾区发展战略正式落地实施，大湾区战略的推进必将成为影响该地区语言生活以及粤方言的又一重要外部变量。这样确信的理由在于，相比于直接显性的语言规划，国家层面上的重大决策或者发展规划，对语言生活的影响和改变更为强大、深刻和持久。例如，实践证明，改革开放这一国策已成为中国经济腾飞的巨大引擎，伴随着经济高速发展的是城乡人口流动、社会进步和教育发展等全方位的变化，从而极大地推动普及了普通话，这比任何一项语言政策的效力都要深远。同理，大湾区发展战略的推进，也必将深刻地重塑该区域的语言生态。大湾区语言状况的最大特点是多样性，普通话、粤方言（包括闽、客等方言）、英语、葡萄牙语等各有其位，各有其用，多样性中突出的是粤方言使用人口最多，在港澳地区可谓达到"三高"程度（法律地位高，使用层次高，认同度高）（屈哨兵，2020；殷俊、徐艺芳，2019）。这种局面随着大湾区一体化进程的加快、普通话的普及将会发生变化，粤方言保护面临的压力是否更大，还有待观察。

值得注意的是，《粤港澳大湾区发展规划纲要》有一段文字旁及粤方言："支持弘扬以粤剧、龙舟、武术、醒狮等为代表的岭南文化，彰显独特文化魅力。"粤剧是以粤方言为媒介的传统艺术，在大湾区和海外华社有着广泛的群众基础，其式微已是不争的事实，支持弘扬粤剧，即是对粤方言的文化功能作出了政府规划。在学术层面，有学者提出发展粤方言文化产业的设想，这是有前瞻性的，但这还不是粤方言功能的全部图景，粤方言在媒体、商贸、教育、大众交际乃至行政、司法等领域仍将长期发挥作用。在应急语言服务等领域，粤方言也大有用途。当前的痛点是，港澳人员来内地就业由于不通普通话而有诸多不便①，而内地人员去港澳旅行也有不少饱受语言歧视的案例，这些都会阻塞大湾区的语言融通，甚至可能引发语言冲突事件，迫切需要通过语言规划或协调加以解决。目前已有粤语文化从业者提议成立大湾区粤方言保护中心，大湾区的相关学术机构也需要就此携手展开研究。

（三）粤方言的传承路径

快速发展的互联网世界为少数族群的语言保护提供了新的路径，这种路径对于粤方言传承的作用机制尚值得关注。

一方面，我们可以看到，移动新媒体的全面来临成为方言和祖语传承新的助力。这种助力表现在移动新媒体为方言传承提供了丰富的学习资源、开辟了广阔的使用领域，方言在虚拟世界获得别样的活力。谢小丽（2020）调查报告了粤方言网络服务资源，包括教育型语言服务资源和工具型语言服务资源。应该说，网络服务资源满足了市场需求，但是在激发、培育粤方言文化学习、使用需求方面，不断升级迭代的网络新媒体平台还可以发挥更大的作用。就海外华人而言，粤方言还是需要传承的祖语，而新媒体可以将离散的海外粤方言群体更有效地联结在一起。"事实上，互联网既是语言维护的一个工具，也是少数语种或祖语使用的一个额外领域。"（Pauwels，2016）这就是说，互联网特别是新媒体可以为粤方言提供新的使用场域，吸引更多年轻人关注、学习和使用粤方言，从而保持粤方言的活力。

新媒体的繁荣对于粤方言和祖语维持也可能是一把双刃剑：既能促进方言维持，也能成为阻碍方言维持的一个因素。相比于少数族群语言，互联网效应可以让主流语言更加得势，吸附更多的使用人群、获得更大的附加值和生存空间。Fishman（2001）指出，媒体更有可能干涉而不是支持母语传承，这仅仅是因为占主导地位的多数语言的媒体生产数量更大。对于改变祖语转用，"媒体的有用性不仅远远不如家庭和社区，而且落后于教育和工作领域等"。也有学者基于当地情况认为，媒体无法取代家庭和社区中的语言传承，但其作用不能被放弃（Cormack，2007）。虽然目前还缺乏普通话和粤方言网络资源的数据对比，也缺乏粤方言使用者虚拟语言生活的详细数据，但是新媒体空间当中普通话占据绝对强势是毫无疑问的，说新媒体语言生活就是普通话生活并不为过。据报道，某些头部新媒体平台禁用粤方言直播和出品节目，这无疑会进一步压制粤方言的发展空间。

---

① 罗祥国、黎卓然、陈朗轩：《拓阔香港青年就业选择：香港青年在大湾区就业的可能性及政策建议》，MWYO青年办公室智库报告，2020年，第56—57页。

三、粤方言保护研究的新视角

新的研究问题需要有新的研究视角。研究粤方言的应用现状、功能规划和传承路径这些问题，分别适用不同的研究视角。

（一）语言生活研究视角

语言生活研究视角即是关注语言实态。曹志耘（2015）认为，语保内容除了语言本体以外，还包括口头文化、语言文化等方面的内容，并采用音频、视频、图片等形式保存展示它们的"实态"面貌。他所谓的实态强调的是文化内容的实态，真正的实态应该是语言全方位使用的真实状态。调查粤方言使用实态，包括粤方言在各地区、各大领域、各类场景、各个群体的使用情况，能够反映粤方言应用现状。而掌握粤方言使用实态，是开展粤方言功能规划、开拓粤方言传承路径的基础，也是粤方言活态保护的基础。

近年来，粤方言使用调查研究已有一些相关成果，例如徐晖明、周喆（2016），屈哨兵（2018；2021），邵宜（2018），刘慧、黎顺苗（2020），单韵鸣、李胜（2020），王海兰（2020）等。这些调查展示了广东地区部分城市、领域、场景和群体的语言使用状况，其中涉及粤方言使用情况。整体而言，这些成果都还不是专门的粤方言使用调查，调查对象、范围、样本量都比较有限，至于境外粤方言各领域的使用状况，更为少见。大部分研究采用的调查方法是问卷和访谈，所能呈现的只是粤方言使用实态的某些截面。

因此，要全面、深入、立体地保存和展示粤方言实态，就应该在语言生活研究视角下，开展从境内到境外、城市到农村、政务到家庭、现实到网络、儿童到老人等各方面的粤方言使用情况调查。在微观层面，还需关注粤方言变异和接触情况。语言变异反映了进行中的语言变化，语言接触则是语言变化的外部动力。普通话已经带来了粤方言结构层面的许多变异和交际过程中的语码转换现象（单韵鸣，2016），这也是粤方言实态的一面。

（二）语言规划研究视角

语保工程是当代中国语言规划的重大实践，运用语言规划研究视角来观照粤方言保护自然是很合宜的视角。语言规划一般分为本体和地位规划，近来又有学者提出功能规划和习得规划。就粤方言而言，当前和今后一段时间突出的问题是要处理好它和普通话的关系。因此，可通过语言功能规划视角观察几种语码在各层次的竞争关系（李宇明，2008）。如表1所示：

表1　大湾区语言功能规划表①

	国语	官方工作	教育	媒体	公共服务	公众交际	文化	日常
普	+（↑）	+（↑）	+（↑）	+（↑）	+（↑）	+（↑）	+（↑）	+（↑）
粤	—	±（↓）	±（↓）	±（↓）	±（↓）	±（↓）	+（↓）	+（↓）
英	—	±（↓）	±（↑）	±（↓）	±（↑）	±（↑）	±（↓）	±（↓）

普通话的国语地位将会愈益强化，这是毫无疑问的。在官方工作领域，港澳特区基本法对语言使用有明文条例，其中第9条规定："香港特别行政区的行政机关、立法机关和司法机关，除使用中文外，还可使用英文，英文也是正式语言。"这里的中文包括粤方言。可以预见，未来普通话在官方工作领域的使用将会增加，而粤方言和英语将会下降。

教育和媒体是语言竞争最为激烈的场域。在教育领域，为了应对粤方言式微，珠三角一些中小学已经不定期开展粤语、粤剧、粤语相声、粤语童谣进校园活动，部分中学还开设了粤方言教学的选修课或综合实践课。这些活动侧重向下一代传递粤方言的文化韵味，以兴趣为主导，覆盖面有限，离真正的粤方言教学和粤普双语教学还相差甚远。当然，教育领域能带头重视粤方言文化，形成示范效应，有利于形成粤方言传承的社会氛围，推动家庭自然传承粤方言。相比之下，港澳从幼儿到高等教育阶段一直是以粤方言为教育媒介语，教授繁体字，普遍认为这项政策对确保粤方言在港澳地区保持活力具有重要的作用（Li, 2015）。香港特区基本法第136条规定，特区政府自行制定有关教育的发展和改进的政策，包括教学语言等。历年来，教学语言采用母语和英语的争议极大，母语是普通话还是粤方言也有不少争议（陈立中，2000）。普通话在教育、媒体领域的增加，让这方面的争议仍将持续下去。

从公众服务到日常交际领域，普通话的作用将会越发彰显，而粤方言的作用会有所下降（郭杰，2019）。这是由语言的价值所决定的。我们曾以58同城广州招聘网为检索范围（检索时间为2021年7月28日），发现有"粤语"要求的招聘广告有499条，要求"普通话"的广告达4242条，可见市场对两种语言变体的需求差别很大。随着大湾区经济一体化，普粤的经济价值差距将会越来越大，人们会转而更加重视粤方言的文化和身份价值，粤方言保护意识也可能会进一步提升。

整体来看，在以上8大层次领域，语言竞争的范围正在逐渐下移，也就是说，公共领域、社区、家庭的语言压力会增加，语言矛盾的爆发可能全域化。防范语言冲突、促进语言融通、提升语言服务能力等方面应是大湾区语言规划的重点，粤方言保护研究不能回避这些问题。

---

① 本表参考李宇明（2008）的语言功能规划表制定。表中"+ -"分别表示该语码是否可以在该领域发挥作用，"±"表示该语码只在该层次部分领域发挥作用，"↑↓"表示该语码在该层次领域作用值的升降变化。

(三) 语言传承研究视角

语言传承是语言保护最自然的途径，粤方言也一直通过代际传承保持其自身的活力。总的来说，语言传承研究的是在压力环境下实现祖语代际传承的机制和规律，粤方言无论是在海外还是国内都面临着主流语言及其意识形态的多重挤压，其自然传承已显得困难重重，粤方言传承研究可以借鉴语言传承研究的已有经验。

语言传承研究的已有经验是从家庭、社区、国家三个层面着手推动华语传承，我们曾在语言生活视角下提出华语传承研究还需要从语言使用、语言教育、语言意识形态三个维度发力，得出华语传承研究的九个方面（祝晓宏，2021）。这九个方面同样适应于粤方言传承研究。特别是在家庭、社区层面，主动频繁地使用粤方言，忠于且维系粤方言的身份认同感，营造粤方言应用的小环境，是保持粤方言活力的重要路径（单韵鸣，2018）。

在心理机制层面，应该通过粤方言的习得过程研究，说清楚"（粤）方言传承有利于掌握普通话"的学理，说清楚双语双方言相比普通话或英语单语在学业、认知思维、情感、发展等多方面的优势，而不要将粤方言传承和华语传承、普通话推广对立起来。

语言传承研究的社会机制层面关注传承机构、组织、主体的作用。粤方言传承机构是粤方言保护的制度性力量，应该调查相关机构的数量、类型、宗旨、活动、项目、资金来源、资源、结构组织、效果评价等问题，建设粤方言传承机构平台数据库，构建海内外粤方言传承机构联盟，共同推动粤方言生活的同频共振，推动粤方言保护事业。这项工作应该首先由内地相关学术单位做起来，掌握主动权，由此也有利于消除境外一些关于普粤之争的非议声。

总之，粤方言保护远不是"收集蝴蝶标本"，也不宜就保护而谈保护，相关研究需要放在宏观社会背景下统筹考量，提倡并重视"语言生活、语言规划、语言传承"等多重视角。当然，要综合几种视角不仅要对粤方言本身和现状有相当了解，还要有应用研究的宏观视野。这是很不容易的。就我们所知，粤方言专家单韵鸣教授长期从事本体研究，近年来非常关注粤方言保护和传承课题，发表了不少成果，在本体和应用结合方面作出了成功的探索。下面试以她最近的一项实证研究为例，来进一步说明粤方言保护研究的视角创新。

四、《广州人语码转换代际差异研究》简评

单韵鸣《广州人语码转换代际差异研究》（2021）是作者"粤方言研究系列"中的一篇，也是国内第一篇向世界介绍、展示语保工程的学术文献[①]。作者立足语保工程的背

---

① 英文版另见：Shan Yunming, "On the Intergenerational Differences in Code-switching among Cantonese People," Asia-Pacific Language Variation 1（2019）: 9–27.

景,调查获取了大量的粤方言代际自然言谈语料,建立了广州话口语有声语料库,系统研究了跟粤方言保护直接相关的几个问题,如广州人语言态度和语言使用现状、广州人语言能力和粤方言变异、粤方言现状和活力、粤方言传承障碍及其保护对策等问题(单韵鸣,2019;单韵鸣、李胜,2020;单韵鸣,2021a、b)。《广州人语码转换代际差异研究》作为其中的一项成果,发现年轻一代语码转换展示出的最多的交际功能,且产生更多的粤方言向普通话的语码转换,粤方言受到普通话的渗透,需切实思考对下一代进行母语方言教育的对策。这项实证研究问题意识敏锐,研究视角新颖,方法材料扎实,就向世界同行宣传中国语保工程的效果来说,要好于一般的新闻报道和政府公告,也为中国社会语言学研究迈向国际化走出了坚实的一步。

(一)问题意识敏锐,视角新颖

作者在文中交代,粤方言传承项目涉及的研究内容较多,但该文"只谈一个问题,即在记录广州人自然语料时所发现的语码转换的代际差异"。这段话说明,文章所要研究的问题并不是在调查之初就预先设计好的,而是在整理语料时所发现的。这一点特别重要。

在粤方言的日常言谈语料中,发现语码转换的现象并不难。实际上,在年长一代的广州人谈话中,从粤方言转向普通话的情况也并不罕见,年轻一代发生语码转换更是家常便饭,尤其是在面向特定的交谈对象、话题和场景时,转用普通话或英语的现象常常发生。相对而言,发现语码转换存在代际差异则并不那么容易,需要社会语言学的学科思维,因为"年龄"是社会语言学研究的一个重要变量,不同年龄代的人群语言使用往往蕴涵着语言演变的趋势,通过观察不同年龄代的语言使用,可以找到社区中语言保持和语言转移最为明显的线索(李嵬,2012)。因此,将语码转换的代际差异这一现象跟语言转移、语保工程联系起来,则无疑需要敏锐的问题意识。

作者善于以语言生活视角中的微观变量来透视宏观层面的问题。语码转换和粤语传承都属于宏观层面的问题,一个是不同语码之间的切换选择,一个是不同代之间的语言选择,文章以"年龄"这个微观变量(Coulmas,2010)贯通二者,提出了3个具体问题:广州人语码转换的频率和结构有无代际差异?语码转换的交际功能有无代际差异?语码转换对粤语传承有无影响?这3个问题关系普通话向粤方言渗透的程度、粤方言的功能保持情况。Coulmas(2010:158)认为可以通过分析个人、家庭或社区的语言选择情况,来看语言转换是否已经发生或正在发生。我们都知道,语言转移不可能一夜完成,它是一个社区整体长时间的语言选择转换的过程,这篇文章正是通过层析家庭网不同代际成员的语码转换差异,给我们生动地展示了语码转移的微观截面,就使语保工程这样的大课题落在了实处。

（二）研究方法得当，材料自然

针对语码转换研究，比较理想的方法是采录适量样本的自然言谈材料。该文采用的是非侵入式调查法，作者利用自身的社会关系，找到25位广州本地人，再发动他们用手机记录他们和家人、当地朋友的日常话语，最后共收集到100位参与者近44小时的对话，并将录音转成约63万字的语料进行统计分析。作者本人没有进入调查现场，也就不存在所谓的观察者矛盾（Observer's Paradox），获取的语料能够最大程度地接近调查合作人的本真状态。观察者矛盾是横亘在调查者和自然语料之间的一道无形屏障，为了破除这道屏障，社会语言学家尝试过快速匿名调查法、参与观察法等方法（陈立平，2009），但它们也只能降低调查者的部分影响。相对而言，作者利用非侵入式调查法既能与调查者保持距离又能获得自然语料，这对于疫情时期的社会语言调查是很有借鉴意义的。

该研究考虑年龄（未成年、青年、中年和老年）、文化程度（小学及以下、中学、大专、本科及以上）、性别等3个变量。从统计学意义上来说，变量水平决定了需要多少样本，这项研究为4×4×2=32个变量水平，从参与调查者的人口信息来看，样本容量较好地覆盖了各类变量，统计分析的科学性也就大大提高。

语码转换按照转换类型分成粤—普和粤—英两类，按照结构单位分成句内、句间转换，句内转换按词性进一步分为专有名词、词语、短语三类。文章实际统计报告了发生语码转换类型的人数比例和语言单位发生情况，发现年龄越小，粤普语码转换的人数比例和语言单位数量越多；粤普转换的交际功能也存在代际差异：年轻人语码转换发挥的交际功能更加多样。语码转换是语言转移的前兆，这个发现警示我们，未来粤语有向普通话转移的趋势，粤方言保护和传承重心自然就落在了年轻一代身上。如此，作者和我们的研究（祝晓宏，2011）就共同揭示了一个有意思的现象，青年人既是转向普通话的先锋，又走在保护粤方言的前列，这看似矛盾的情况，实际上恰好是他们语言不安全感的表现。

另外，作者也关注传承者的语言态度，从言谈材料中发现不少家长担忧"广州的小孩不会说广州话了"。这样的方言焦虑或语言不安全感，可以是粤方言传承借力的语言意识形态。有关方面应考虑将工作思路下沉到社区和家庭，支持家长向下一代做好粤方言文化传承，让家庭成为粤方言传承的主要阵地。这样的思路同样也适应于海外粤方言和华语传承事业。

五、结语

新时代向粤方言保护研究提出了新命题，前人对此已经做过一些阐述，本文在深度语保、大湾区建设、新媒体等背景下讨论了粤方言保护研究的新课题、新视角。如前所述,语保工程由教育部统一部署,项目化管理,标准化设计,团队化实施,作为一项国家级重大学术行动,其他非团队的组织或个人是不易介入的。单韵鸣《广州人语码转换代际差异研究》(2021)一文,以其高度的学术站位、敏锐的问题意识和新颖的研究视角,向我们展示了有志于语言资源保护的个体也可以研究者的身份参与其中,并作出独特的贡献。最近,语保工程二期建设规划中明确提出,要基于众包技术扩展语言资源,以平台资源可持续发展为目标,增加语言资源采集广度,丰富语言资源库内容。这就为更多的有识之士参与语保提供了制度支持。我们期待未来会出现更多的相关成果,推动语保工程取得实效。

参考文献

[1] 曹志耘,2015.中国语言资源保护工程的定位、目标与任务[J].语言文字应用(4):10-17.

[2] 曹志耘,2017.跨越鸿沟——寻找语保最有效的方式[J].语言文字应用(2):2-8.

[3] 陈立平,2009.常州话—普通话语码转换研究[J].解放军外国语学院学报(5):5-10.

[4] 陈立中,2000.香港教学语言的问题及对策[J].语言文字应用(3):13-20.

[5] 甘于恩,陈李茂,2017.广东语言资源保护:策略与措施[J].学术研究(3):152-157.

[6] 甘于恩,2020.方言文化保存现状[R]//中国语言生活状况报告(2020).北京:商务印书馆.

[7] 郭杰,2019.粤港澳大湾区语言环境建设研究[J].云南师范大学学报(哲社版)(6):46-54.

[8] 李菲,甘于恩,2018.广东的语言资源与语言生活[J].华中学术(4):139-149.

[9] 李诗勇,2012.广东粤语的发展及岭南文化的传承和保护[J].学术评论(3):105-110.

[10] 李崽,2012.谁、为什么和怎么样保持或放弃使用哪种语言——论语言保持和语言转移[J].中国语言战略(第1辑):78-82.

[11] 李宇明,2008.语言功能规划刍议[J].语言文字应用(1):2-8.

[12] 李宇明,2019.中国语言资源的理念与实践[J].语言战略研究(3):15-28.

[13] 李宇明,王海兰,2020.粤港澳大湾区的四大基本语言建设[J].语言战略研究(1):10-21.

[14] 梁菁洪,2020.新媒体背景下粤语文化保护路径研究[J].今传媒(4):155-156.

[15] 林小玲,2020.基于融合出版的语言保护应用策略——以广东语言多态应用与教育工程为例[J].价值工程(20):183-184.

[16] 刘慧,黎顺苗,2020.粤东地区居民语言使用情况调查分析[J].语言文字应用(3):107-120.

[17] 屈哨兵,2019.粤港澳大湾区发展和语言服务[J].云南师范大学学报(哲社版)(6):

30-36.

[18] 屈哨兵, 2020. 粤港澳大湾区建设中的语言问题 [J]. 语言战略研究 (1): 22-33.

[19] 屈哨兵, 2021. 粤港澳大湾区语言生活状况报告 (2021) [R]. 商务印书馆.

[20] 单韵鸣, 2018-02-08. 传承方言建设本地方言文化博物馆还不够 [N]. 金羊网.

[21] 单韵鸣, 李胜, 2018. 广州人语言态度与粤语认同传承 [J]. 语言战略研究 (3): 42-50.

[22] 单韵鸣, 2019. 基于自然语料的广州人粤语代际差异研究（上）[J]. 励耕学刊 (2): 158-168.

[23] 单韵鸣, 李胜, 2020. 全球化背景下广州人语言使用与粤语传播传承 [J]. 语言学研究 (1): 180-193.

[24] 单韵鸣, 2021a. 广州人语码转换代际差异研究 [J]. 常熟理工学院学报 (1): 83-92.

[25] 单韵鸣, 2021b. 广州人语言使用代际差异与粤方言传承 [R]//粤港澳大湾区语言生活状况报告 (2021). 北京: 商务印书馆: 86-94.

[26] 邵宜, 2018. 珠三角城市语言文字使用情况调查报告 [R]. 广东省语委重点项目结项报告.

[27] 王海兰, 2019. 粤港澳大湾区电视语言使用情况调查及其规划思考 [J]. 语言文字应用 (3): 58-66.

[28] 谢小丽, 2020. 粤方言网络服务资源 [R]//中国语言服务发展报告 (2020). 北京: 商务印书馆: 235-248.

[29] 徐晖明, 周喆, 2016. 广州青少年语言使用与语言态度调查与分析 [J]. 语言文字应用 (3): 20-29.

[30] 殷俊, 徐艺芳, 2019. 粤港澳大湾区的语言多样性与语言战略问题 [J]. 云南师范大学学报（哲社版）(6): 37-45.

[31] 祝晓宏, 2011. 试论"撑粤语事件"的多维成因 [J]. 中国社会语言学 (2): 1-10.

[32] 祝晓宏, 2021. 近十余年来的华语研究: 回顾与前瞻 [J]. 语言文字应用 (2): 137-144.

[33] Cormack M, 2007. The Media and Language Maintenance [M]//M. Cormack, N. Hourigan. Minority Language Media: Concepts, Critiques and Case Studies. Multilingual Matters Ltd.: 52-68.

[34] Coulmas F, 2010. Sociolinguisitcs: the study of speakers' choices [M]. Cambridge University Press.

[35] Eberhard, David M., Gary F. Simons, et al, 2021. Ethnologue: Languages of the World. 24th edition [M]. Dallas, Texas: SIL International.

[36] Fishman J.A, 2001. Can Threatened Languages Be Saved [M]. Clevedon: Multilingual Matters.

[37] Li C.S. David, 2015. Lingua Francas in Greater China[C]// Wang&Sun. The Oxford Handbook of Chinese Linguistics.LONDON: Oxford University Press: 590-600.

[38] Pauwels, 2016. Language maintenance and shift[M].Cambridge: Cambridge University Press.

[39] Sautman B, Xie X, 2020.Today in Guangzhou, Tomorrow in Hong Kong? A Comparative Study of the Language Situation in Two Cities[J].Journal of Current Chinese Affairs, 49（2）: 207-232.

[40] Shan Yunming, 2019.On the Intergenerational Differences in Code-switching among Cantonese People[J].Asia-Pacific Language Variation（1）: 9-27.

New Issues and Perspectives on Cantonese Protection Research: Some Remarks on Shan Yunming on the Intergenerational Difference in Code Switching among Cantonese People

ZHU Xiaohong

Abstract: China Language Resources Protection Project has entered a new stage, the Construction of Guangdong-Hong Kong-Marco Greater Bay Area and the new media era are coming. In these contexts three new issues are put forward to the research on the protection of Cantonese: the application status of Cantonese, the functional planning of Cantonese, and the inheritance mechanism of Cantonese. New issues need a new perspective. Shan Yunming's(2021) on the intergenerational difference in code-switching among Cantonese people integrates several new research perspectives: combining the code selection at the micro level with the code switching at the macro level, and from the code-switching characteristics of Guangzhou people at different ages, to evaluate the transmission of Cantonese. This research idea has enlightenment significance for the study of dialect protection, language maintenance and inheritance.

Key words: Research on the protection of Cantonese, New issues, New perspective

> 岭南汉语方言

粤方言肇庆端州话"点"的分布位置及其语义制约[①]

梁嘉莹　侯兴泉

（暨南大学文学院/汉语方言研究中心　广东广州　510632）

【提　要】本文总结了粤方言肇庆端州话"点"的分布位置及其语义制约有其特点。第一，肇庆端州话3个"点"有各自不同的语义功能。第二，根据"点"不同的分布位置及语义，本文分析出3个"点"的发展演变路径及关系：询问原因的"点$_1$"是由表性状用的"点$_2$"发展而来的，肇庆端州话最早出现的是问性状的"点$_2$"；"点$_2$"和"点$_3$"句法结构分布上并没有发生什么变化，但是两者语义不同，受具体条件限制。第三，通过与广州话和香港粤语，以及现代汉语"怎么"的比较，进一步提取出肇庆端州话"点"的语义；最后得到3个"点"对时体特征要求的差异。

【关键词】肇庆端州话　疑问代词　语义　分布位置

一、引言

粤方言以广州话为代表，分为5个方言片，其中"大本营"是粤海片，又称"广府片"。位于广东省中西部，西江流域肇庆市市区的方言属于广府片粤语（詹伯慧，2004）。肇庆市下辖3个市辖区（端州区、鼎湖区、高要区）、1个县级市（四会市）、4个县（广宁县、怀集县、封开县、德庆县），彼此之间的方言有较明显的差异，本文调查研究的是肇庆市端州区的方言（以下简称"肇庆话"）。

[①] 本文初稿曾在"第二十一届国际粤方言研讨会"上宣读，承邓思颖、郭必之等老师提出宝贵的意见，特此致谢。又特别感谢赵春利老师在邮件中给予不少宝贵意见以及审稿专家们的修改建议，文中错漏概由作者负责。
基金项目：本文受到中央高校基本科研业务专项资金项目"海内外汉语方言俗字文献数据库建设研究（19JNYH05）"资助。还得到如下项目的支持：（1）粤方言语音特征的实验语音学研究，2014年度国家社科基金一般项目（编号14BYY038）；（2）广东粤方言的实验语音学研究，广东高校人文社科重点研究基地2012年度重大项目（编号2012JDXM_0007）；（3）中国语言资源保护工程濒危汉语方言调查·海南东方付马话项目（编号YB1618A009）。

学界已有不少关于粤方言疑问代词"点"或"点解"的研究。广州话通常用"点解"问为什么，用"点"问怎么样（方小燕，1996）。Yip & Matthews（2000）提到"点解"可用于句首问原因。郭必之（2003）认为香港粤语问方式、性状一般用"点"tim^{35}或"点样"tim^{35} jœŋ^{22}，问原因则说"点解"tim^{35} kai^{35}，例如：

（1）点样先可以考得高分D？（怎样才可以考得高分点？）

（2）点解佢今日无嚟翻工嘅？（为什么他今天没来上班？）

邓思颖（2008）认为粤语问原因的"点"需要句法上的允准，不可以跟作为主准成分的谓语（例如助动词）离得太远。因此，"点"必须贴近谓语，形成只有句中的"点"合语法的现象。此外，邓思颖（2011）还认为如果句首位置在句法上跟谓语相距太远，句首的"点"无法受到允准，不合语法。然而，在肇庆话中，询问原因时可说"点"，并且它所处位置不需要贴近主准成分的谓语，例如①：

（3）你点₁/点₁你成日迟到嚿 kɔ^{33}/咖 ka^{55}/嚿呢 kɔ^{33} nɛ^{21}？（你怎么老是迟到？）

（4）老豆点₁/点₁老豆仲唔去买菜嚿/咖/嚿呢？（老爸为什么还不去买菜？）

询问原因的"点₁"往往与句末助词"嚿"kɔ^{33}、"咖"ka^{55}"嚿呢"kɔ^{33} nɛ^{21}一起使用，如果没有句末助词，接受度相对较差。

*你点₁/点₁你成日迟到？②

*老豆点₁/点₁老豆仲唔去买菜？

当没有"点₁"只有助词"嚿"或"咖"时，句子询问原因的意义仍然保留。

老豆仲唔去买菜嚿/咖？

根据以往的研究以及所得语料，本文尝试探讨4个问题：第一，语义对于可处不同位置的"点"有着怎样的限制，限制条件有哪些？第二，肇庆话中，询问原因的"点₁"和"点解"的句法语义是否一致？第三，肇庆话的"点₁""点₂"和"点₃"之间的相互关系是怎样的？第四，肇庆话的"点"分别与香港粤语"点""乜"，现代汉语"怎么""怎样"之间的关系。由于篇幅有限，本文将着重讨论第一和第三个问题。

二、"点"的句法语义特点

（一）"点₁"和"点解"

前文提到，广州话、香港粤语多数用"点解"问为什么，而肇庆话能用"点解"和"点₁"询问原因，都能表示"为什么"。下面我们探讨肇庆话"点₁"和"点解"是否有区别。

---

① 下文把肇庆话询问原因的"点"记"点₁"，性状用的记为"点₂"，作反诘用的记为"点₃"。

② 标记*号的表示该句子不成立，下同。

以主语为分水岭,根据表面的次序,位于主语前的是句首,位于主语后的是句中,下同。

第一,"点₁"和"点解"都能够处于句首或者句中位置。

(5) 佢点₁/点₁佢可以走嘎?(他为什么可以离开?)

　　佢点解/点解佢可以走嘎?

(6) 件衫点₁/点₁件衫咁贵咖!(这件衣服为什么这么贵的?)

　　件衫点解/点解件衫咁贵咖!

那"点₁"在表示疑问语气时,既可以位于句首,也可以位于句中,这两个位置的"点"字句意义有差异吗?以上文例句作参考:

你点₁/点₁你成日迟到嘎/咖?(你怎么老是迟到?)

佢点₁/点₁佢今日无来a翻学嘎/咖?(他今天为什么没来上学?)

老豆点₁/点₁老豆仲唔去买菜嘎/咖?(老爸为什么还不去买菜?)

点₁你咁犀利嘎/你点₁咁犀利嘎?(你怎么这么棒!)

点₁苏炳添跑得咁快咖/苏炳添点₁跑得咁快咖?(怎么苏炳添能跑得这么快!)

根据母语语感,笔者认为"点₁"处于句首的说法在日常交际中更为常用以外,更能突出说话人的强烈情感。同时,以上述例句为材料,调查了27位持肇庆端州话为母语的中青年,八成以上的受访者认为"点₁"处于开头位置的句子更为常用外,"责问语气重一点""语气强烈一点""感叹语气强一点"。因此可以得出:位于句首的"点₁"表达了强烈的语用意义,例如责备、埋怨或惊叹等语气相对较重,而疑问语气相对于句中的"点₁"而言较弱。(下文(二)和第五节有进一步说明)

第二,"点₁"和"点解"都可以出现在从句中。

(7) 话我听佢点₁咁咳嘎/点₁佢咁咳嘎?(告诉我为什么他咳得这么厉害?)

　　话我听佢点解咁咳嘎/点解佢咁咳嘎?

第三,"点解"可以跟"究竟"一起使用,但"点₁"不可以。

(8) 究竟点解你/你点解要带埋佢出来?(究竟为什么你要把他带出来?)

　　*究竟点₁你/你点₁要带埋佢出来?

第四,"点解"可以出现在截省(sluicing)的句式(邓思颖,2015),但"点₁"不可以。

(9) 佢话唔参加毕业游,不过无话点解。(他说不参加毕业旅行,但没说为什么。)

　　*佢话唔参加毕业游,不过无话点₁。

第五,"点解"可以单独用作问原因,"点₁"却不可以。

(10) 甲:"我唔钟意食红萝卜。"(我不喜欢吃胡萝卜。)

　　乙:"点解?"/*"点₁?"(为什么?)

---

① 肇庆话"来"读lœy²¹,下同。

第六,"点解"可以用作反问句,通常用肯定的形式表达否定的意思,反之亦然,但"点₁"没有这个作用。

(11) 甲:你走唔走?(你走不走?)

　　乙:点解要走?/点解唔走?/*点₁要走?〔为什么要走?(表不走)/为什么不走?(表走)〕

第七,部分"点解"组成的句子具有提议的功能,而"点₁"则表有"应该做,但却没有做"的意思,表达说话者对事情的不满、责备或不认同等态度。这种情况下,"点₁"只能处于句首。

(12a) 你点解唔行嗰边嘎?(要不你走这边吧?)

(12b) 点₁你唔行嗰边嘎?(你应该走这边才对啊?)

　　*你点₁唔行嗰边嘎?

(13a) 点解我地唔今晚去喫饭嘎?(要不我们今晚去吃饭吧?)

(13b) 点₁我地唔今晚去喫饭嘎?(我们应该今晚就去吃饭啊?)

　　*我地点₁唔今晚去喫饭嘎?

通过对比我们发现,虽然肇庆话可以用"点₁"和"点解"询问原因,在句子中的分布也基本一致,但两者的功能却不一样。

(二)"点₂"及"点₁"和"点₂"的关系

肇庆话的"点"除了可以问原因外,还可以用于问性状,即点₂。下面分析"点₂"作性状用时,与询问原因的"点₁"的不同之处,并尝试考察两者的演变关系。

肇庆话的"点₁"用作问为什么时,其位置可处于句首,也可处于句中,但是作性状用时,"点₂"的位置会被限制于句中,例如:

(14) 你点₂翻学啊?(你怎样上学?)

　　*点你翻学啊?

(15) 你打算点₂去广州啊?(你打算怎么样去广州?)

　　*点你打算去广州啊?

从上面例句可知,当"点₂"位于句中时,问的是方式、途径,作性状用;而处于句首的"点"并没有这个功能。也就是说,①问性状时,只能用"点₂",且它被限制在句中;②可位于句中的"点₁"并没有特指疑问句的功能。在前文提到,询问原因的"点₁"往往要与句末助词"嘎""咖""嘎呢"一起使用,否则接受度相对较差。那"点₁"有可能是由"点₂"发展过来的吗?下面通过几个例子来验证这个猜想。

(16a) 点₁你/你点₁面青口唇白嘎?(怎么你脸青唇白的?)

　　*点₁你点₁面青口唇白?

（16b）你面青口唇白噶？

（17a）点₁你/你点₁同人打交咖？（你怎么跟别人打架的？）

　　　*点₁你/你点₁同人打交？

（17b）同人打交咖？

经上文验证，位于句首的"点₁"表达了强烈的语用意义，而疑问语气相对于句中的"点₁"而言较弱。另外，从例句可知，无论是位于句首还是句中，如果不与句末助词"噶""咖"等结合，是不成句的，但疑问语气依然保留。所以，"点₁"必须要跟句末助词"噶""咖"等同现。换句话说，①肇庆话中，由"点₁"构成的疑问句，必须是有标记的。而当没有"点₁"，但保留句末助词"噶""咖"等时，句子是成立的，且带有疑问语气（例句16b、17b），说明②"点₁"构成的疑问句中，疑问语气转移到句末，由句末助词承担。位于句首或句中的"点₁"表示一般疑问，而只能位于句中的"点₂"作性状用，表示特指疑问。结合例句及上文，我们可以得到：③当位于句中的"点₂"特指语气减弱时，一般疑问语气相对增加，发生位置转移，逐渐移动到句首，成为"点₁"。而④因为"点₁"必须与句末助词同现构成疑问句，所以位于句首的"点₁"更像一个发语词，而不是作为承担疑问语气的词。这与前文"位于句首的'点₁'表达了强烈的语用意义，而疑问语气相对于句中的'点₁'而言较弱"的结论是一致的。

综上所述，我们得出：肇庆话最早使用的"点"应该是表性状的、用作特指疑问句且只位于句中的"点₂"；由于特指疑问语气逐渐减弱，位置发生转移，"点"移到句首成为并产生了"点₁"；而肇庆话带"点"疑问句必须是有标记的，疑问语气由句末助词承担，所以位于句首的"点₁"更像一个发语词。

（三）"点₃"及"点₂"和"点₃"的关系

肇庆话的"点解"可用于反问句，一般可用肯定的形式表达否定的的意思，反之亦然（例句11），"点₁"和"点₂"均没有这个作用。但本地人一般更常用"点"多于"点解"。那么，"点"可以用作反诘吗？答案是肯定的。例如：

（18）D嘢咁重，你点₃攞到咁多啊？（东西这么重，你拿不了这么多的。）

（19）我点₃食得晒咁多菜啊？（我吃不完这么多菜。）

（20）你点₃肥啊？（你一点都不胖。）

（21）我点₃无关灯呢？（我肯定关了灯。）

（22）佢点₃唔好啊？（他人明明很好啊。）

（23）点₃记得咁多呢？[（我）记不住这么多（事情）。]

"点₃"可以要作反诘，但需要符合一定条件：

第一，"点₃"一定是位于句中，不能处于句首。例（23）实际在句首省略了主语。

第二，当形容词做谓语时，形容词前不能有程度副词修饰，并且句末语气词一定不能是"噶""咖"及"噶呢"。例如：

*佢点₃咁唔好噶/咖/噶呢。（对比例22）

第三，当从句与主句谓语动词出现实际相反或者矛盾相斥等情况时，句子中的"点₃"可作反诘用，例如：

（24a）我点₂翻屋企啊？（我怎样回家？）

（24b）同老豆嘈到反晒面，我点₃翻屋企啊？（跟老爸吵架吵得很凶，我不想回家。）

（25a）我点₂开电视啊？（我怎么开机？）

（25b）停电，我点₃开电视啊？（停电了，我开不了电视。）

上面两组例句的"点"都是位于句中，但（24）（25）表性状，问别人"怎么做"，而（24b）（25b）都是反诘，没有疑问的意思。

既然"点₂"和"点₃"在句法结构分布上并没有什么不同，是什么语义条件制约起了作用，使"点₃"具有了反诘作用呢？比如（24b），因为有语境"跟老爸吵架吵得很凶"这一条件限制，导致说话者不敢或不好意思回家见到父亲，所以语义表达的是"我不能/不想回家"；（25b）则是没有通电这个条件限制，因而句子的语义是"断电了，所以我开不了电视机"。再如上面（20）（22）的例句：

（20）你点₃肥啊？

（22）佢点₃唔好啊？

虽然两个例句都没有上下文语境，但在实际交流中，说话者绝对不会贸然说一句"你点₃肥啊？"或"佢点₃唔好啊？"。如果说话者说出这样的句子，必须是他听到对方说了"我好肥啊，我要节食。（我很胖，我要节食。）"或"我觉得佢做男朋友就唔系咁好啰。（我觉得他当男朋友不是太适合。）"之类的话才作出的回应，以表示对对方话语内容的否定。也就是说，这类句子也是必定有上下文的语境制约，因此，"点"也是作反诘用。

综上所述，虽然"点₂"和"点₃"在句法结构分布上并没有发生变化，但两者语义不同："点₂"只能用于问方式性状，句子一般没有上下文语境；"点₃"用于反诘，一般出现在有上下文的语境中，并且主句和从句的谓语动词在语义上是相反的，会产生矛盾的情况。

综合本节内容，我们把肇庆话3个"点"的句法分布及语义关系用下表简单展示。

表1 肇庆话3个点的句法分布及语义关系

肇庆话的"点"	句子位置	语义	相互关系
点₁	句首	问原因（责备等语气强烈）	点2 ➡ 特指疑问语气减弱，位置转移到句首 ➡ 点1
	句中	问原因（疑问语气强烈）	
点₂	句中	问性状/特指疑问	点2[＋句中][－上下文语境][－语义矛盾]
点₃	句中	反诘	点3[＋句中][＋上下文语境][＋语义矛盾]

三、肇庆话句末助词"噶 $kɔ^{33}$""咖 ka^{55}"和"噶呢 $kɔ^{33}\,nɛ^{21}$"

肇庆话中有相对较多的句末助词,例如"啊、啊嘛、啦、呢、噶呢、哇、噶、噶嘛、噶喎、噶啦、咖、喳"等。鉴于本文考察的对象及问题,在本节只讨论"噶""咖""噶呢"。而由于篇幅有限,本节只探讨两个问题:(1)肇庆话带"点"的疑问句是否都能跟"噶""咖""噶呢"搭配?(2)上文提到,"点₁+噶"结构的疑问语气较重,"点₁+咖/噶呢"的疑问语气相对较弱,而责备、埋怨的语气较重。这是为什么?

首先通过一些例句先考察第一个问题:

第一,当句子谓语属于连谓结构时,语气词"噶""咖"和"噶呢"都可以接受。

(26)你点₁/点₁你仲唔去买菜噶/咖/噶呢?(你为什么还不去买菜?)

第二,当句子是一个动词谓语句时,语气词"噶""咖"和"噶呢"都可以接受。

(27)你点₁/点₁你走噶/咖/噶呢?(你为什么要走?)

第三,如果形容词谓语没有被一个直接修饰的副词修饰,整体接受度比较差。例句的"好"(很)是一个程度副词,并没有直接修饰的作用。

*你点₁/点₁好落寞噶/咖/噶呢?

因此,肇庆话带"点"的疑问句不一定都能跟"噶""咖""噶呢"搭配,需要符合一定的条件。

其次值得注意的是,虽然处于不同位置的"点₁"一般都可以与"噶""咖"和"噶呢"搭配,但是"点₁+噶"只能作询问原因用,而"点₁+咖"和"点₁+噶呢"除了充当询问用,还有责备、埋怨、不满的情绪,例如:

(28a)佢点₁/点₁佢走噶?(他为什么要走?)

(28b)佢点₁/点₁佢走咖?

(28c)佢点₁/点₁佢走噶呢?

(29a)佢点₁/点₁佢咁揾得噶?(他赚钱能力怎么这么强?)

(29b)佢点₁/点₁佢咁揾得咖?

(29c)佢点₁/点₁佢咁揾得噶呢?

相对于"噶",句末助词"咖""噶呢"在语义上可表现出一种责怪、训斥或惊叹的感情,这跟"咖""噶呢"本身的意义有关:"咖" ka^{55} 很有可能是"噶啊" $kɔ^{33}\,a^{55}$ 的合音,而"啊"属于感叹语气词,可表示赞叹、惊异、意外、责难、埋怨等语气;"噶呢"的意义实际是"呢",同样可以充当感叹语气词表示惊异、意外、责难、埋怨等语气。因此,肇庆话的句末助词"噶"多表示疑问语气,"咖""噶呢"则还能表示责备、不满和赞叹等情绪。

四、肇庆话的"点"与香港粤语"点"及"乜"的比较

开篇提到,香港粤语问方式、性状一般用"点"或"点样",问原因则说"点解",根据郭必之(2003)的研究,他把香港粤语疑问代词"点"的发展分为3个阶段:

表2 香港粤语疑问代词"点"发展的3个阶段

阶段	问性状	问事物	问原因/目的
第一阶段	?	点(<底物)	点/点解
第二阶段	?	点/乜	点解/做乜
第三阶段	点/点样	乜	点解/做乜/为乜

由上表可知,根据发展的阶段,香港粤语现今多用"点/点样"问性状,用"乜"问事物,用"点解/做乜/为乜"问原因或目的。而在肇庆端州话中,我们不考虑其疑问代词"点"的发展阶段,可以肯定的是,现今多用"点$_2$"问性状,"点$_1$/点解"问原因或者目的。

据詹伯慧等(1988)的调查所得,我们可以知道广府片粤语问性状(怎样)、问什么(事物)和问为什么(原因/目的)的疑问代词与香港粤语的情况基本一致:(1)大多都用"点/点样"问性状;(2)问事物的疑问代词基本一致,都使用"乜嘢";(3)用"点解/做乜嘢"询问原因或目的。但同属广府片的肇庆话则多用"点$_2$"问性状,"点$_1$/点解"问原因或者目的。

综上所述,我们可以初步得出香港粤语和广州话的"点"与肇庆话"点"的差异是:前两者现今多用"点/点样"问性状,用"乜"问事物,用"点解/做乜/为乜"问原因或目的;肇庆话则多用"点$_2$"问性状,"点$_1$/点解"问原因或者目的。

另外,香港粤语常用"乜"问为什么,根据邓思颖(2008)的观察,(1)"乜"主要功能用于加强疑问语气;(2)"乜"必须出现在根句的句首位置,不可以在主语成分或语气副词之后,也不能出现在嵌套句中;(3)"乜"要求句子里往往有一个直指成分,"乜"字句不能用作反问句,也不能用于表提议。同时,邓先生还比较了"点解"与"乜"的差异,以他文章中几个比较角度为参考,下面比较肇庆话询问原因的"点$_1$"与香港粤语"乜"之间的异同,以进一步明确肇庆话"点"的语义。

第一,"点$_1$"可以处于句首,也可以处于句中,但"乜"必须处于句首,例如:

(30)点$_1$你/你点$_1$咁早走嘎?(为什么你这么早就离开了?)

　　乜你咁早走嘅?

　　*你乜咁早走嘅?

第二,"点$_1$"可以出现在嵌套句中,但"乜"不可以,例如:

（31）话我听点₁你/你点₁咁早走嘛？（告诉我为什么你这么早就离开了？）

*话我知乜你咁早走嘅？

肇庆话的"点₁"与香港粤语的"乜"有以下四点相同的地方：

第一，"点₁"和"乜"都不可以跟"究竟"同现，例如：

*究竟点₁你/你点₁冇去嘅？

*究竟乜你冇去嘅？

第二，部分由"点₁"或"乜"组成的句子具有质疑、埋怨的意思。例如：

（32）点₁唔去糯间大排档吃宵夜嘛？（为什么不去那间大排档吃夜宵呢？）

乜唔去嗰间大排档食宵夜嘅？

第三，两者都不能出现在截省句式。

*佢话唔出门，无话点₁。

*佢话唔出门，无话乜。

第四，当句子的谓语动词是形容词时，往往要有一个直指的成分。

（33）点₁你/你点₁咁邋遢咖？（你为什么这么不讲卫生？）

乜你咁污糟嘅？

综上可知，肇庆话询问原因的"点₁"与香港粤语的"乜"不同点是：（1）"点₁"的位置比"乜"灵活，既可以处于句首，也可以处于句中；（2）"点₁"可以出现在嵌套句中，但"乜"不可以。相同点是：（1）"点₁"和"乜"都不可以和"究竟"一起出现；（2）两者组成的句子都能够具有质疑、埋怨的意思；（3）都不能出现在截省句式中；（4）当句子的谓语动词是形容词时，往往要有一个直指的成分。

五、"点"与现代汉语的"怎么"

吕叔湘（1982：179）说："'怎么'本来就是'做什么'的合音，当然可以用来问原因。用来问情状倒应该算是引申的用法了。用'怎么'询问原因，可以位于起词之后动词之前，又可以位于起词之前，后面这种位置是问情状的'怎么'不能有的。"例如：

（34）你怎么这时候才来？

（35）怎么宝姐姐和你说的这么热闹，见我进来就跑了？

黎锦熙（2007：166-177）在《新著国语文法》中提到："怎么"能作疑问副词，用来询问原因，表示"为什么"；也能用来询问方式、情形。王力（1985：224-234）在《中国现代语法》中把"怎么"划入疑问代词的范畴，当疑问代词"怎么"用于疑问句中时主要用于询问做某事的方式。综上，前人认为现代汉语"怎么"既可以用于问原因，也可以询问方式。

结合上文我们得出，肇庆话"点"与现代汉语的"怎么"有两个相同之处：（1）"点"和"怎么"既可以问原因，也可以问性状；（2）作性状用时，"点₂"和"怎么"的位置会被限制在句中。

　　蔡维天（2000）提到，根据"怎么"出现在情态助动词、频率副词等之前时，"怎么"只能用于问"为什么"，这是"怎么₂"；而当"怎么"在情态助动词、频率副词等之后时，只能用于问方式，这是"怎么₁"。通过下表考察"怎么"与肇庆话"点"的关系：（例句转引自蔡维天，2000）

表3　"怎么"与肇庆话"点"的关系

X	怎么₁	怎么₂	点₁	点₂	点₃
X在情态动词、频率副词等的位置	后	前	前	后	前
语义	问方式	问原因	问原因	问方式	反诘
例句	阿Q会/能/可以怎么离开？阿Q总是/常常/很少怎么洗车？	阿Q怎么会/能/可以离开？阿Q怎么这个时候/在这里洗澡？	a.阿Q点宜家系度冲凉？（阿Q怎么这个时候/在这里洗澡？）	b.阿Q会/可以点走？（阿Q会/可以怎么离开？）c.阿Q成日/好少点洗车？（阿Q总是/很少怎么洗车？）	d.阿Q点会/可以走？（阿Q怎么会/可以离开？）[表达的意义为阿Q不可能会走或阿Q不可以走。]

　　此外，蔡先生也考虑到"怎么₁"和"怎么₂"在时体特征要求上的差异。一般来说，"怎么₁"常用于表示未然或已然的时态中，但"怎么₂"则必须用于已然的时态中。我们根据例句a—d及上文大多数例句可知，肇庆话表示询问的"点₁"只能用于已然时态，正如蔡先生所说："用'怎么'询问原因一般问的是某件事情发生的原因，这件事情是已经发生的，如果事情还没有发生，就没必要问发生原因"；问方式性状的"点₂"没有时态限制，既可以问已经发生的，也可以问还没发生的事情；而因为反诘用的"点₃"表示主句和从句的谓语动词在语义上是相反的，会产生矛盾的情况，所以它既用于已然时态，也用于未然时态。

　　另外，邓思颖（2011）指出："汉语问原因的'怎么'应该分为两个：句首的'怎么'位于句子最高的层次，属于句子的边缘位置，容易获得较强的特殊语用意义，较难保存原有的疑问功能；句中的'怎么'位于句子较低的位置，特殊的语用意义相对较弱。"例如：

（36）这条路到底怎么走呢？

（37）遗传素质本身又是怎么形成的？

（38）怎么他也来了？

（39）怎么你说出这种话？

同时，根据吕叔湘（1980）、邵敬敏（1996）的研究，句首的"怎么"表达了强烈的语用意义，例如"惊异"。

以上关于"怎么"的研究，正好印证了上文的结论：肇庆话中，位于句首的"点₁"表达了强烈的语用意义，而疑问语气相对较弱；句中的"点₁"则疑问功能较强，语用意义相对较弱。

六、结论

根据学界关于香港粤语"点"和"点解"等研究成果，通过结合调查所得和分析方言例句，我们初步得出以下结论：①以往研究成果不同，肇庆话中询问原因的"点₁"可以跟作为主准成分的谓语动词相隔一段距离；它既可以位于句首，也可位于句中。位于句首的"点₁"表达强烈的语用意义，而疑问语气相对句中的"点₁"而言较弱。②由"点₁"构成的疑问句必须要跟句末助词"嘅""咖"等同现，必须是有标记的，疑问语气由句末助词承担，位于句首的"点₁"更像一个发语词。③"点₂"问方式、途径，作形状用时，它的位置会被限制，只能处于句中。④当位于句中的"点₂"特指语气减弱，一般疑问语气相对增加，发生位置转移，逐渐移动到句首，最终成为了"点₁"。⑤"点₃"可以用作反诘，以加强语气。虽然"点₂"与"点₃"同处于句中位置，但由于"点₃"一般出现在有上下文的语境中并且主句和从句的谓语动词在语义上是相反的，会产生矛盾的情况，导致"点₂"问性状，"点₃"用于反诘。通过跟现代汉语"怎么"的对比，我们也归纳出肇庆话"点"与"怎么"的两个相同之处，并分析出⑥肇庆话3个"点"之间在时体特征上的差异：表示询问的"点₁"只能用于已然时态；问方式性状的"点₂"没有时态限制，既可以问已经发生的，也可以问还没发生的事情；而由于反诘用的"点₃"表示主句和从句的谓语动词在语义上是相反的，会产生矛盾的情况，所以它既用于已然时态，也用于未然时态。

参考文献

[1] 蔡维天, 2000. 为什么问怎么样, 怎么样问为什么[J]. 汉学研究（1）.

[2] 邓思颖, 2008. 为什么问"乜"[J]. 中国语文研究（1）: 9-19.

[3] 邓思颖, 2011. 问原因的"怎么"[J]. 语言教学与研究（2）: 43-47.

[4] 方小燕, 1996. 广州话里的疑问语气词[J]. 方言（1）: 56-60.

[5] 郭必之, 2003. 香港粤语疑问代词"点"[tim³⁵]的来源[J]. 语言学论丛（27）: 69-78.

[6] 黎锦熙, 2007. 新著国语文法[M]. 北京：商务印书馆：166-167.

[7] 吕叔湘, 1980. 现代汉语八百词[M]. 北京：商务印书局.

[8] 吕叔湘, 1982. 中国文法要略 [M]. 北京: 商务印书局: 179.

[9] 邵敬敏, 1996. 现代汉语疑问句研究 [M]. 上海: 华东师范大学出版社.

[10] 王力, 1985. 中国现代语法 [M]. 北京: 商务印书馆: 224-234.

[11] 詹伯慧, 等, 1988. 珠江三角洲方言词汇对照 [M]. 香港: 新世纪出版社.

[12] 詹伯慧, 2004. 广东粤方言概要 [M]. 广州: 暨南大学出版社.

[13] Yip V, Matthews S, 2000. Basic Cantonese: A Grammar and Workbook [M]. London、New York: Routledge.

On the Distribution and Semantic Constraints of tim^{35}(点) in Zhaoqing Duanzhou Cantonese

LIANG Jiaying & HOU Xingquan

Abstract: The distribution and semantic constraints of tim^{35}(点) in Zhaoqing Daunzhou Cantonese have its own characteristics. First of all, there are three types of tim^{35} in ZQ Cantonese and they play their own semantic functions respectively. Second, this paper figures out the revolution of the three-type tim^{35} according to different distributions and semantic constraints, also it shows their relations: 点$_1$ asking for WHY was developed by 点$_2$, which is asking for HOW and 点$_2$ is also the primary one in ZQ Cantonese. Although 点$_2$ and 点$_3$ show no differences in syntactic structures, they share dissimilar semantic meanings for the specific context. Finally, with the comparison of zen me (怎么) in Mandarin, it concludes the semantic meanings of tim^{35} and analyzes the differences among them on the characteristic temporality.

Key words: Zhaoqing duanzhou Cantonese, interrogative pronoun, semantic meaning, distribution

试论粤语动词后缀"硬"和"梗"的用法、差异及限制

罗佩珊

（香港中文大学教育学院　香港新界）

【提　要】粤语动词后缀"硬"和"梗"的意义和用法差不多，但受制于语境及动词的差异。本文在前人研究的基础上，结合从电影、访问、网上论坛收集的真实语料，对比"硬"和"梗"用法的差异及其限制条件，并探讨造成差异的原因。

【关键词】粤语语法　动词后缀　硬　梗

一、前言

动词后缀是黏附在动词后的语素，以动词为词根，构成附加式合成词，例如表示情态意义的"硬"ŋaŋ²²和"梗"kɐŋ³⁵。"硬"作为动词后缀可表达两个意思，一个是指说话者对事情的评价，有肯定的决心；另一个意思是指说话者认为这件事情的发生是无可避免的。前人对"硬"和"梗"两词的研究较少，故本文以比较两词作为研究内容。根据邓思颖（2015），"梗"与"硬"的意义和用法差不多，两者同样受相同谓语的制约，主要是语用上的细微差异，"硬"比"梗"更口语化。然而，通过本文的语法分析及比较，得出两者除了有口语化这细微的差异外，还有受制于语境及动词的差异。

邓思颖（2015）指在意义上，"硬"能表示情态意义，意思与"一定"相近，有"必然"之义，"梗"亦有"肯定"的语气、"一定"之义。回顾50、60年代，1952至1966年的粤语电影对白中，"硬"和"梗"鲜有用作动词后缀的。《化身情人》①中，林彬说"我呢次死梗嘞，死梗嘞，死嘞……"，"死梗"在《化身情人》出现了两次，"死硬"则不曾出现。笔者推测"硬"和"梗"这两个动词后缀的使用情况在当时尚未流行。笔者翻查数本于90年代及其后出版的广州话、粤语辞书，"硬"和"梗"作为动词后缀被收录的情况如下：

---

① 香港电影《化身情人》由九龙影业公司于1965年出品，由楚原执导。

表1 "硬"与"梗"作为动词后缀收入90年代及其后出版的广州话、辞书的情况

辞书	后缀	
	硬 ŋaŋ²²	梗 kɐŋ³⁵
《简明香港方言词典》	—	"当然，肯定，一定，必定"①
《香港粤语大词典》	—	"当然，肯定，一定，必定"②
《香港粤语词典》	"必然"	—③
《港式广州话词典》	—	"当然，肯定，一定，必定"④

注："—"表示没有收录该词作为动词后缀的条目。

笔者发现在辞书中"梗"比"硬"收录得更多，"硬"则明显较少被收录在辞书。因此，邓思颖（2015）认为对某些人而言，"硬"的用法比较新的说法不无道理。

二、"硬"和"梗"作为动词后缀的使用情况

以"硬"和"梗"被广州话、粤语辞书收录次数，不能用作判断及反映"梗"的使用范围比"硬"还要大、与动词的黏附能力比"硬"强的依据。笔者选出18个常用的动词，运用雅虎香港及谷歌香港两个网络搜索引擎，看看这些动词跟"硬"和"梗"在香港媒体、网上论坛、戏剧、受访片段的使用情况，从而检视"硬"和"梗"与动词的黏附情况。

表2 动词与"硬"和"梗"的使用情况

动词	后缀			
	硬 ŋaŋ²²		梗 kɐŋ³⁵	
	语料	意思	语料	意思
死 ʃɐŋ³⁵	（1）"你再系repeat呢啲咁嘅model系死硬，因为根本冇人人你呢间公司做"⑤	若你再重复这种模式就铁定完蛋了，因为根本没有人愿意到你的公司工作	（3）"一直都担心轮到我哋条邨，今次死梗啦！"⑦	我一直都担心会发生在我们住的这条邨，这次死定了！
	（2）"跟女上司一定死硬，跟男人一定好过，同意吗？"⑥	跟女上司工作铁定完蛋，跟男上司比较好，同意吗？	（4）"以为今次死梗喇！"⑧	我以为这次死定了！

---

① 吴开斌：《简明香港方言词典》，花城出版社，1991年。
② 张励妍：《香港粤语大词典》，天地图书有限公司，2018年。
③ 郑定欧：《香港粤语词典》，江苏教育出版社，1997年。
④ 张励妍等：《港式广州话词典》，万里机构，1999年。
⑤ 《苹果日报》，http://hk.apple.nextmedia.com/news/art/20151024/19345807，访问日期：2015年12月。
⑥ 香港讨论区，http://www.discuss.com.hk/viewthread.php?tid=24797645，访问日期：2015年12月。
⑦ http://www.home.oriental.com.hk/hk/bkn/cnt/news/20150810/bkn-20150810131803275-0810_00822_001.html，访问日期：2015年11月。
⑧ 《文汇报》，http://www.wenweipo.com/news_print.phtml?news_id=HK1511170035，访问日期：2015年11月。

续表

动词	后缀			
	硬 ŋaŋ²²		梗 kɐŋ³⁵	
	语料	意思	语料	意思
蚀 ʃit²	(5)"买礼物蚀硬"①	买礼物铁定亏蚀	(7)"遇上假期天气唔好，就蚀梗㗎喇"③	假期时碰巧遇上不好的天气，就亏定了
	(6)"小仪自嘲拍写真蚀硬"②	小仪自嘲拍写真铁定赔本		
输 ʃy⁵⁵	(8)"车仔输硬啦 点算"④	车路士输定了，怎么办	(9)"赌百家乐输梗，大家唔好发梦喇！"⑤	投注百家乐一定会输，大家还是不要有不切实际的想法！
衰 ʃey⁵⁵	(10)"企硬，Take 嘢衰硬！"⑥	立场要坚定，吸食毒品必定没有好下场！	(11)"恶爷闸巴士 做乘客公敌衰梗"⑦	恶霸阻碍巴士前进做乘客的公敌必定没有好下场
			(12)"明知衰梗，仲表唔表白好呢？"⑧	明知必定会失败，表白还是不表白呢？
做 tʃou²²	(13)"梁烈唯做硬负皮王"⑨	梁烈唯必定成为最不受欢迎的艺人	(16)"陶杰：我买李国章一定做梗校委会主席"⑫	陶杰说：我敢断言李国章必然会成为校委会主席
	(14)"钟嘉欣做硬星梦一姐，吴若希失宠"⑩	钟嘉欣必定成为星梦娱乐集团最受宠的艺人，吴若希失宠		
	(15)"特朗普赢这州大半机会连任？拜登得此州做硬总统？"⑪	特朗普在这州胜出代表有一半机会连任总统。拜登在此州胜出，则必定成为总统？		
攞 lɔ³⁵	(17)"我攞硬男主角奖！"⑬	我一定会得到男主角奖！	(18)"段坤我攞梗，耶稣都留唔住佢，我话嘅！"⑭	段坤的命我要定了，耶稣也没法救他，我说了算！

① 独立媒体，http://www.inmediahk.net/node/1039344，访问日期：2015年11月。
② 《苹果日报》，http://hk.apple.nextmedia.com/entertainment/art/20100725/14274687，访问日期：2015年12月。
③ 《苹果日报》，http://hk.apple.nextmedia.com/realtime/news/20151129/54483142，访问日期：2015年11月。
④ 香港高登，https://forum.hkgolden.com/thread/4889054/page/1，访问日期：2021年8月。
⑤ 香港讨论区，https://m.discuss.com.hk/amp_viewthread.php?tid=15268613&&page=2，访问日期：2021年8月。
⑥ 香港特别行政区政府政府新闻处，http://www.isd.gov.hk/chi/tvapi/10_ac133.html，访问日期：2015年11月。
⑦ https://www.youtube.com/watch?v=fap9isitAbI，访问日期：2015年11月。
⑧ 香港讨论区，https://ladies.discuss.com.hk/viewthread.php?tid=9456512，访问日期：2021年8月。
⑨ 《壹周刊》，http://hk.next.nextmedia.com/article/1332/17628329，访问日期：2015年11月。
⑩ 《东方日报》，http://orientaldaily.on.cc/cnt/entertainment/20151126/00282_001.html，访问日期：2015年12月。
⑪ 《香港01》，https://www.hk01.com/即时国际/543417/特朗普赢这州大半机会连任-拜登得此州做硬总统，访问日期：2021年8月。
⑫ 《头条日报》，http://pop.stheadline.com/content.php?vid=35275&cat=a，访问日期：2015年11月。
⑬ 《东方日报》，http://hk.on.cc/hk/bkn/cnt/entertainment/20151211/bkn-20151211193856606-1211_00862_001.html，访问日期：2015年11月。
⑭ https://www.youtube.com/watch?v=QE6QFReEhio，访问日期：2021年8月。

续表

动词	后缀			
	硬 ŋaŋ²²		梗 kɐŋ³⁵	
	语料	意思	语料	意思
掂 tim²²	(19)"IVE院长写信都未必有U读，但公司信就一定掂硬"①	IVE院长为你写推荐信也未必有大学学位，但有公司部门主管为你写信就必定有大学学位	(20)"你掂梗"②	你成功在望
	(21)"手机遥控多玩法 识女仔掂硬"③	学懂多种手机遥控玩法 认识女生必定成功	(22)"简恩话高路普掂梗"④	简恩指高路普必定成功
追 tsɵy⁵⁵	(23)"如果唔系我结咗婚，佢又嫁咗呀！我追硬佢㗎！"⑤	如果我不是已经结婚了，她又嫁给别人，我一定追求她的！	—	—
打 ta³⁵	(24)"各位市民畀少少耐性，打硬，不要急"⑥	各位市民多一点耐性，这场拳击赛是必定会举办的，不要急	—	—
捧 pʰoŋ³⁵	(25)"杏儿捱饿扮靓 捧硬视后"⑦	杏儿忍着饥饿悉心打扮，必定获得最佳女主角的殊荣	—	—
	(26)"谷草开锣 捧硬小方巫斯义"⑧	跑马地赛事开始 必定支持方嘉柏和巫斯义	—	—
撑 tsʰaŋ³³	(27)"肥妈撑硬梁振英"⑨	肥妈一定支持梁振英	—	—
	(28)"我阿Bob就撑硬喇"⑩	我阿Bob就一定支持了	—	—
	(29)"梁：我地撑硬佢"⑪	梁美芬说：我们必定支持他	—	—

---

① 香港讨论区，http://www.discuss.com.hk/viewthread.php?tid=20179233&page=2，访问日期：2015年11月。
② 雅虎香港，https://hk.answers.yahoo.com/question/index?qid=20070228000051KK01719，访问日期：2015年12月。
③ 《壹周刊》，http://hk.dv.nextmedia.com/actionnews/supplement/20140817/18834461/20049246，访问日期：2015年11月。
④ 《苹果日报》，http://hk.apple.nextmedia.com/realtime/sports/20151006/54284854，访问日期：2015年11月。
⑤ 《头条日报》，http://hd.stheadline.com/news/daily/ent/392436/，访问日期：2015年12月。
⑥ 《明报》，http://ol.mingpao.com/ldy/showbiz/latest/20210223/1614064217599/，访问日期：2021年8月。
⑦ 《太阳报》，http://the-sun.on.cc/cnt/entertainment/20111205/00470_010.html，访问日期：2015年12月。
⑧ 赛马世界，http://racingworld.no-ip.org/viewthread.php?tid=50759&extra=page%3D290，访问日期：2015年11月。
⑨ 商业电台，https://www.youtube.com/watch?v=OnZZeeFucJs，访问日期：2015年12月。
⑩ 《东方日报》，http://hk.on.cc/hk/bkn/cnt/entertainment/20150110/bkn-20150110212417909-0110_00862_001.html，访问日期：2015年11月。
⑪ 《香港01》，https://www.hk01.com/政情/207309/梁美芬愿调动排序提早审议梁君彦-不信任动议-梁-我地撑硬佢，访问日期：2021年8月。

续表

动词	后缀			
	硬 ŋaŋ²²		梗 kɐŋ³⁵	
	语料	意思	语料	意思
啅 tʃœk³	（30）"呢件嘢呀，我啅硬佢呀！"①	我吃定这人呀！	—	—
买 mai²³	（31）"买硬半全场的主主"②	必定买下"半全场""主主"的足球彩池	—	—
拎 lɐŋ⁵⁵	（32）"曼联今年拎硬英超冠军了"③	曼联今年铁定拿下英超联赛冠军	—	—
饮 jɐm³⁵	（33）"Justin 母饮硬金美仑新抱茶"④	Justin 的母亲必然会喝到金美仑端的媳妇茶	—	—
走 tʃɐu³⁵	（34）"舒宁咸：卡尼走硬"⑤	舒宁咸说：卡尼肯定会离队	—	—
食 ʃek²	（35）"意大利主场食硬北爱尔兰"⑥	意大利作为主场必定打败北爱尔兰	—	—
上 ʃœŋ²²	（36）"佢上硬咖喎！"⑦	她一定能升到更高的位置！	—	—

注："—"表示没有该词作为相关动词的后缀的语料。

从以上语料可见，"硬"能黏附在 18 个动词后；反之，"梗"作为一个动词后缀，只能黏附 7 个动词，黏附能力明显比不上"硬"。可见，"梗"比"硬"受更多制约。因此，笔者认同邓思颖（2015）所言，"硬"比"梗"较为口语化，由此推论在日常对话中，"硬"的使用频率会比"梗"高。

三、"硬"和"梗"作为动词后缀的情况受语法、语境制约及其原因

笔者认为日常对话中，"硬"的使用频率比"梗"高，当中涉及两个原因：一是"梗"的读音与"紧"的读音相近，二是与动词的特性有关，而两者之间亦有紧扣的关

---

① 《逃学威龙》，https://www.youtube.com/watch?v=FPoIiaAJsrk，访问日期：2015 年 12 月。
② 《大公报》，http://news.takungpao.com.hk/paper/q/2015/1124/3242588.html，访问日期：2015 年 11 月。
③ Uwants，http://www.uwants.com/viewthread.php?tid=17694472&extra=page%3D108&page=4，访问日期：2015 年 12 月。
④ 《苹果日报》，http://hk.apple.nextmedia.com/entertainment/art/20030629/3380349，访问日期：2015 年 11 月。
⑤ 《头条日报》，https://hd.stheadline.com/news/daily/spt/937501/日报-体育-舒宁咸-卡尼走硬，访问日期：2021 年 8 月。
⑥ http://www.zqzz.com/article.php?id=128790，访问日期：2015 年 11 月。
⑦ http://victorvictor.blogspot.com/2007/12/blog-post_02.html，访问日期：2021 年 8 月。

系，详析如下：

笔者认为"梗"与另一动词后缀"紧"kɐn³⁵的粤语读音相近，两字的拼音相近，声调同样是阴上声；两字声母相同，同样是舌根音［k］；两字的韵母同属鼻音，只有韵尾上的差异："紧"一字的韵尾是［-n］，为前鼻韵，而"梗"一字的韵尾是［-ŋ］，为后鼻韵，部分人把"梗"与"紧"混淆，出现韵尾混读的情况。笔者从网上搜索"梗"与动词黏附的使用情况时，发现不少把"紧"当作"梗"的情况，见表3。

表3 "梗"与动词黏附的使用情况

动词	语料	意思
追 tʃɐy⁵⁵	（37）"我追梗个女仔，但激嬲左佢"①	我正在追求那个女孩，但令她生气了
做 tʃou²²	（38）"我读完HD accounting，宜家做梗会计文员"②	我修读会计高级文凭课程后，现在当会计文员
玩 wan³⁵	（39）"有冇人玩梗俄罗斯方块"③	有没有人在玩俄罗斯方块
食 ʃek²	（40）"食梗a酸，好似开始有爆发期！"④	正在服食a酸，好像开始进入爆发期！
饮 jɐm³⁵	（41）"呢度有冇人有饮梗胶原蛋白饮品？"⑤	这里有没有人在饮用胶原蛋白饮品？
起 hei³⁵	（42）"根据上面幅图，起梗回旋处，马路和行人路"⑥	根据上图，正在建环岛、车道和人行道
揾 wɐn³⁵	（43）"召集所有揾梗工嘅UST人！"⑦	召集所有正在求职的香港科技大学学生！
闹 nau²²	（44）"睇黎都系闹梗交"⑧	看来他们正在吵架
剪 tʃin³⁵	（45）"剪梗布突然醒起！今个星期市集取消左喇"⑨	剪布时突然想起这个星期举办的市集取消了
喂 wei³³	（46）"仲喂梗BB，可以食蛇吗?"⑩	还在喂母乳，可以吃蛇吗？
收 ʃɐu⁵⁵	（47）"请各位收梗兵既娘娘入一入来"⑪	请各位正在招收"观音兵"⑫的"娘娘"⑬进来

① 雅虎香港，https://hk.answers.yahoo.com/question/index?qid=20100927000051KK01008，访问日期：2015年11月。
② 雅虎香港，https://hk.answers.yahoo.com/question/index?qid=20151011232455AAvXdfo，访问日期：2015年12月。
③ Uwants，http://www.uwants.com/viewthread.php?tid=7563667，访问日期：2015年12月。
④ 香港讨论区，http://www.discuss.com.hk/viewthread.php?tid=24311900，访问日期：2015年11月。
⑤ 香港讨论区，http://www.discuss.com.hk/viewthread.php?tid=12920744，访问日期：2015年12月。
⑥ 日出康城，http://www.lohas-park.com/thread-61516-1-1.html，访问日期：2015年12月。
⑦ https://www.facebook.com/USThing/posts/1788195948174216/，访问日期：2021年8月。
⑧ 香港高登，https://forum.hkgolden.com/thread/4360445/page/27，访问日期：2021年8月。
⑨ https://ms-my.facebook.com/Chi.Lhandmade/videos/553800221930399/，访问日期：2021年8月。
⑩ 亲子王国，https://www.baby-kingdom.com/forum.php?mod=viewthread&tid=2815307，访问日期：2021年8月。
⑪ 香港高登，https://forum.hkgolden.com/thread/4815823/page/1，访问日期：2021年8月。
⑫ 香港粤语中的"观音兵"指讨好女性而献殷勤的男性。
⑬ 香港粤语中的"娘娘"指被男性讨好的女性。

以上语料中的"梗"明显不是说话者表达必然、肯定的情态，而是表达正在进行之义。出现以上的情况，笔者推测这是因为两字的读音相近，造成懒音的现象，令说话者说话时把两字的正音混淆了，造成把"紧"读成"梗"的现象。正因如此，有些把两者混淆的人在选用表达肯定的动词后缀时，会选用"硬"，而非"梗"；而能把"梗"和"紧"区分的人也因为两者读音相似，为避免听话者误会、造成歧义，而选用"硬"，不用"梗"，因为"硬"的读音与"紧"不相似。

此外，邓思颖（2015）提及"硬"和"梗"同样要求事件要有变化，是受谓语条件制约的。然而，从以上语料可见，"硬"适用于有变化的动词，而不是静态谓语，如例（25）和（26）中的"捧"则是有变化的动词，但"梗"则无法黏附在"捧"这动词后。综观以上的例子，笔者发现凡是不能跟"梗"配搭的动词均是有动态、有变化的动词，例如"买""拎""走""饮"等，都是能跟"正在"配搭，能表达现在进行中的动态。而能跟"梗"配搭的动词如"死""掂""衰"都是无法表达现在进行中的情态，比如我们不能说"死中"或"正在死"，因为死不是一个正在进行的动作；也不能说"正在掂"或"掂中"，这些都是不合语法的。此外，而"紧"这个动词后缀属于"进行体"①，当动态的动词，如"搵""食""闹"等跟"梗"黏合，便会令人误听，让人误会，以为该动作正在进行。

"做"不是静态动词，有过程，有变化，"梗"却能黏附在"做"这个动词。笔者认为例（16）是一个有趣的例子，例（16）之所以没有造成歧义，是因为说话者陶杰在录音片段中说"我买李国章一定做梗校委会主席"，当中的"我买"有"我敢断言""我打赌""我认为"的意思，是说话者在表达自己的看法，在根据当时的情况，提出主观的意见，有判断的意思；"李国章一定做梗校委会主席"中亦加入"一定"一词去强调说话者的肯定语气，由此可以判断说话者是十分肯定李国章很大可能成为校委会主席，这样他的话就不会由主观意见变成客观描述"李国章现在当校委会主席"的意思，没有造成歧义。此外，例（18）也有相似的情况，"段坤我攞梗，耶稣都留唔住佢，我话嘅！"中的"攞"不是静态动词，"梗"却黏附在"攞"后。段坤是一个人物，因此，说话者不可能表达"他正在取段坤""他在拿段坤"或"他正在领段坤"的意思，而是以"攞"表达"要了他的命""把他杀了"的意思，再加上以"耶稣都留唔住佢"，补充救世主耶稣也没法拯救段坤，强调段坤这人的下场是必死无疑的，因此没有造成歧义。

四、小结

总括而言，笔者认为"梗"之所以比"硬"受更多制约是因为"梗"与属于进行体的动词后缀"紧"的粤语读音非常相近，要是"梗"黏附在表达动态、有变化的动词后，整句就会变成某个动作正在进行中的意思，那么就会造成歧义。

---

① 袁家骅等：《汉语方言概要》，文字改革出版社，1960年。

参考文献

[1] 邓思颖, 2015. 粤语语法讲义 [M]. 香港: 商务印书馆（香港）有限公司.
[2] 吴开斌, 1991. 简明香港方言词典 [M]. 广州: 花城出版社.
[3] 袁家骅, 等, 1960. 汉语方言概要 [M]. 北京: 文字改革出版社.
[4] 张励妍, 等, 1999. 港式广州话词典 [M]. 香港: 万里机构.
[5] 张励妍, 等, 2018. 香港粤语大词典 [M]. 香港: 天地图书有限公司.
[6] 郑定欧, 1997. 香港粤语词典 [M]. 南京: 江苏教育出版社.

The Functions, Differences and Constraints of Postverbal Particles ŋaŋ^{22}（硬）and kɐŋ^{35}（梗）in Cantonese

LAW Pui Shan

Abstract: The meaning and functions of the postverbal particles "ying" and "geng" in Cantonese are similar. Nevertheless, they are confined to certain contexts and verbs. On the basis of previous studies and the corpus from movies, interviews and online forums, this article explores various grammatical properties and differences in functions and constraints between the postverbal particles ŋaŋ^{22}（硬）and kɐŋ^{35}（梗）. The reasons for the differences are discussed.

Keywords: Cantonese grammar, Postverbal particles, ŋaŋ^{22}（硬）, kɐŋ^{35}（梗）

▶ 语音与音韵 ◀

翁源新江客家话语句焦点的音高模式①

何枫清　王茂林

（暨南大学华文学院　广东广州　510610）

【提　要】本研究考察了翁源新江客家话宽焦点语句和焦点处于不同位置的窄焦点语句的音高模式。实验设计了三种长度的句子，同时包括舒声、入声两种组合。通过宽焦点句和窄焦点句对应韵律词的比较，考察焦点韵律词、焦点前韵律词和焦点后韵律词的音高特征。结果发现，宽焦点句的音高格局呈现下倾趋势。句子长度越长，下倾幅度越大。窄焦点句焦点、焦点前和焦点后韵律词与宽焦点句对应韵律词相比，前者的音高普遍显著抬升。说明新江客家话语句焦点的凸显主要依赖的声学手段是音高的抬升。

【关键词】焦点　音高　客家方言

一、引言

语调和焦点是语音学界关注的两个重点话题，并且取得了许多成果。语调表现为句子的音高曲折变化，也就是语句的音高模式。焦点是信息结构理论的核心概念，由Vilem Mathesius（1929）最早提出，后来成为语言学各个学科共同探讨的对象之一。通常认为，焦点是说话人所要传达的信息重点，也是听话人接收的新信息。从句子的语音角度出发，焦点可以划分为宽焦点和窄焦点。宽焦点是对发生了什么事情做的陈述性回答，其焦点域是整个短语；窄焦点是对问题做的有针对性的回答，其焦点域和伴随的（窄焦点）重音位置相一致（林茂灿，2012）。

关于汉语普通话焦点和音高重音的研究，赵元任先生（1922）最早用"橡皮筋"

---

① 基金项目：国家社科基金项目"广东省粤、闽、客方言韵律特征研究"（18BYY187）。

来比喻重读音节的音高表现，说明重读音节的音高变化范围扩大。随后，Shih Chilin（1988）指出，普通话焦点重音的实现手段是音域扩大，其中以高音点抬高为主，低音点变化不明显或稍有降低。沈炯（1994）通过对汉语样品句分析和刺激句（三音节句）的听测实验发现语势重音的声学表现为声调音域高升线上升，声调音域扩大；而声调音域的低音点和语势重音没有明显关系。王蓓等（2002）和贾媛等（2008）也报告了相似的发现，重读音节中高音点的变化比低音点明显，但前者认为重读音节的低音点不一定升高，而后者认为低音点也升高。陈怡（2010）和陈怡、石锋（2011）的研究发现，强调焦点所在词的调域显著扩大。学者们的研究证明，汉语普通话焦点的音高特征表现为焦点成分高音点的升高和调域的扩大。

焦点对语句韵律特征的调节不仅表现在焦点成分本身，其相邻成分也受到影响。Xu（1999）提出了三区段焦点音高调节模式：即扩大焦点本身的音域、压缩焦点后的音高及音域（post-focus F0 compression）、焦点前的音高保持不变。该现象在英、日、德、汉等语言中都存在，但这并非是语言的普遍规律。汉语一些南方方言如台湾普通话、台湾闽南语、广东话和香港粤语中就不存在这种焦点后压缩现象（Xu, 2012；韩维新等，2013）。

除了焦点之外，语句的音高模式还受到多种因素的影响。同一句话，焦点的位置不同，所体现出来的音高形式就不一样。陈怡（2010）发现，当焦点位于句首或者句中，音高线的变化强调焦点的作用显著；当焦点位于句末，低音线的强调作用更明显。不同的韵律结构，有不同的音高编码模式。韵律结构指语言中声音高低、轻重、长短、快慢和音色构成的节律。王蓓等（2004）通过知觉标定实验，发现韵律短语和语调短语边界的声学线索是低音线的重置和无声段，并且边界等级越高，低音线重置程度越大，无声段的长度也越长。不同长度的语句，音高模式不同。吴倩等（2014）的研究发现，句子长度对于音高重置具有调节作用。焦点的声调不同，它的音高形式也会受到影响。赵元任先生（1979）就曾经指出，第三声重读时会降得更低些，第四声重读时起点更高一些，降得更低一些。韩维新等（2013）通过实验发现，香港粤语舒声、入声调域下线下降的幅度差别很大。

目前有关汉语方言语句焦点的音高模式的研究还不多，主要有粤语、台湾普通话和台湾闽南语等。那么其他汉语方言的情况又如何呢？这是一个值得探索的领域。本文将客家方言作为研究对象，拟探究翁源新江客语语句焦点的音高模式表现。为了更细致地考察新江客语语句焦点在不同条件下的音高特征，我们对句子长度、宽窄焦点、焦点位置、舒声入声都进行了控制。

翁源县位于广东省韶关市东南部，是一个纯客县。新江镇是翁源县的下辖镇，位于翁源县西北部，镇内通行新江客语。新江客语也叫下乡话，据《中国语言地图集》（2012）划分，新江客语属客家话粤北片。

二、实验设计

1. 实验材料

本实验研究翁源新江客家话中语句焦点的音高模式，针对新江客语的特点来设计实验材料。据《中国语言地图集》（2012），新江客家话共有6个声调：阴平、阳平、上声、去声、阴入和阳入，具体调值分别为33、214、31、45、2和5。实验语句由双音节韵律词组成。听起来紧密相连的音节组成韵律词，一个韵律词只能有一个词重音。韵律词一般包括1个或1个以上语法词（李爱军，2011）。为了让音节之间的对比更加鲜明，我们将双音节词的后字固定为上声字，因为上声具有低音高特征；为了探讨舒声、入声的差异对语句焦点的音高表现有无影响，我们同时又考虑了入声。双音节词的前字固定为去声和阳入，因为去声具有高音高特征，能够与上声形成落差；这样双音节词的音节组合就控制为舒声组合"去声+上声"和入声组合"阳入+上声"，舒声组合如"太婆""送来""带鱼""罐头"等；入声组合如"特长""学员""入围""乐团"等。

舒声组合与入声组合都各有3种长度的句子，分别是双韵律词语句、三韵律词语句和四韵律词语句。以舒声组合为例，说明句子长度的设计，见（1）。

（1）3种句子长度

a.送来罐头。（双韵律词语句）

b.太婆送来罐头。（三韵律词语句）

c.太婆送来带鱼罐头。（四韵律词语句）

每个句子都存在宽焦点和窄焦点两种模式。宽焦点用自然语调读出即可，窄焦点则需要通过特殊疑问句引导。不管窄焦点句是长句还是短句，焦点都会出现在各个不同的位置上。双韵律词语句中焦点位置为首词和末词；三韵律词语句中焦点位置为首词、中词和末词；四韵律词语句中焦点位置为首词、词二、词三和末词。以四韵律词舒声音节语句为例，4个焦点背景的问句及相关答句见（2），下划线表示该韵律词为焦点。

（2）问句和答句

a. 首词焦点：谁送来带鱼罐头？<u>太婆</u>送来带鱼罐头。

b. 词二焦点：太婆怎么带鱼罐头？太婆<u>送来</u>带鱼罐头。

c. 词三焦点：太婆送来什么罐头？太婆送来<u>带鱼</u>罐头。

d. 末词焦点：太婆送来带鱼什么？太婆送来带鱼<u>罐头</u>。

这样，我们总共设计了 $2 \times 2 \times 12 = 48$ 个目标句。

2. 发音人

我们邀请了10名以新江客语为母语的发音人参加了本次实验，都是新江人。其中有5名男性，5名女性，年龄均在23岁到72岁。所选发音人均在新江镇出生成长直至成年，能说流利的新江话。

3. 录音程序

录音是在安静的环境下完成的。录音设备是一台安装了录音软件、专业的调音台（MC16/6FX,YAMAHA）、专业声卡和录音话筒的计算机。录音软件使用Cool Edit Pro，采样率为16KHz，保存为wav文件。录音前，发音人有时间熟悉语料，并进行适当练习。录音时，发音人首先用均匀的语速及声音清晰地读出宽焦点句。接着计算机程序播放提前录制好的问题，问完之后预留充足时间，让发音人根据问句焦点的不同分别强调句子不同位置的韵律词，问句会被打乱顺序，重新进行排列。录音结束后，我们总共得到10（发音人）×48（目标句）×3（重复次数）=1440个样品句。

4. 声学参数测量及数据分析

使用语音分析与合成软件Praat对声音文件进行处理，得到音频的Pitch Tier和Text Grid。提取相关语音数据。该软件提取的基频的正确率在80%以上，对提取不正确的部分窄带语图进行人工校正。每句话的音节之间都做了标记，以便观察每个音节的音高表现。在音频的波形图上，我们可以清楚看到高音点、低音点和调域大小。

然后通过一个程序，统计每个韵律词的高音点、低音点和调域。每个韵律词都是双音节词。采用以下公式，以发音人的音高最小值为参考值，将测量得到的基频音高值进行从赫兹（Hz）到半音（st）的转换，这样可以基本平衡不同发音人之间的差异。

$$St = 12 \times log2\left(\frac{F0}{F0ref}\right)$$

最后，使用SPSS和Excel软件对所得音高数据进行比较分析。

三、实验结果

本文研究新江客家话语句焦点的音高模式。先分析不同句长的宽焦点句的整体模式以及各个韵律词之间的音高关系，再比较窄焦点句不同位置的焦点韵律词与宽焦点句中对应的韵律词的音高模式有什么不同。由于语句是句子成分相互联系的整体，当一个韵律词被重读时，不仅它本身的声学特征会发生变化，其前后韵律词的声学特征也会受到影响。因此，我们除了关注焦点韵律词的情况之外，还会关注焦点前后的韵律词情况，分别将它们与宽焦点句中对应的韵律词进行比较。同时，我们还考虑了音节的舒声和入声，将两者进行对比，观察它们的音高模式有无差异。

为了更直观地了解句长和焦点位置对音高的影响趋势，我们借助程序，在每个音节中提取了15个等距离的基频点用于绘制语调曲线图。每个点的基频值都是10个发音人两套相同条件的实验句重复3次的平均值。图1是舒声音节不同句长在不同焦点情况下的基频曲线。入声音节呈现出相同的语调模式，由于篇幅限制，不再逐一呈现。

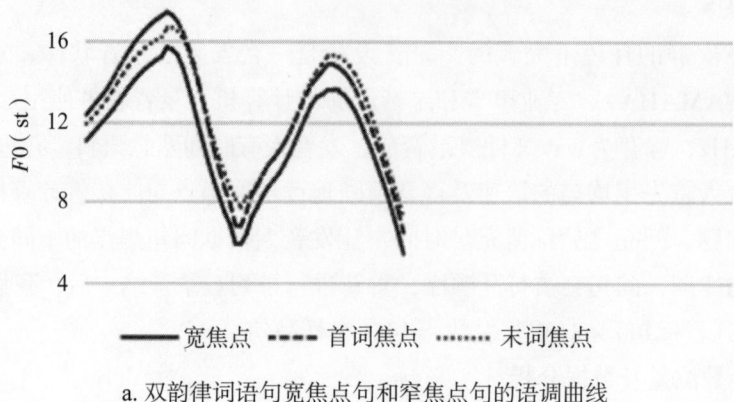

a. 双韵律词语句宽焦点句和窄焦点句的语调曲线

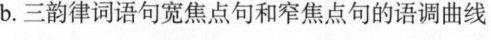

b. 三韵律词语句宽焦点句和窄焦点句的语调曲线

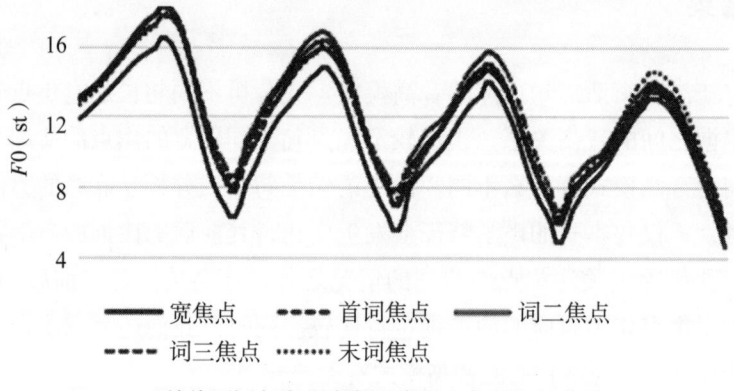

c. 四韵律词语句宽焦点句和窄焦点句的语调曲线

图1　3种句长条件下宽焦点句和窄焦点句的语调曲线

如图1(a)所示，双韵律词语句中，首词焦点句和宽焦点句相比，焦点韵律词和焦点后韵律词的音高都抬升了。末词焦点句和宽焦点句相比，焦点韵律词和焦点前韵律词的音高均有所抬升。

如图1(b)所示，三韵律词语句中，首词焦点句和宽焦点句相比，焦点韵律词音高抬升，焦点后相邻韵律词的音高小幅度抬升，次邻韵律词音高几乎和宽焦点句对应韵律词重合。中词焦点句和宽焦点句相比，3个韵律词的音高都有所抬升。末词焦点句和宽焦点句相比，焦点韵律词和所有的焦点前韵律词的音高都明显抬高了。

如图1（c）所示，四韵律词语句中，首词焦点句和宽焦点句相比，所有韵律词音高均抬升，抬高幅度往后依次减小，末韵律词微弱抬升。词二焦点句和宽焦点句相比，所有韵律词音高均抬升，但焦点后韵律词抬高幅度依次减小，焦点前韵律词抬升幅度明显。词三焦点句和宽焦点句相比，所有韵律词音高都有所抬升，但焦点前韵律词音高抬升幅度大于焦点后韵律词的抬升幅度。末词焦点句和宽焦点句相比，所有韵律词音高都抬升，焦点韵律词抬升幅度最大，越往前抬升幅度递增。

（一）宽焦点句的音高统计分析

考察不同句长的宽焦点句的音高模式。发现：当语句为双韵律词时，首词与末词的音高具有显著差异。高音点：$F(1, 59)=70.41$，$p<0.001$；低音点：$F(1, 59)=14.39$，$p<0.001$；调域：$F(1, 59)=9.86$，$p=0.003$。大小顺序为"首词>末词"。当语句为三韵律词时，首词、中词、末词的音高存在显著差异，大小顺序为"首词>中词>末词"。高音点：$F(2, 118)=137.47$，$p<0.001$；低音点：$F(2, 118)=38.23$，$p<0.001$；调域：$F(2, 118)=45.18$，$p<0.001$。当语句为四韵律词时，首词、词二、词三和末词的音高存在显著差异。大小顺序为"首词>词二>词三>末词"。高音点：$F(3, 177)=139.61$，$p<0.001$；低音点：$F(3, 177)=51.72$，$p<0.001$；调域：$F(3, 177)=26.89$，$p<0.001$。

将同一句长的舒声、入声进行比较，发现双韵律词语句高音点具有显著差异，$F(1, 59)=14.43$，$p<0.001$，入声大于舒声；低音点和调域无显著差异。三韵律词语句高音点、低音点差异不显著，调域具有显著差异，$F(1, 59)=2.91$，$p=0.003$，入声大于舒声。四韵律词语句舒声和入声音高差异不显著。说明舒声、入声的不同对于宽焦点语句的音高模式不具有显著影响。

（二）窄焦点句的音高统计分析

在窄焦点条件下，除了考察焦点成分的音高表现之外，还将考察焦点前成分与焦点后成分的情况。采用重复测量方差分析，将窄焦点句中处于焦点、焦点前和焦点后位置的韵律词的高音点、低音点和调域平均值分别与宽焦点句对应韵律词的高音点、低音点和调域平均值进行比较。观察韵律词的音高模式在焦点作用下的变化。

1. 双韵律词语句的音高模式

表1 双韵律词语句高音点、低音点、调域平均值重复测量方差分析的 p 值

双律词语句			首词	末词
首词焦点	高	焦点	$p<0.001$	$p=0.001$
		舒入	$p=0.001$	$p<0.001$
	低	焦点	$p<0.001$	$p<0.001$
		舒入	$p=0.510$	$p=0.776$
	域	焦点	$p=0.127$	$p=0.140$
		舒入	$p=0.084$	$p=0.015$
末词焦点	高	焦点	$p<0.001$	$p<0.001$
		舒入	$p<0.001$	$p=0.002$
	低	焦点	$p<0.001$	$p<0.001$
		舒入	$p=0.607$	$p=0.452$
	域	焦点	$p=0.003$	$p=0.424$
		舒入	$p=0.029$	$p=0.008$

（1）焦点韵律词

当焦点重音在首词时，该词在宽焦点句和窄焦点句的高音点和低音点存在显著性差异，调域平均值差异性不显著（见表1）；该词的高音点、低音点均大于对应非焦点词。舒声和入声的高音点存在显著差异，入声大于舒声，低音点和调域差异均不显著。

当焦点重音在末词时，该韵律词在宽焦点句和窄焦点句的高音点和低音点都存在显著性差异，高音点和低音点大于宽焦点句对应韵律词；调域差异性不显著。舒声和入声的高音点均存在显著差异，入声的高音点大于舒声；低音点和调域差异不显著。

（2）焦点前韵律词

当焦点重音在末词时，首词作为焦点前韵律词，该词在宽焦点句和窄焦点句的高音点、低音点和调域都存在显著性差异；高音点和低音点大于对应非焦点词，调域小于宽焦点句对应韵律词。舒声和入声的高音点与调域均有显著差异，入声大于舒声，低音点没有差异。

（3）焦点后韵律词

当焦点重音在首词时，末词作为焦点后韵律词，该韵律词在宽焦点句和窄焦点句的高音点和低音点均存在显著性差异，高音点和低音点大于宽焦点句对应韵律词，调域差异不显著。舒声和入声的高音点与调域存在显著差异，入声大于舒声，低音点差异不显著。

2. 三韵律词语句的音高模式

表2 三韵律词语句高音点、低音点、调域平均值重复测量方差分析的p值

三韵律词语句			首词	中词	末词
首词焦点	高	焦点	$p<0.001$	$p<0.001$	$p=0.064$
		舒入	$p=0.355$	$p<0.001$	$p=0.031$
	低	焦点	$p<0.001$	$p<0.001$	$p<0.001$
		舒入	$p=0.729$	$p=0.834$	$p=0.285$
	域	焦点	$p=0.605$	$p=0.077$	$p=0.032$
		舒入	$p=0.732$	$p=0.018$	$p=0.398$
中词焦点	高	焦点	$p<0.001$	$p<0.001$	$p=0.001$
		舒入	$p=0.510$	$p=0.047$	$p=0.355$
	低	焦点	$p<0.001$	$p<0.001$	$p<0.001$
		舒入	$p=0.047$	$p=0.323$	$p=0.638$
	域	焦点	$p=0.014$	$p=0.024$	$p=0.088$
		舒入	$p=0.328$	$p=0.022$	$p=0.310$
末词焦点	高	焦点	$p<0.001$	$p<0.001$	$p<0.001$
		舒入	$p<0.004$	$p=0.018$	$p=0.113$
	低	焦点	$p<0.001$	$p<0.001$	$p<0.001$
		舒入	$p=0.087$	$p=0.967$	$p=0.362$
	域	焦点	$p<0.001$	$p=0.003$	$p=0.483$
		舒入	$p=0.246$	$p=0.083$	$p=0.589$

（1）焦点韵律词

当焦点重音在首词时，处于焦点位置的韵律词在宽焦点句和窄焦点句的高音点和低音点均存在显著差异（见表2），调域差异不显著。焦点韵律词的高音点、低音点均大于宽焦点句对应韵律词。舒声和入声的高音点、低音点和调域均无显著差异。

当焦点重音在中词时，焦点词在宽焦点句和窄焦点句的高音点、低音点和调域都存在显著差异；焦点词的高音点和低音点均大于宽焦点句对应韵律词，然而调域小于宽焦点句对应韵律词。舒声和入声的高音点、低音点和调域都没有显著差异。

当焦点重音在末词时，该韵律词在宽焦点句和窄焦点句的高音点和低音点均存在显著差异；调域差异不显著；该词的高音点和低音点大于宽焦点句对应韵律词，调域小于宽焦点句对应韵律词。舒声和入声高音点、低音点和调域差异性都不显著。

（2）焦点前韵律词

焦点重音在中词时，焦点前韵律词为首词。该词在宽焦点句和窄焦点句的高音点和低音点均存在显著差异，高音点和低音点大于宽焦点句对应韵律词，调域差异不显著。舒声

和入声的低音点具有显著差异，舒声低音点小于入声，但高音点与调域没有显著差异。

焦点重音在末词时，焦点前韵律词为首词和中词。该词在宽焦点句和窄焦点句的高音点、低音点和调域均具有显著差异；高音点和低音点均高于宽焦点句对应韵律词，调域小于宽焦点句对应韵律词。舒声和入声的高音点存在显著差异，入声的高音点大于舒声，调域和低音点差异都不显著。中词在宽焦点句和窄焦点句的高音点、低音点和调域都存在显著差异；该韵律词的高音点和低音点均高于宽焦点句对应韵律词，调域小于宽焦点句对应韵律词。舒声和入声的高音点存在显著差异，入声高音点大于舒声，低音点与调域值差异性都不显著。

（3）焦点后韵律词

当焦点重音在首词时，焦点后韵律词为中词和末词。中词在宽焦点句和窄焦点句的高音点和低音点存在显著差异，高音点和低音点均高于宽焦点句对应韵律词，调域差异不显著。舒声和入声的高音点与调域均存在显著差异，入声大于舒声，低音点差异不显著。末词在宽焦点句和窄焦点句的低音点和调域均存在显著差异，低音点高于宽焦点句对应韵律词，调域小于宽焦点句的对应韵律词，高音点差异不显著。舒声和入声音高均无显著差异。

焦点重音在中词时，焦点后韵律词为末词。末词在宽焦点句和窄焦点句的高音点和低音点都存在显著差异，高音点和低音点均高于宽焦点句对应韵律词，调域差异不显著。舒声和入声音高没有显著差异。

3. 四韵律词语句的音高模式

表3 四韵律词语句高音点、低音点、调域平均值重复测量方差分析的 p 值

四韵律词语句			首词	词二	词三	末词
首词焦点	高	焦点	$p<0.001$	$p<0.001$	$p=0.004$	$p=0.049$
		舒入	$p=0.107$	$p=0.192$	$p=0.036$	$p=0.003$
	低	焦点	$p<0.001$	$p<0.001$	$p<0.001$	$p<0.001$
		舒入	$p=0.025$	$p=0.882$	$p=0.227$	$p=0.122$
	域	焦点	$p=0.372$	$p=0.109$	$p=0.001$	$p=0.015$
		舒入	$p=0.980$	$p=0.242$	$p=0.216$	$p=0.025$
词二焦点	高	焦点	$p<0.001$	$p<0.001$	$p<0.001$	$p=0.005$
		舒入	$p=0.104$	$p=0.255$	$p=0.074$	$p=0.005$
	低	焦点	$p<0.001$	$p<0.001$	$p<0.001$	$p=0.008$
		舒入	$p=0.002$	$p=0.012$	$p=0.200$	$p=0.697$
	域	焦点	$p=0.746$	$p=0.011$	$p=0.075$	$p=0.473$
		舒入	$p=0.368$	$p=0.014$	$p=0.740$	$p=0.004$

续表

四韵律词语句			首词	词二	词三	末词
词三焦点	高	焦点	$p<0.001$	$p<0.001$	$p<0.001$	$p<0.001$
		舒入	$p=0.308$	$p=0.235$	$p=0.039$	$p=0.006$
	低	焦点	$p<0.001$	$p<0.001$	$p<0.001$	$p<0.001$
		舒入	$p=0.083$	$p=0.683$	$p=0.881$	$p=0.188$
	域	焦点	$p<0.001$	$p=0.008$	$p=0.316$	$p=0.083$
		舒入	$p=0.925$	$p=0.197$	$p=0.130$	$p=0.058$
末词焦点	高	焦点	$p<0.001$	$p<0.001$	$p<0.001$	$p<0.001$
		舒入	$p=0.168$	$p=0.056$	$p=0.008$	$p=0.097$
	低	焦点	$p<0.001$	$p<0.001$	$p<0.001$	$p<0.001$
		舒入	$p=0.118$	$p=0.534$	$p=0.233$	$p=0.100$
	域	焦点	$p<0.001$	$p<0.001$	$p=0.055$	$p=0.822$
		舒入	$p=0.765$	$p=0.271$	$p=0.245$	$p=0.862$

（1）焦点韵律词

当焦点重音在首词时，该焦点词在宽焦点句和窄焦点句的高音点和低音点均存在显著差异（见表3），调域差异不显著；该焦点词的高音点、低音点均大于对应的非焦点词。舒声和入声的高音点和调域差异不显著；低音点存在显著差异；舒声低音点大于入声。

当焦点重音在词二时，该词在宽焦点句和窄焦点句的高音点、低音点和调域存在显著差异；焦点词的高音点、低音点和调域平均值均大于对应的非焦点词。舒声和入声的高音点和调域差异均不显著，低音点存在显著差异；舒声的低音点大于入声。

当焦点重音在词三时，焦点词在宽焦点句和窄焦点句的高音点和低音点均存在显著差异；调域差异不显著；焦点词的高音点、低音点均大于对应的非焦点词。舒声和入声的低音点和调域差异均不显著，高音点存在显著性差异；入声的高音点大于舒声。

当焦点重音在末词时，该词在宽焦点句和窄焦点句的高音点和低音点存在显著差异；调域差异性不显著；焦点词的高音点和低音点均大于对应的非焦点词。舒声和入声音高差异不显著。

（2）焦点前韵律词

当焦点重音在词二时，焦点前韵律词为首词。该词在宽焦点句和窄焦点句的高音点和低音点均存在显著差异，调域差异不显著；该韵律词的高音点和低音点高于宽焦点句对应韵律词。舒声和入声的低音点均存在显著差异，高音点与调域差异不显著；舒声高音点大于入声。

当焦点重音在词三时，焦点前韵律词为首词和词二。首词在宽焦点句和窄焦点句的高音点、低音点和调域都存在显著差异；该韵律词的高音点和低音点均高于宽焦点句对应韵律词，调域小于宽焦点句对应韵律词。舒声和入声的音高差异不显著。词二在宽焦点句和窄焦点句的高音点、低音点和调域均存在显著差异；该韵律词的高音点和低音点高于宽焦点句对应韵律词，调域小于宽焦点句对应韵律词。舒声和入声的音高差异不显著。

当焦点重音在末词时，焦点前韵律词为首词、词二和词三。首词在宽焦点句和窄焦点句的高音点、低音点和调域都存在显著差异；该韵律词的高音点和低音点均高于宽焦点句对应韵律词，调域小于宽焦点句对应韵律词。舒声和入声的音高差异不显著。词二在宽焦点句和窄焦点句的高音点、低音点和调域都存在显著差异；该韵律词的高音点和低音点高于宽焦点句对应韵律词，调域小于宽焦点句对应韵律词。舒声和入声的音高差异不显著。词三在宽焦点句和窄焦点句的高音点和低音点均存在显著差异，调域差异不显著；该词的高音点和低音点大于宽焦点句对应韵律词。舒声和入声的高音点存在显著差异，入声大于舒声。低音点和调域差异都不显著。

（3）焦点后韵律词

当焦点重音在首词时，焦点后韵律词为词二、词三和末词。词二在宽焦点句和窄焦点句的高音点、低音点和调域存在显著差异；该词的高音点和低音点高于宽焦点句对应韵律词，调域小于宽焦点句对应韵律词。舒声和入声的音高差异不显著。词三在宽焦点句和窄焦点句的高音点、低音点和调域均存在显著差异；该词的高音点和低音点大于宽焦点句对应韵律词，调域小于宽焦点句对应韵律词。舒声和入声的高音点存在显著差异，入声大于舒声，低音点和调域差异均不显著。末词在宽焦点句和窄焦点句的高音点、低音点和调域都存在显著差异；该词的高音点和低音点高于宽焦点句对应韵律词，调域小于宽焦点句对应韵律词。舒声和入声的高音点和调域均存在显著差异，入声大于舒声，低音点无差异。

当焦点重音在词二时，焦点后韵律词为词三和末词。词三在宽焦点句和窄焦点句的高音点、低音点均存在显著差异，调域差异不明显；该词的高音点和低音点高于宽焦点句对应韵律词。舒声和入声的音高差异不显著。末词在宽焦点句和窄焦点句的高音点、低音点均存在显著差异，该词的高音点和低音点高于宽焦点句对应韵律词，调域差异不明显。舒声和入声的高音点和调域均存在显著差异，入声的高音点和调域大于舒声，低音点差异不显著。

当焦点重音在词三时，焦点后韵律词为末词。它在宽焦点句和窄焦点句的高音点和低音点存在显著差异，调域差异不显著；该韵律词的高音点和低音点高于宽焦点句对应韵律词。舒声和入声的低音点存在显著差异，舒声低音点大于入声，高音点与调域差异不显著。

四、讨论

本文对新江翁源客家话宽焦点句和窄焦点句的音高模式进行了系统的实验研究。宽焦点句控制的因素有句子长度和舒声入声。窄焦点句控制的因素有句子长度、舒声及入声和焦点位置。所有的宽焦点语句有共同的音高模式：韵律词高音点、低音点呈明显下降趋势，句首韵律词调域最宽。三种长度的宽焦点均是从首词到末词高音点、低音点和调域平均值依次递减。所有宽焦点句的音高都呈现下倾趋势，这点与汉语普通话是一致的。另外，随着句长的增加，整个句子的高音点抬升，低音点下降，调域缩小，语句的下倾倾向更明显。从首词到末词，句子之间的下降程度随着句长的增大而增大。

关于窄焦点句的音高模式，本研究将宽、窄焦点句中各自对应的韵律词的音高进行对比。当语句存在焦点时，和宽焦点句相比，所有窄焦点句焦点韵律词的高音点显著抬升，低音点显著抬升，调域没有显著差异，但在四韵律词语句中，当焦点在词二位置时，调域有扩大，显著性水平不高（见表3）。这是由于四韵律词的句子度较长，首词的音高比双韵律词语句和三韵律词语句更高，当焦点位于词二时，为了能和首词形成对比，凸显词二的重音，焦点韵律词的音域扩大。我们的发现和汉语普通话以及其他方言存在不一致的地方。赵元任先生认为，汉语普通话的重音主要表现为音高幅度的扩大。香港粤语（韩维新等，2013）、台湾普通话和台湾闽南语（Xu，2010）中同样表现为焦点位比非焦点位调域有所扩展，但新江客语中焦点重音没有出现调域扩大的现象。研究还发现，新江客家话焦点位置的不同，不会改变语句的下倾格局。当焦点位于句首时，语句的下倾趋势更明显；当焦点位于非句首位置时，语句仍然保持音高下倾趋势。我们可以得出结论：新江客家话的语句焦点主要表现为音高的抬升，而不是调域的扩大，而焦点音高的抬升，并不会影响语句的下倾趋势。

关于焦点前韵律词的变化，实验结果表明，焦点前韵律词的高音点显著抬升，低音点显著抬升，大部分焦点前韵律词调域缩小；然而当焦点位于三韵律词中词、四韵律词词二时，首词调域不具有显著差异；当焦点位于四韵律词语句末词时，词三作为焦点前韵律词调域和宽焦点四韵律词语句词三比较没有显著差异。这是因为焦点的位置靠后，受末句焦点的影响，前字的音高抬升，但因为焦点前字不是重要信息，所以调域就会有所压缩。我们的研究和前人的结论也有不同之处。Xu（1999）认为，当句中有一个焦点的时候，焦点前调域保持稳定或压缩，焦点前的音高保持不变。本实验证明，新江客家话语句在焦点的作用下，音域有所缩窄，但不是所有焦点前韵律词都存在调域缩窄的现象，而焦点前韵律词普遍存在着音高抬升的现象。

关于焦点后韵律词的变化，统计分析显示，焦点后韵律词高音点显著抬升，然而焦点处于三韵律词首词时，末词作为焦点后韵律词，高音点不存在显著差异。低音点显著抬升。6组数据显示，调域没有显著变化；4组数据显示，调域显著缩小。焦点位于三韵律词语句首词时，末词调域显著缩小；当焦点处于四韵律词首词时，词二、词三和末词调域显著缩小。当焦点位于首词，且句子较长时，在句首音高和焦点作用的叠加下，首词的音高较高；首词焦点重读之后，焦点后韵律词为了和首词音高形成反差，调域下降。至于双韵律词语句焦点为首词时，末词的调域没有缩小，我们推测可能是双韵律词语句是短句，时长较短的原因。很多研究发现，焦点重读音节后的音节序列会发生音高骤减、音域缩小等现象。这种焦点重音后音域压缩的现象，被称之为"焦点后压缩"。焦点后压缩在汉语普通话中存在，但在一些南方方言中就没有焦点后压缩现象。我们的研究表明，客家话中焦点后压缩受焦点位置与句子长度的制约，不是语句的普遍现象。焦点重读音节后的音节序列的音高没有降低，反而显著抬升。说明客家话中，语句焦点音节不需要通过焦点后成分的音高骤减来形成音高反差来凸显重读音节。受焦点成分音高抬升的影响，焦点前、后成分的音高也明显抬升。

本实验还考察了舒声、入声对语句音高模式的影响，发现声调的舒入对绝大部分韵律词对音高没有显著影响；小部分韵律词有显著性差异，少数韵律词入声高音点大于舒声，少数韵律词舒声低音点大于入声，少数韵律词入声调域大于舒声。

五、结论

本研究主要得到以下结论。（1）新江客家话语句的音高模式呈现下倾趋势。句子长度越长，语句下倾趋势越明显。焦点和焦点的位置对语句的音高下倾格局没有产生影响。当焦点在句首位置时，语句下倾倾向更明显；当焦点在非句首位置时，句子仍然保持着音高下倾。（2）在焦点的作用下，新江客家话处于焦点位置的韵律词音高显著抬升；焦点前所有韵律词的音高显著抬升；焦点后所有韵律词的音高显著抬升。说明句子音高的整体抬升是新江客家话语句焦点主要表现方式。（3）舒声、入声对新江客家话焦点语句的音高没有显著作用。偶尔出现入声高音点、调域会比舒声大，或舒声低音点偶尔大于入声的情况，但在绝大多数情况下，声调舒入对音高没有显著的影响。

参考文献

[1] 陈怡，2010.汉语北京话强调句语调的起伏度分析[C]//中国语言学会学术会议集.
[2] 陈怡，石锋，2011.普通话强调焦点句语调的音高表现[J].南开语言学刊（1）.
[3] 韩维新，王萍，石锋，2013.香港粤语强调焦点句语调的音高表现[J].中国语音学报（4）.
[4] 贾媛，熊子瑜，李爱军，2008.普通话焦点重音对语句音高的作用[J].中国语音学报（1）.
[5] 李爱军，2002.普通话对话中韵律特征的声学表现[J].中国语文（6）.
[6] 林茂灿，2012.汉语语调研究[M].北京：中国社会科学出版社.
[7] 沈炯，Hoek JHvd，1994.汉语语势重音的音理（简要报告）[J].语文研究（3）.
[8] 王蓓，杨玉芳，吕士楠，2002.汉语语句中重读音节音高变化模式研究[J].声学学

[9] 王蓓,杨玉芳,吕士楠,2004.汉语韵律层级结构边界的声学分析[J].声学学报(1).

[10] 吴倩,王蓓,2014.话题转换方式和句子长度对边界声学参数的影响[J].中文信息学报(3).

[11] 赵元任,1933.汉语的字调跟语调[J].中央研究院历史语言研究所集刊.

[12] 赵元任,1979.汉语口语语法[M].北京：商务印书馆.

[13] Mathesius, Vilem, 1983.Functional Linguistics[M].Reprinted in Vachek ed.

[14] Shih Chilin, 1988.Tone and Intonation in Mandarin[R].Working papers, Cornell Phonetics Laboratory.

[15] Xu Yi, Chen Szu-wei, Wang Bei, 2012.Prosodic focus with and without post-focus compression: A typological divide within the same language family?[C]//The Linguistic Review(1).

[16] Xu, 1999.Effects of tone and focus on the formation and alignment of F0 contours[J].Journal of Phonetics(1).

The Pitch Pattern of Sentence Focus in Wengyuan Xinjiang Hakka Dialect

HE Fengqing & WANG Maolin

Abstract: This research examines the pitch patterns of no focus sentences in Wengyuan Xinjiang Hakka dialect and focus sentences with different focal positions. The experiment designed sentences of three lengths, including two combinations of full tone and checked tone. By comparing the corresponding prosodic words of the no focus sentence and the focus sentence, the pitch characteristics of the on-focus prosodic words, the pre-focus prosodic words and the post-focus prosodic words are investigated. It was found that the pitch pattern of no focus sentences showed a downward trend. The longer the sentence, the greater the downward tilt. Compared with the pitch of corresponding prosodic words in no focus sentence, the pitch of on-focus, pre-focus and post-focus prosodic words in focus sentence are generally increased significantly. It shows that the main acoustic means for highlighting the focus of Xinjiang Hakka dialect sentences is the elevation of pitch.

Key words: focus, ton, Hakka dialect

苏州车坊方言舌尖擦音、塞擦音的发音部位[①]

凌 锋[1]　林齐倩[2]

(1.上海大学中文系　上海　200444；
2.苏州大学海外教育学院　江苏苏州　215021)

【提　要】本研究采用了静态腭位的方法调查了苏州车坊话舌尖前音和舌尖后音的发音部位。调查结果显示车坊话的舌尖前音是舌尖/舌叶—齿/齿龈音，舌尖后音是一个舌叶/舌面前—齿龈后音。

【关键词】车坊方言　舌尖前音　舌尖后音　发音部位

舌尖前音和舌尖后音是汉语语言学界经常使用的两个术语。北京话是学界最熟悉的区分舌尖前音和舌尖后音的方言。除此以外，有类似区分的语言或者方言还有很多（熊正辉，1990）。根据文献记载，至少20世纪初的苏州方言也有所谓舌尖前与舌尖后两组声母（如赵元任，1928；陆基，1935），其中"知照的三等字声母读如国语的舌尖后音"。但是1949年以后苏州方言就不分这两组辅音了（如廖序东，1956；袁家骅等，1960）。

传统方言学的研究主要依靠调查者的主观听觉印象，把听到的声音转写成国际音标。但是早期苏州话中所谓的舌尖后音到底是怎么发的，是否跟北京话的舌尖后音一样，这些情况就都无从了解了。

不过幸运的是，在苏州郊区的一些方言中还保留着这两组音的差别（叶祥苓，1988）。我们可以通过对这些方言的调查来推测苏州话当年的情况。车坊是位于苏州城东南部15千米的一个古镇。由于地理位置较偏，80年代以前交通工具以船为主，不太便利，与外界的沟通、联系较少，其语音的演变也就比苏州城区要缓慢得多，知照的三等字仍保留着类似早期苏州话的形态。对车坊方言相关字的声母的研究，有助于解答我们前面的疑惑，也有助于了解汉语方言舌尖相关辅音发音的复杂情况。

[①] 本文部分内容曾在第十届语音学会议上宣读，承蒙与会专家提供了很多宝贵意见和建议；本研究得到国家社科基金重大项目"吴语语料库建设和吴语比较研究"（项目批准号：20&ZD301）资助。

一、实验方法

实验设计参考Ladefoged(1957)和Dart(1991)介绍的静态舌位和腭位调查方法,调查的字是4个:"骚"sʌ⁴⁴和"烧"ʂʌ⁴⁴,"糟"tsʌ⁴⁴和"招"tʂʌ⁴⁴。

发音人情况:本文的第一发音人赵金根,男,出生于车坊塘浜村(位于车坊镇北面),长期都居住在车坊,调查时年龄为63岁。第二发音人金文华,男,调查时年龄为66岁,从未长期离开过车坊。

由于国内学术界常用的音标名称与国际通行的名称并不完全一致。为了避免混淆,先简单介绍一下本文使用的发音部位和发音器官名称。被动发音部位根据Firth(1948)对上腭划分的分区,以上齿位置作为分区参考,可以划分成大致7个区域。其与语音学被动发音部位的分区大致对应关系如下:1是"齿"、2是"齿龈前"、3是"齿龈"、4是"齿龈后"、5是"硬腭前"、6是"硬腭中"、7是"硬腭后"。主动发音器官的舌冠部位一般是分成舌尖和舌叶两个部分。但由于舌冠发音动作比较复杂,Dart(1998)把这部分的发音位置又进一步划分成4种类型:舌缘、上舌尖、舌叶和舌尖加舌叶。其中舌缘和上舌尖属于舌尖音类型,舌叶和舌尖加舌叶属于舌叶音类型。我们后文使用的名称主要基于这两种分类。

二、实验结果与分析

第一发音人: 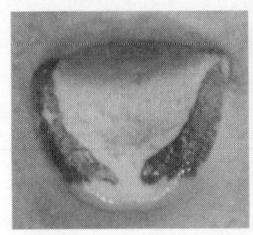 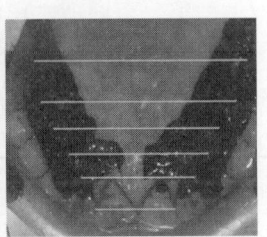   第二发音人: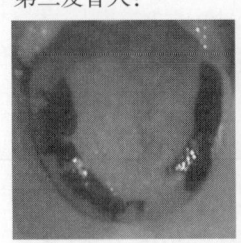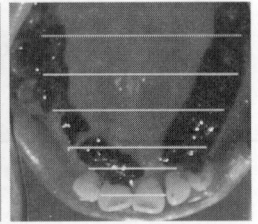

图1 "骚"的舌面位置和腭位图

第一发音人: 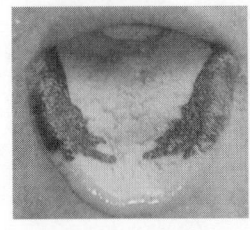 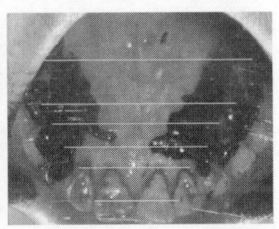   第二发音人: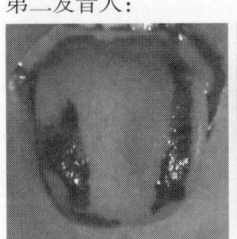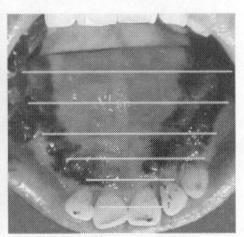

图2 "烧"的舌面位置和腭位图

"骚"sʌ⁴⁴和"烧"ʂʌ⁴⁴的元音和声调都一样,唯一的区别是声母辅音。下面我们分别就两个发音人的情况一一分析。先看第一发音人的情况,根据其两个舌面位置图我们可以发现,共同点就是在代表接触部位的黑色染料之间有一条清晰的空隙,说明气流是从这中间的窄缝通过。由于两声母都是擦音,这个共同点也是预料之中的。而两个音的窄缝宽度差别很小,这说明它们的摩擦程度也不会有太大的区别。而这两个音的主要区别在于窄缝或者说阻碍位置的前后。"骚"的位置相对要靠前一些,"烧"的声母阻碍位置要靠后一些。这一点也并不意外,因为本来前者就是舌尖前音,后者是舌尖后音。但是有意思的是,虽然它们都被称为舌尖音,但是没有一个音的通道最窄处,或者说阻碍位置出现在真正的舌尖位置。比如所谓的舌尖前音"骚",舌头的最前端完全是空白的,一点染料都没有沾到,黑色部分最接近的部位在比较典型的舌叶位置,因此从纯粹发音的角度看,这个辅音的主动发音部位应该确定为"舌叶"。与之对应,由于"烧"的收紧位置更要靠后,它的主动发音部位应该是在"舌面前"。

再看相对应的腭位图。与舌面位置图一样,两个声母的阻碍位置之间同样也有空隙,但是它们的位置差别远不如舌面位置图那么明显。"骚"的被动发音部位相对要长一些,更类似一个短短的管道,管道的前端占满了第3区,后端部分在第4区,其主体位置相对偏前一些,所以被动发音部位基本可以确定为"齿龈"。"烧"的被动发音部位很短,几乎就是一个收紧点,没有形成管道,其位置跟"骚"发音部位的后端基本一致,就在第4区。因此,从被动发音部位来说,还是"骚"比"烧"要略微靠前一些。

综合舌位图和腭位图,我们发现第一发音人的"骚"和"烧"被动发音部位差别比较小,主动发音部位的差别要大一些。从音位区分的角度看,"骚"的声母可以认为是一个"舌叶—齿龈"擦音,"烧"的声母可以认为是一个"舌面前—齿龈后"擦音。

而第二发音人的情况跟第一发音人有所不同。从主动发音部位来看,两个辅音基本都是在上舌尖,这一点倒是符合两者舌尖音的名称。只是两个音的气流通道没有位于中央而偏向一侧,这可能跟发音人牙齿残缺造成的发音补偿效应相关。Catford(1977)指出过,擦音的通道无论是在正中央还是偏向一侧,对声音本身没太大的影响,这个问题本文就不多赘述了。而从腭位图上看,"骚"的收紧点差不多在第2区和第3区的分界线上,不但比第一发音人的"骚"要稍微更靠前一些,而且也没有形成管道,"烧"的收紧点就在第3区。所以从位置前后来说,肯定是"骚"的被动发音部位更前一些,只是收紧点所处的位置比较尴尬,既可以处理成齿音,也可以处理成齿龈音。从音位角度看,由于两个声母是对立关系,如果采取前一种办法,那"烧"的声母是齿龈音;如果采用后一种办法,那"烧"就只能看作齿龈后音。

第一发音人： 第二发音人：

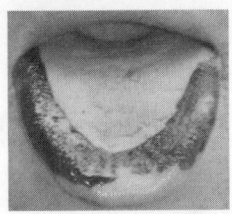 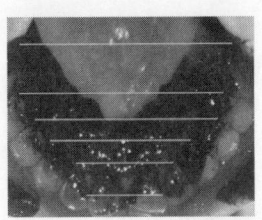 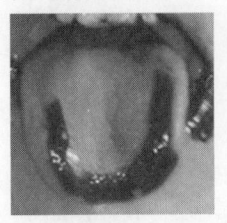 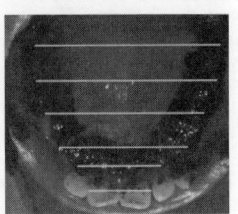

图3 "糟"的舌面位置和腭位图

第一发音人： 第二发音人：

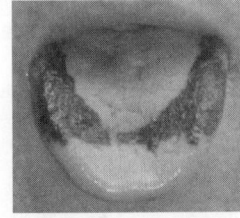 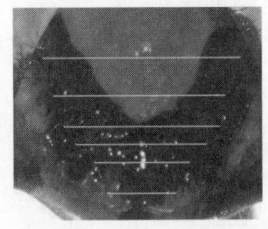 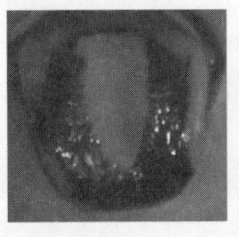 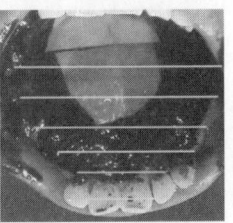

图4 "招"的舌面位置和腭位图

"糟"tsʌ⁴⁴和"招"tʂʌ⁴⁴也是一对最小对立体,唯一区别就是辅音不同。我们也先来比较第一发音人的两张图。从主动发音部位看,这两个声母的关系几乎跟第一发音人对应的那组擦音"骚"和"烧"的关系一样,前者在舌叶,后者在舌面前。跟擦音舌面位置图的主要区别就是那个气流通道现在连起来了,这也正表明了这两个声母有阻塞成分的存在。从腭位图看,两个声母的阻塞位置都占满了第2、3、4等3个区,即"齿龈前—齿龈—齿龈后",很难区分两者的差异。所以其与对应的擦音情况差不多,两个塞擦音声母主要的区别还是在于主动发音部位。

下面再比较第二发音人的情况。"糟"的主动发音部位基本上是比较典型的"上舌尖"。"招"的染黑部分也是从舌尖开始就有了,但是其宽度相对于"糟"要宽一些,所以它的主动发音部位应该是"舌尖加舌叶"。从腭位图看,"糟"的发音部位主要在第3区,第2区也有一部分被染黑,基本上是一个齿龈音。"招"的发音部位比"糟"要宽一些,不但整个第3区和小部分第2区被染黑了,而且整个第4区也被染黑了,所以它实际上是一个"齿龈—齿龈后"音。如果从音系角度来看,"糟"可以算是"舌尖—齿龈"音,而"招"是"舌叶—齿龈后"音。

综合前面的观察,我们发现两个发音人一致的地方就是"骚""糟"比"烧""招"发音部位要靠前,也在一定程度上符合以前对它们对立的描写。但是两个发音人又有一些不同之处:第一发音人对应的擦音与塞擦音发音部位,无论是主动发音部位还是被动发音部位,都比较一致;而第二发音人的对应关系没那么整齐,按之前的归纳,他读的"骚"是舌尖—齿音,"糟"是舌尖—齿龈音,"烧"是舌尖—齿龈音,"招"是舌叶—齿龈后音。不过从调查过程中我们发现,第二发音人对于所谓的舌尖前和舌尖后两组声母有时会出现混淆的现象,这说明第二发音人可能已经处在两个音类的合并过程中,因此也造成了发音部位相对不太稳定的问题。

三、讨论与总结

我们从调查中发现了一个很有意思的现象，第一发音人无论是所谓的舌尖前音还是舌尖后音，都没有真正用舌尖来作为发音部位。"骚"的辅音声母用的音标符号是[s]，这个符号所描写的音在我们国内学界称之为舌尖前音。但是这个发音人说的[s]，实际的主动发音部位是舌叶。这一点看起来似乎有点奇怪。

事实上[s]这样的音在很多语言中，比较稳定的特征在于被动发音部位都是"齿龈"，而主动发音部位往往是舌尖或者舌叶两可。比如Dart（1998）调查后发现，无论是英语还是法语的[s、z]，发音人实际上被动发音部位基本一致，而主动发音部位是有分歧的。在他调查的那些发音人中，英语发音人差不多舌尖、舌叶各一半，法语发音人则是舌尖占三分之一、舌叶占三分之二。北京话的情况同样如此，Lee（1999）调查到的发音人[s]就基本都用舌叶来作为主动发音部位。因此，车坊话[s]同时有舌尖和舌叶两种发音方法并不是什么特殊现象。

另一个相关问题是舌尖后音。舌尖后音的符号对应国际音标的卷舌音。但是Ladefoged和吴宗济（1984）的调查已经证明，北京话的舌尖后音与典型的卷舌音发音部位并不一样，比如印地语中的卷舌音发音时需要将舌尖卷起，用下舌叶去靠近上腭。Lee（1999）的看法是北京话的舌尖后音其实应该描写成一个舌尖—齿龈后音。而车坊话的舌尖后音跟舌尖的关系就比较远了，两个发音人的主动发音部位一个是在舌面前，另一个是在舌叶，被动发音部位基本都在齿龈后。

综合前面的分析，我们认为，苏州车坊话的舌尖前音大概是舌尖/舌叶—齿/齿龈音，舌尖后音大概是一个舌叶/舌面前—齿龈后音。总的来说，车坊话舌尖后音的发音部位要比舌尖前音靠后，跟北京话舌尖后音的被动发音部位差不多，但主动发音部位比北京话更靠后。之所以两个方言的舌尖后音被动部位接近而主动部位却不一样，这很可能跟另一个重要发音参数舌头形状有关。北京话舌尖后音的舌形是平的，而车坊话的是拱的。可惜这一点在静态腭位调查结果中是无法直接体现的，只能作为猜测留待今后进一步实验来验证了。

由此也带来一个问题，就是所谓的舌尖前、舌尖后这样的名称是否合适。至少就本研究调查到的车坊这两位发音人来说，只有第二发音人的舌尖前音跟舌尖有关系，其他音都不是真正意义上的舌尖音。由于以前的方言调查大多都没有采用实验语音学的方法，只是靠调查人的听感来判断，我们相信其他一些方言中的所谓舌尖前音、舌尖后音也可能存在着"名不副实"的问题。比如前文Lee的研究就已经揭示出即便是大家熟悉的北京话的[s]也存在舌叶变体。所以如果条件允许，以后我们将继续对汉语其他方言中这类音作进一步调查。本研究的结论只能暂时停留在这个小小的单点方言本身了。

参考文献

[1] 廖序东,1956.苏州语音[M].南京：江苏人民出版社.

[2] 陆基,1935.苏州同音字常用字汇[M].自印本.

[3] 汪平,1996.苏州方言语音研究[M].武汉：华中理工大学出版社.

[4] 熊正辉,1990.官话区方言分ts tṣ的类型[J].方言(1).

[5] 叶祥苓,1988.苏州方言志[M].南京：江苏教育出版社.

[6] 袁家骅,等,1960.汉语方言概要[M].北京：文字改革出版社.

[7] 赵元任,1956.现代吴语的研究[M].北京：科学出版社.

[8] Catford J.C, 1977.Fundamental Problems in Phonetics[M].Edinburgh：Edinburgh University Press.

[9] Dart S, 1991. Articulatory and acoustic properties of apical and laminal articulations (UCLA Working Papers in Phonetics 79)[M].Los Angeles：UCLA.

[10] Dart S, 1998.Comparing French and English coronal consonant articulation[J].Journal of Phonetics, 26：71-94.

[11] Firth J. R, 1964 .Word-palatograms and articulation[M]//Bulletin of the School of Oriental and African Studies (1934-1951). 5th ed. London：Oxford University Press：148-155.

[12] Ladefoged P, 1957.Use of palatography[J]. Journal of Speech Disorders, 22：764-774.

[13] Ladefoged P., Wu Z. J, 1984.Places of articulation：an investigation of Pekingese fricatives and affricates[J]. Journal of Phonetics, 12：267-278.

[14] Lee W. S, 1999.An articulatory and acoustical analysis of the syllable-initial sibilants and approximant in Beijing Mandarin[C]// Proceedings of the XIVth ICPhS. University of California, Berkeley, San Francisco, 1：413-416.

An Articulatory Study of Apical Fricatives and Affricates in the Suzhou Chefang Chinese

LING Feng & LIN Qiqian

Abstract: The articulatory places of the apical sibilants in the Chefang dialect were studied using palatogram. The results showed that the front apical sibilants were apical/laminal-dental/alveolar sounds, while the back apical sibilants were laminal/predorsal post-alveolar sounds.

Key words: Chefang Chinese, sibilant, the place of articulation

赣方言遂川话鼻化韵和鼻音韵的实验分析

曾玲 余俊毅 刘新中

（暨南大学文学院 广东广州 510632）

【提 要】前人对遂川话鼻音的记录由于定性不清而在描写上存在差异，表现为对鼻音中的元音是否鼻化及韵尾是否脱落两方面持不同的观点。本文通过采集元音和韵尾的鼻音度数据对遂川话元音鼻化现象及鼻音韵尾的弱化形式展开研究，发现遂川话鼻音音节中的元音鼻化现象明显，口鼻元音的鼻音度界限在40%，鼻音度差值整体维持在较高水平（30%左右）。鼻音韵尾则有3种表现形式：在元音 i、y、ə 后保留韵尾；在 a、e、ɔ 后弱化韵尾；在央元音 a 后分化成两个音位，即传统意义上的 an 和 aŋ。音位归纳时统一将鼻音音节记为 VN，并认为这一形式是 VN 向 V 演化的过渡阶段，最终归属可能是 V 或 Ṽ。

【关键词】赣语 遂川话 鼻化韵 鼻音韵

一、引言

遂川话中存在丰富的鼻化韵母，这是赣语吉安片的重要特征。但是一些学者在鼻音的记录上出现了分歧，主要有两派观点：一派认为，遂川话的前鼻音韵尾 -n 保留，后鼻韵尾 -ŋ 脱落，所有元音都发生鼻化，支持这一观点的有陈昌仪（1991）和谢留文（2008）等学者；另一派则持相反的意见，认为前鼻韵尾 -n 脱落而后鼻韵尾 -ŋ 保留，属于这一派的有刘纶鑫（1999）和昌梅香（2012）等。上述观点虽然在韵尾的选择及元音是否鼻化上存在争议，但是可以确定，遂川话鼻音音节的两个韵尾演变进程不同步，有一个韵尾会出现脱落现象。基于此，本文对遂川话的鼻音音节展开研究，探讨鼻音韵尾弱化或脱落及元音是否鼻化的相关问题，以兹对传统材料进行补充。前人对遂川话鼻音音节的记录如下：

表1 遂川话鼻音音节已有记录

研究学者	an	en	in	yn	aŋ	əŋ	oŋ
陈昌仪（1991）	ãn	ẽn	ĩ	ỹn	ã	ɔ̃	õ
刘纶鑫（1999）	ã	ẽ	ĩ	yŋ	aŋ	ŋ	ɔ̃
谢留文（2008）	ãn	ẽn	ĩ	ỹn	ã	ɔ̃	õ
昌梅香（2012）	ã	ɛ̃	iŋ	ỹ	aŋ	əŋ	ɔŋ
卢涌，占升平（2015）	an	ẽ	in	yn	ɑŋ	əŋ	oŋ

二、遂川话鼻音实验说明

本文采集语料所用的字表为遂川话单音节字表。声母包括塞音、擦音、塞擦音，韵母包括单元音韵母、复元音韵母及鼻音韵母，按遂川话的声韵拼合关系组成各种音节。

此次调查共采集了老中青男女共6人的录音数据，数据主要来自具有代表性的老年男性和青年女性发音人，其余人的数据作为参考，所反映的规律与两位主要发音人一致。6位发音人发音地道，口齿清晰，无口鼻咽疾病，能够代表遂川话的语音面貌。录音时发音人用自然语速朗读发音字表。

录音在安静的环境中进行，所采用的实验设备是美国Kay公司生产的Nasometer Ⅱ 6400鼻流计。鼻流计配有口鼻分流装置，借助挡板分离了口腔和鼻腔，语音从口、鼻两个通道同步录入鼻流计，同时使用FieldPhone2.2.1软件，配合录音设备Sennheiser话筒进行同步的声学录音，以满足其他相关分析的需求。

本次实验涉及到一个重要的声学参数——鼻音度。鼻音度的计算公式为$N=[n/(n+o)]\times 100\%$。其中n表示鼻音能量，o表示口音能量。公式表示的是鼻音能量在整个口音、鼻音能量之和中所占的比值，代表语音发音时的鼻化程度。数值越大，表明鼻音能量越强，鼻化度越高；反之则鼻音能量越弱，鼻化度越低。鼻流计能够自动测算口音能量、鼻音能量及鼻化度，实时计算并显示鼻化度曲线。本次实验正是以鼻流计自动测算出的鼻音度作为实验分析的数据支撑。

三、元音鼻音度考察

遂川话共有9个单元音，/a/、/o/、/ɤ/、/e/、/æ/、/ɔ/、/i/、/u/、/y/，但并非所有元音都能与鼻音韵尾拼合。能与前鼻韵母-n拼合的元音有/a/、/e/、/i/、/y/，在舌位上显示出[+前]、[+高]的特征；与后鼻韵尾-ŋ拼合的元音是/a/、/ɔ/以及音位变体/ə/，舌位具有[+后]、[+低]特征，与韵尾的发音部位相匹配。我们对上述6个能与鼻音韵尾拼合的单元音及鼻化元音的鼻音度进行测量，参照稳定的共振峰段及平稳的鼻音度曲线，选取相应时间段元音的鼻音度，得出的遂川话单元音及鼻化元音的鼻音度平均值。

同时，为了研究不同鼻音作韵尾时元音鼻音度的区别，我们分别提取了不同元音在韵尾-n和-ŋ前的鼻音度平均值及所有鼻音度分布的区间，并与口元音的鼻音度作对比，观察鼻化元音的鼻音度变化。两位发音人的鼻音度数据如表2所示：

表2 发音人口鼻元音鼻音度数据

口元音			鼻元音			差值
i	38.58	(19–64)	ĩ(n)	78.49	(54–91)	↑39.92
y	33.43	(18–56)	ỹ(n)	70.99	(46–87)	↑37.55
e	18.84	(4–45)	ẽ(n)	54.51	(30–72)	↑35.68
a	9.65	(6–27)	ã(n)	54.48	(29–74)	↑44.83
			ã(ŋ)	55.29	(40–83)	↑45.64
ɔ	8.60	(5–23)	ɔ̃(ŋ)	41.06	(23–66)	↑32.46
			ɔ̃(ŋ)	61.07	(31–82)	↑42.23

上述口鼻元音鼻音度数据用柱状图直观展示如下：

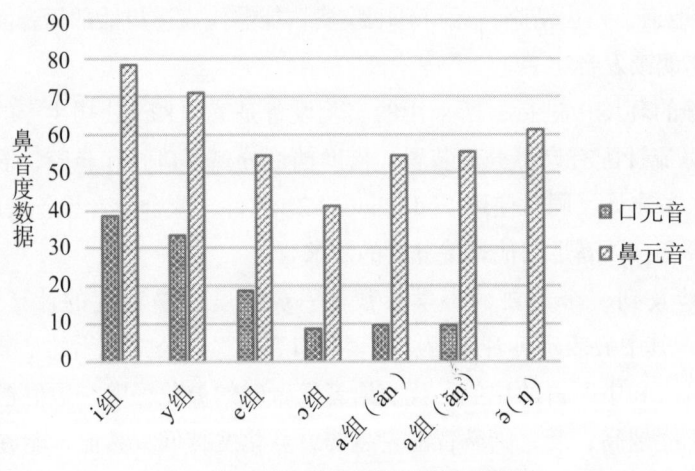

图1 遂川话口鼻元音分组鼻音度数据

鼻音韵母中的元音的鼻音度数据范围及平均值用箱型图表示如下：

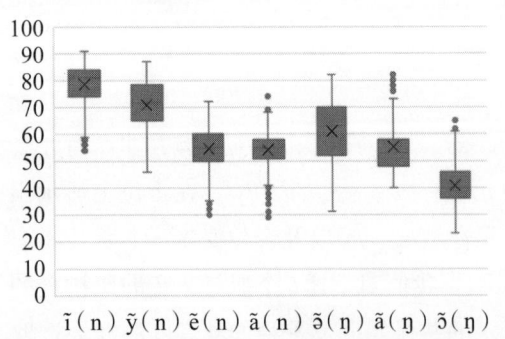 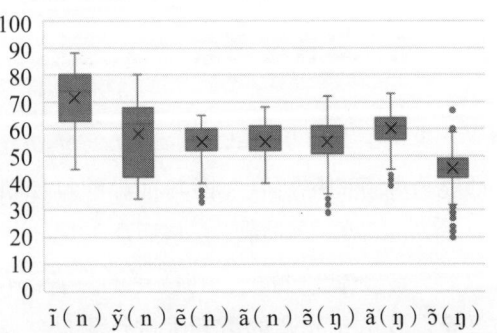

图2 男发音人鼻音韵母中元音鼻音度　　　图3 女发音人鼻音韵母中元音鼻音度

观察上述口鼻元音鼻音度及对比值，我们可以看出：(1) 元音无论是否鼻化，都有自身的鼻音度，而不同的口元音、鼻化元音，又具有不同的内在鼻音度。(2) 口元音和鼻化元音具有明确的内在鼻音度数值范围。口元音的鼻音度总体较低，值域在10%—40%；鼻化元音鼻音度较高，值域在40%—80%。(3) 口鼻元音的鼻音度对比值较大，基本保持在30%以上，体现出鼻音音节中元音明显的鼻化特征，因此，可以将鼻音对比度大于30%的元音界定为鼻化。(4) 元音的鼻音度与舌位有关。元音越高越前，元音的鼻音度就越高，如i、y，元音越低越后，鼻音度就越低，如a、ɔ，口鼻元音都符合这一规律。

为了对遂川话鼻音音节中元音的性质进行明确界定，判断元音是发生了鼻化还是受到了鼻尾的逆同化影响，我们以无鼻化特征的广州话①和鼻化韵丰富的汕头话②元音鼻音度数据作为参照，形成VN和Ṽ两个对比点，选取3个方言点中相同的元音的鼻音度数据，观察遂川话鼻音韵母中元音的鼻音度特征。

表3 遂川话、汕头话、广州话元音鼻音度数据比较

	a	i	y	ɔ	e	ã(ŋ)/ã	ã(n)/ã	ĩ(n)/ĩ	ỹ(n)	ɔ̃(ŋ)	ẽ(n)/ẽ	ɔ̃(ŋ)/ɔ̃
遂川话	24	43	43	11	25	55	54	78	71	61	55	41
汕头话	25	33		20	23	58		84			56	39
广州话	8	30	19	5	9	41	40	54	43		44	29

从上述表格中可以清晰地看到：3个方言中，鼻音音节中元音的鼻音度数据基本都保持在40%—85%，其中遂川话与汕头话元音鼻音度的排序更为相似。前高元音i、y的鼻音度最高，e(ɛ)和a的顺序处于中间，后半低元音ɔ最低。

虽然每个元音在不同方言中的表现形式会有差别，但是判断元音是否鼻化的标准应是鼻音对比度，而非鼻音度本身。鼻化与非鼻化的鼻音度范围是相对的，需要参考鼻音度差值才能够最终确定一个方言中的鼻化与非鼻化的性质。因此，我们列出了上述3个方言点的口鼻元音的鼻音对比度，辅助判断遂川话鼻音韵母中元音的鼻音性质。

---

① 广州话鼻音度数据引自时秀娟《鼻音研究》中《广州话响音的鼻化度》。
② 汕头话鼻音度数据引自刘新中《汕头市区话单元音的鼻化和非鼻化——基于声学和鼻流计数据的研究》。

表4 遂川话、汕头话、广州话口鼻元音鼻音对比度数据分组比较

	遂川话	汕头话	广州话
a组	31	33	32
i组	35	51	24
e组	30	33	35
ɔ组	30	19	24
y组	28		24

上表数据用柱状图直观展示如下：

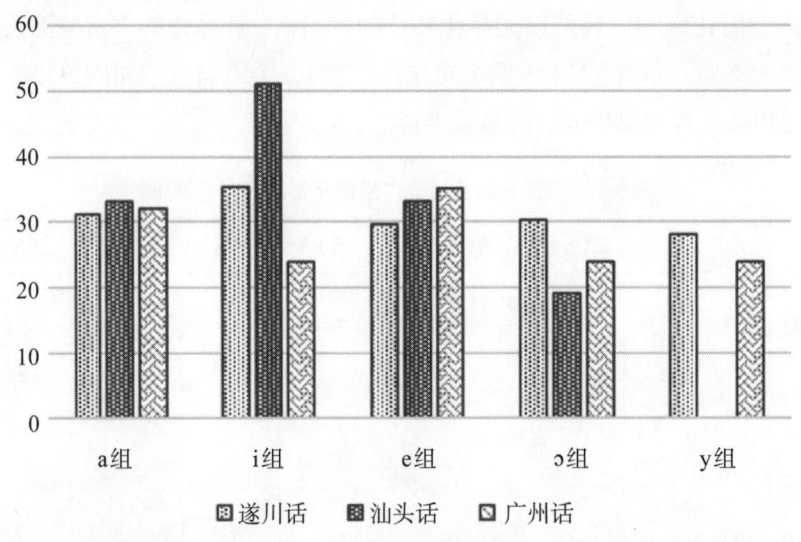

图4 遂川话、汕头话、广州话口鼻元音鼻音对比度数据分组比较

整体来看，大部分口鼻音的鼻音对比度差值都在30左右，口鼻音之间存在较明显的界限，区分度较高。汕头话鼻化韵的口鼻对比度最高可达50，而遂川话和广州话的口鼻音对比度数据基本上都在30%左右浮动，总体来说，鼻化程度都低于汕头话。如果对遂川话和只受到鼻尾逆同化影响的广州话进行比较，可以发现二者的口鼻音对比度数据虽然相对接近，但从整体趋势来看遂川话差值仍要略大于广州话，且遂川话口元音和鼻音韵母中元音的鼻音度更高，大部分都在20%以上，而广州话却有一半元音的鼻音度在10%以下。

经过上述对3个方言点元音的鼻音度的比较分析，我们发现鼻化韵汕头话与鼻音韵广州话的鼻音对比度差别明显，鼻化韵部分元音口鼻音区分度较高，但是遂川话和广州话的口鼻对比度较低，区分程度相近，只能从口鼻元音的鼻音度数据高低进行比较，从遂川话口元音鼻音度更高及听感中确定遂川话元音的鼻化特征。

四、韵尾鼻音度考察

按照上述的方法，参照共振峰曲线选取相应时间段鼻音韵尾的鼻音度，对两个韵尾在不同元音后的鼻音度进行比较。本文基于所有韵尾都存在的假设提取音节末尾相对稳定段的鼻音度数据，以鼻音度的高低来辅助判断韵尾的演变情况。以下是两个发音人鼻音韵尾前接不同元音时的鼻音度数据平均值、数据分布区间及箱型图：

表5 遂川话鼻音韵尾鼻音度数据

鼻音韵尾		男		女	
-n	-(ĩ)n	90.67	80—97	96.80	90—99
	-(ỹ)n	90.27	80—98	95.71	90—98
	-(ẽ)n	65.72	48—89	70.05	58—84
	-(ã)n	62.27	42—80	67.75	58—85
-ŋ	-(ã)ŋ	66.14	53—85	81.48	67—97
	-(ɔ̃)ŋ	95.40	87—98	95.09	86—98
	-(ɤ̃)ŋ	61.21	46—86	74.70	62—91

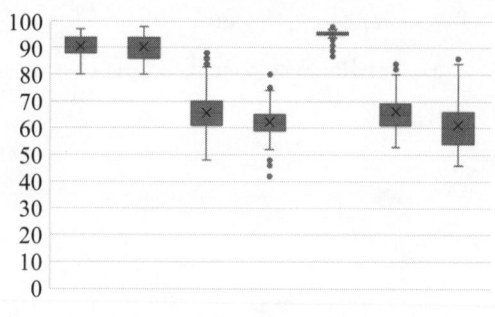

图5 男发音人鼻音韵尾鼻音度数据

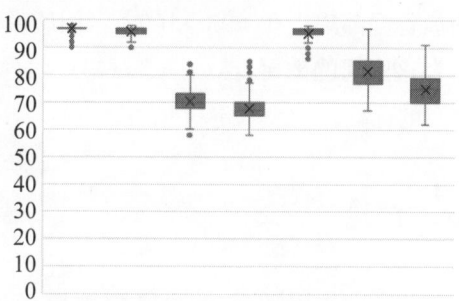

图6 女发音人鼻音韵尾鼻音度数据

由上述图表可知：（1）同一韵尾在不同元音后时，其鼻音度存在一定的差异。有的韵尾仍有较强的鼻音特征，鼻音度基本保持在90%以上，但有的韵尾发生了弱化，鼻音度在50%—80%。（2）鼻音韵尾的鼻音度与前接元音的舌位有关。元音的舌位越前越高，则鼻音韵尾的鼻音度越高，反之则越低。如前高元音 i、y 后的前鼻韵尾-n 的鼻音度就要远远大于 a、e 后韵尾的鼻音度。（3）鼻音韵尾的鼻音度还与韵尾本身发音部位的前后有关。发音部位越靠后则鼻音度越高，所以舌根音-ŋ 在 a 后的鼻音度会高于在-n 后的。

为了对遂川话鼻音音节中韵尾的性质进行明确界定，我们以鼻音韵尾完整的广州话鼻音度数据作为参照，观察遂川话鼻音韵母中韵尾的演化特征。

表6　遂川话与广州话鼻音韵尾鼻音度数据比较

鼻音韵尾		遂川话	广州话
-n	-(ĩ)n	91	97
	-(ỹ)n	90	96
	-(ã)n	62	95
	-(ẽ)n	66	
	-(ɔ)n		96
	-(u)n		96
-ŋ	-(ã)ŋ	66	94
	-(ɔ̃)ŋ	61	95
	-(ə̃)ŋ	95	
	-(ɛ)ŋ		95
	-(œ)ŋ		92

从上表可以看出：遂川话鼻音韵尾的鼻音度大致分布在两个区间：一是［90—100］区间，在这部分区间的韵尾有-(ĩ)n、-(ỹ)n、-(ə̃)ŋ，鼻音度维持在较高水平，按时秀娟（2011：27）的标准，鼻音度在80%以上就达到了鼻音的数值标准，因此可以确定韵尾-(ĩ)n、-(ỹ)n、-(ə̃)ŋ依然保留，没有发生明显的韵尾弱化或脱落现象，这与广州话韵尾的鼻音度都集中在［90—100］区间所反映的规律是一致的；二是［60—70］区间，鼻音度在这区间的韵尾有-(ã)n、-(ẽ)n、-(ã)ŋ、-(ɔ̃)ŋ，韵尾的鼻音度较低，没有达到鼻音80%的标准，初步确定这些韵尾发生了一定程度上的弱化。

五、讨论

（一）遂川话元音的鼻化度区间分布

依据上文对遂川话各类元音鼻音度数据的考察与统计，我们可以依据实际发音情况对各类元音所处的鼻化度区间进行划分。由口鼻元音鼻音度数据均值可知，口元音与鼻化元音的界限较明显，大致在40%；而鼻音韵尾由于发生弱化，鼻音度区间与鼻化元音有20度左右的重合，分布在60%—100%。具体见图7：

图7　遂川话口鼻音鼻音度分布区间

（二）遂川话鼻音韵尾的弱化表现及影响因素

从语图上来看，除i、y、ə3个元音后鼻尾的共振峰F1末尾频率略低于前段且保持平稳趋势，鼻音特征明显外，其他元音的鼻尾则时隐时现，在共振峰上表现为末尾的曲线走向不太稳定，偶尔呈波浪状分布，浊音杠上方也无变弱迹象，因此需要结合鼻音度数据辅助判定。

上文已经列出了两个韵尾在不同元音后的鼻音度数据分布，i、y、ə 3个元音后韵尾的鼻音度最高，分布也最集中，主要在80%—100%区间内。按照时秀娟的理论，鼻音度大于80%，则大概率可以将其判断为鼻音，再结合共振峰曲线鼻尾的平稳段，可以判定i、y、ə 3个元音后确实存在鼻音韵尾。

其他元音的情况略有不同。元音e、a、ɔ后接韵尾的鼻音度平均值在60%—80%，虽低于i、y、ə 3个元音后韵尾的鼻音度，但最大值都达到了80%，有的甚至在90%以上。如果将鼻音度40%—60%设定为鼻音脱落区间，60%—80%设定为鼻音弱化区间，则遂川话e、a、ɔ 3个元音后的鼻音韵尾则为弱化状态，而最大值达到90%以上就显示在多数鼻尾弱化的情况下，仍有部分韵尾保存明显的鼻音特征。因此，我们确定，遂川话鼻音韵尾在e、a、ɔ元音后有弱化的趋势。

依据实际发音情况，遂川话鼻音音节中鼻音韵尾演化的进程不一。不同的韵尾演化进程不一样，甚至同一个韵尾在不同的元音前发展也并不同步，有的已经弱化，有的仍然具有很强的鼻音特征，这都需要依据各个鼻尾的鼻音特征区别分析。那么影响韵尾弱化甚至脱落的因素是什么呢？

一是前接元音的舌位。6位发音人的鼻音度数据虽然存在细小的差异，但在元音和韵尾鼻音度的相对高低上保持一致。口元音鼻音度的高低排序依次是i>y>e>a>ɔ，前高元音i、y仍存有韵尾，鼻音度在90%以上，而舌位相对较低的a、e后的韵尾呈弱化状态。因此，可以说元音发音的舌位越高越前，则鼻尾的鼻音度越高，韵尾越不容易弱化或脱落；舌位越低越后，则鼻音度也就越低，韵尾弱化或脱落的可能性就越大。这一点与李荣（1956）、陈渊泉（1975）、张琨（1983）、吴宗济（1989）、冉启斌（2005）等人的结论一致。

二是韵尾本身发音部位的前后（冉启斌，2005）。发音部位前的韵尾较发音部位后的韵尾更容易发生弱化或脱落，也就是说前鼻韵尾-n比后鼻韵尾-ŋ更易消变。切韵中的3个鼻音韵尾-m、-n、-ŋ，发音部位最靠前的-m在遂川话中已经完全消失，前鼻韵尾-n不稳定，在部分元音后已经脱落，只在两个前高元音后保留，发音部位最靠后的-ŋ相对来说是最稳定的，从共振峰和鼻音度上来看，其鼻音的声学特征都是最明显的。因此，鼻音韵尾的消变受韵尾本身发音部分影响这一观点在遂川话中也能得到很好的证实。

（三）有关遂川话鼻音韵尾音位的讨论

遂川话两个鼻音韵尾的前接元音除a外并不发生重合，也就是说，大部分元音只与前鼻韵尾-n或后鼻韵尾-ŋ相拼。通过观察前接元音的舌位，我们发现：前鼻韵尾-n只与舌位具有［+前］［+高］特征的元音相拼，后鼻韵尾-ŋ只与舌位具有［+后］［+低］特征的元音组合，二者呈互补分布。因此我们猜测，鼻音韵尾N为抽象的鼻音尾，因出现的情况存在差异，表现为3种形式：一是鼻音特征明显的鼻音，不发生任何弱化或脱落现象，这种情况发生在-(ĩ)n、-(ỹ)n、-(ɔ̃)ŋ上，韵尾表现为纯粹的鼻音，鼻音度数据基本在90%以上；二是鼻音韵尾的弱化形式，这种形式出现在-(ẽ)n、-(ã)ŋ、-(ɔ̃)ŋ上，韵尾的鼻音特征相对较弱，鼻音度在60%左右；三是出现分流现象，也即上文提到过的央元音a与韵尾拼合的情况。a虽然同时能与两个韵尾相拼，但是an与aŋ的区分度较高，不会发生混淆的情况，在二者韵尾的鼻音度都不高（发生弱化）的情况下，这两个音节的区别性特征由韵尾转移到元音音质上，依靠不同舌位的元音进行区分。an中的元音为a，aŋ中的元音舌位更靠后些，更接近于ɑ。

但是为了符合传统记音的规则，保证音系的完整性，我们通常情况下会将鼻音韵尾记为两种形式，前鼻韵尾-n和后鼻韵尾-ŋ，与现代音系形成对应，再依据元音音质将其归纳到相应的韵母形式中。为了保证记音的严谨性，我们采用在鼻音韵尾上加鼻化符号的形式来体现鼻音弱化这一特征，再结合上文对元音和韵尾的共振峰与鼻音度分析，我们对遂川话鼻音音节进行如下记音：

| ãñ | ẽñ | ĩn | ỹn | ãŋ̃ | ɔ̃ŋ | ɔ̃ŋ̃ |

但在音系归纳时，由于韵尾是否弱化不区别意义，即ṼN与ṼṄ之间不存在音位对立，因此，我们对音节的表达形式进行简化，去除韵尾的弱化符号，统一表达为ṼN形式。最终归纳的鼻音音节如下：

| ãn 暗班单站拿 | ẽn 恩搬灯曾闷 | ĩn 音冰顶停人 | ỹn 云晕军群熏 |
| ãŋ 拔坑争冷妈 | ɔ̃ŋ 崩东钟公龙 | ɔ̃ŋ 帮当抗张忙 | |

（四）鼻音韵尾的演变路径

汉语方言鼻音韵尾的历时发展就是一个消变的过程，不少学者对鼻音韵尾消变的顺序、规律等进行了分析，并发表了很多具有创造性的见解。Barale(1982)、张琨(1983)认为鼻尾音节的弱化经历3个阶段：（1）前接元音的鼻化；（2）鼻音韵尾的脱落；（3）前接元音鼻化的消除，变成纯粹的元音，即按照VN > ṼN > Ṽ > V这一路径演变。

从遂川话鼻音韵尾目前的演变来看，鼻音韵尾共有两种演变形式：一是ṼN形式。元音出现鼻化特征，韵尾仍有很强的鼻音特性，鼻化元音与鼻音韵尾共存，这种现象主要发生在前高元音身上，如ĩn、ỹn；二是ṼṄ形式。这一结构是鼻化元音加弱化的鼻韵尾的组合方式，鼻尾的鼻音度相比于ṼN形式中鼻尾的鼻音度要低，在50%—90%，呈弱化状态，属于这一形式的有ãñ、ẽñ等，是ṼN >向Ṽ演变的过渡阶段。

而从整个赣语吉安片来看，韵尾弱化甚至脱落都是较为普遍的现象，并且必然伴随着元音鼻化。结合前人的研究，我们对吉安片各方言点的鼻音韵母进行考察，发现鼻音韵尾的演变在各方言点中并不同步，共有3种形式：一是VN形式。这一形式是传统的元音加鼻音韵尾的组合方式，元音并未鼻化，韵尾也没有弱化的迹象，是最传统最纯正的鼻音韵母，但是这一形式在吉安片中并不常见。在刘纶鑫（1999：24）的记载中，仅有吉安市区、吉水县、峡江县3个代表点属于这一形式，没有鼻化韵。二是ṼN形式。元音出现鼻化特征，韵尾仍然存在，可能部分出现弱化倾向，这正是本文所论述的遂川话鼻音韵母的演化形式。三是Ṽ与VN共存的形式。不同韵母的演变进程有别，即在一个方言点中，既有完全鼻化的元音Ṽ，也有韵尾未脱落、元音未鼻化的传统鼻音韵母VN。据刘纶鑫（1999：24）记载，吉安片中有大部分方言点都属于这种情况，如泰和、新余、莲花等地。吉安片鼻音韵母的3种形式大致对应鼻音演变的3个阶段，VN＞ṼN＞Ṽ，形成一个较完整的演变链条。但是最后一个阶段的演变仍处于半完成状态，即仍有部分元音后的韵尾保留，与Ṽ形成音位对立，并未完全演化为鼻化元音。

辅音韵尾由复杂到简单，到最后走向消失是历史所趋。在前人的研究中，韵母简化并以演化为单元音为归宿成为多数学者的共识。鼻音韵尾的弱化甚至脱落正是鼻音音节进一步演变的基础，"是语音内部声韵调相互影响、自我调整的必然结果"（黄勇，1996：27）。在音节的自我调整下，鼻音音节的韵尾逐渐弱化、脱落，成为鼻化元音，最终连鼻化特征也消失，成为单纯的口元音，韵母系统得到简化，想必这也是遂川话ṼN形式鼻音的最终归属。

六、结论

本文通过提取遂川话鼻音音节的鼻音度数据，对遂川话元音是否鼻化及鼻音韵尾的弱化形式展开研究，从语言流变的角度探讨遂川话鼻音性质由韵尾转移到元音趋势下的元音鼻化及韵尾的3种弱化形式，并依据同片方言点的演化情况预测遂川话鼻音逐步简化的发展趋势。

鼻音度数据表明，遂川话鼻音音节中的元音发生鼻化，口鼻元音的鼻音度分界线在40%左右。鼻音韵尾N有3种表现形式，一是纯粹的鼻音，表现为-n或-ŋ，出现在元音i、y、ə后；二是弱化的鼻尾，出现在a、e、ɔ后，用韵尾上加鼻化符号表示弱化特征，记为añ、eñ、añ、ɔñ；三是出现分流现象，发生在元音a后，同时与两个韵尾相拼，靠元音音质区分韵母。音系归纳时为了与现代音系相对应，仍采取韵尾二分的记音方式，依据元音归到相应的韵母形式中，并将鼻化符号简化统一记为ṼN形式。同时，结合吉茶片其他方言点的鼻音的演化情况发现遂川话鼻音音节有简化的趋势，ṼN形式鼻音音节的最终归属是Ṽ甚至V。

本文通过研究遂川话鼻音音节中元音与韵尾鼻音性质的消长问题，考察一个方言点中语音的鼻化度、分析鼻音和口音成分各自所属的区间,这对于深入了解语音的感知机制具有重要意义,有助于认识鼻音性质消长的内在规律,考察鼻音韵母的共时和历时变化,进行方言对比以及类型学分析等,为相关方言的研究材料进行一定程度的补充。

参考文献

[1] 陈昌仪,1991.赣方言概要[M].南昌:江西教育出版社.
[2] 昌梅香,2012.赣语遂川方言的送气分调[J].方言(4):310-313.
[3] 江西省地方志编纂委员会,2005.江西省方言志[M].北京:方志出版社.
[4] 李荣,1956.语音常识[M].北京:文化教育出版社.
[5] 刘纶鑫,1999.客赣方言比较研究[M].北京:中国社会科学出版社.
[6] 刘新中,陈沛莹,2018.汕头市区话单元音的鼻化和非鼻化——基于声学和鼻流计数据的研究[M]//甘于恩.南方语言学:第13辑.广州:世界图书出版广东有限公司:68-83.
[7] 卢涌,占升平,2015.江西遂川方言的声调送气分化[J].黔南民族师范学院学报,35(6):32-38.
[8] 冉启斌,2005a.汉语鼻音韵尾的实验研究[J].南开语言学刊(2):37-44,155.
[9] 冉启斌,2005b.汉语鼻音韵尾的消变及相关问题[J].汉语史研究集刊(1):300-324.
[10] 石林,黄勇,1996.汉藏语系语言鼻音韵尾的发展演变[J].民族语文(6):22-28.
[11] 时秀娟,2011.汉语语音的鼻化度分析[J].当代外语研究(5):24-28,61.
[12] 时秀娟,2017.鼻音研究[M].北京:中国社会科学出版社.
[13] 吴宗济,林茂灿,等,1989.实验语音学概要[M].北京:高等教育出版社.
[14] 谢留文,2008.江西省的汉语方言[J].方言(2):117-122.
[15] 张琨,1983.汉语方言中鼻音韵尾的消失[Z].中央研究院历史语言研究所集刊.
[16] Barale, C, 1982. A quantitative analysis of the loss of final consonants in Beijing Mandarin [D].University of Pennsylvania.
[17] Chen M.Y, 1975.An Areal Study of Nasalization in Chinese[J].Journal of Chinese Linguistics(2):16-59.

The Experimental Analysis of Nasalized Finals and Nasal Codas of Suichuan Dialect

ZENG Ling, YU Junyi & LIU Xinzhong

Abstract: The predecessors have different views on whether the vowels are nasalized and the nasal endings are lost in Suichuan dialect. Based on the nasality data, it is found that the nasalization of vowels in Suichuan dialect is obvious, the nasalization limit of oral vowels and nasal vowels is 40% and nasality contrast between oral vowels and nasal vowels is high (30%). The nasal finals have three manifestations: retaining after the vowel "I", "y", and "ə"; being weakened after "a", "e", and "ɔ"; being divided into two phonemes after the central vowel a, namely "an" and "aŋ". And we recorded all the nasal as "ṼN", which is a transitional stage from "VN" to "Ṽ", and maybe finally become "Ṽ" or "V".

Key words: Gan dialect, suichuan dialect, Nasalized Finals, Nasal Codas

鄂赣皖交界处中古泥来母的读音类型

姜迎春

（暨南大学文学院/汉语方言研究中心　广东广州　510632）

【提　要】本文通过选取鄂赣皖交界处的29个方言点来考察交界处中古泥来母的今读类型。其今读类型可归纳为全分型、全混性及半混型3种类型，其中3种类型又细分为9小类。本文通过对9个小类的排序，以及若干方言点的历时比较，可推断出鄂赣皖交界处中古泥来母读音的历史演变趋势是由分到合。最后结合音理及社会地理等角度对这种类型的演变进行分析。

【关键词】鄂赣皖交界处　泥来母今读类型　演变

一、关于鄂赣皖交界处的定义

本文中的鄂赣皖交界处特指江淮官话黄孝片与赣语在地理上毗邻的交界处，即本文涉及到的方言点（片）为江淮官话黄孝片所有方言点、鄂东南赣语大通片部分方言点、赣北赣语昌都片和鹰弋片部分赣语点，以及皖西南赣语怀岳片部分方言点，具体涉及的方言点如下：武穴、黄梅、黄州、浠水、蕲春、英山、罗田、红安、孝感、黄石市区、阳新富池镇、九江市、瑞昌市部分方言点属于江淮官话黄孝片；阳新兴国镇、大冶城区、大冶陈贵镇、大冶金牛镇属于鄂东南赣语大通片部分方言点；星子、湖口、彭泽、都昌、乐平、鄱阳属于赣北赣语昌都片和鹰弋片部分方言点；宿松破凉镇、宿松二郎镇、宿松高岭乡、太湖县晋熙镇、岳西县天堂镇属于皖西南赣语怀岳片部分方言点。在地理位置上，该赣语大通片、昌都片和怀岳片都与黄孝片直接接触，并且江淮官话黄孝片和怀岳片在历史上曾接受了远超原著人口比例的来自于赣语鹰弋片的乐平和鄱阳的移民。方言材料来源说明：本文的英山、红安、孝感、星子、都昌阳峰、乐平、鄱阳、宿松二郎镇、宿松高岭乡、岳西县天堂镇引用文献材料，英山材料来自于陈淑梅《湖北英山方言志》（1989）、红安材料来源于陈章太、李行健《普通话基础方言基本词汇集—语音卷》（1996）、孝感材料来源于王求是《孝感方言研究》（2014）、星子材料来源于刘纶鑫《客赣方言比较研究》（1999）和曹小霞《星子方言语音研究》（2012）、都昌阳峰材料来源于卢继芳《都昌阳峰方言研究》（2007）；乐平、鄱阳材料来源于胡松柏《赣东北方言调查研究》（2009）和何磊《江西乐平方言语音初探》（2011）；宿松二郎镇材料来源于孙宜志《安徽宿松方言同音字汇》（2002）；宿松高岭乡材料来源于唐爱华《宿松方言研究》（2005）；岳西县天堂镇材料来源于储诚志《安徽岳西方言的同音字汇》（1987）；另蕲春$_{1948}$、浠水$_{1948}$、麻城$_{1948}$、红安$_{1948}$、英山$_{1948}$、阳新$_{1948}$、罗田$_{1948}$、孝感$_{1948}$的方言材料均引自赵元任《湖北方言调查报告》（1948）；其他方言点的材料均为笔者调查所得。

二、中古泥来母的今读分类

中古泥来母的今读类型，现今可分为三大类9小类，三大类为：（1）全分型，即泥母洪音读n-，细音读n-，来母无论洪细皆读l-；或者泥母洪音读n-，细音读n-，来母洪音读l-，细音读t(d)-/l-不定。（2）全混型，即泥来母无论洪细全部混读n-或者l-。（3）半混型。详细列表如下：

表1 中古泥来母的今读分类表

中古泥来母今读类型		泥		来		方言点
		洪	细	洪	细	
全分型	T1	n	n.	l		武穴、黄梅、阳新$_{1948}$、九江市、瑞昌市区、宿松破凉镇、宿松二郎镇、宿松高岭乡、太湖晋熙镇、岳西天堂镇、都昌阳峰
	T2	n	n.	l	t(d)/l	湖口、星子、乐平、鄱阳
半混型	T3	n	n.	n	l	浠水汪岗镇
	T4	n	n.		n	蕲春$_{1948}$、浠水$_{1948}$、麻城$_{1948}$、红安$_{1948}$、英山$_{1948}$、黄州汪
	T5	l	n.		l	彭泽、阳新兴国镇、大冶城区、黄石老派、罗田$_{1948}$、罗田、蕲春、浠水、麻城、红安、英山
	T6	l	n.	l	l/n.	大冶陈贵、大冶金牛
	T7	n/l	n	n/l	n	孝感$_{1948}$
全混型	T8	n/l				孝感
	T9	l				黄石市区新派、黄州市区

（一）全分型，n-、l-有别型

今音系中一般有/n/、/l/两个音位，从古音条件看，一般中古泥母读n-或者n-，来母读l-。武穴、黄梅、阳新$_{1948}$、九江市、瑞昌市区、宿松破凉镇、宿松二郎镇、宿松高岭乡、太湖晋熙镇、岳西天堂镇、都昌阳峰方言属于该类型。另外在泥来母全分型中，湖口、星子、乐平、鄱阳方言存在来母三四等细音字读t(d)-情况，湖口、星子存在浊音，相应的来母三四等细音字读d-，乐平、鄱阳来母三四等细音字读t-。两种小类各选取若干方言点进行说明，例字如下：

表2　中古泥来母全分型两种小类例字表

方言点	男 咸开一泥	兰 山开一来	暖 山合一泥	卵 山合一来	泥 蟹开四泥	梨 止开三来	老 效开一来
武穴	₌nã	₌lã	ˆnõ	ˆlõ	₌ni	₌li	ˆlau
黄梅	₌non	₌lan	ˆnon	ˆlon	₌ni	₌li	ˆlau
九江	₌nã	₌lã	ˆnõ	ˆlõ	₌ni	₌li	ˆlɔ
宿松破凉镇	₌non	₌lan	ˆnon	ˆlon	₌ni	₌li	ˆlau
岳西	₌non	₌lan	ˆnon	ˆlon	₌ni	₌li	ˆlau
都昌	₌nɔn	₌lan	ˆnɔn	ˆlɔn	₌ni	₌li	ˆlau
星子	₌nɔn	₌lan	ˆnɔn	ˆlɔn	₌ni	₌di	ˆlau
鄱阳	₌nõn	₌lãn	ˆnõn	ˆlõn	₌ni	₌ti	ˆlau
乐平	₌nɛn	₌lan	ˆnɛn	ˆlɛn	₌ni	₌ti	ˆlau

方言点	年 山开四泥	怜 山开四来	尿 效开四泥	料 效开四来	能 曾开一泥	娘 宕开三泥	两 宕开三来
武穴	₌ȵiẽ	₌liẽ	ȵiauˀ	liauˀ	₌nẽ	₌ȵiaŋ	ˆliaŋ
黄梅	₌ȵien	₌lien	ȵiauˀ	liauˀ	₌nen	₌ȵiaŋ	ˆliaŋ
九江	₌ȵiẽ	₌liẽ	ȵiɔˀ	liɔˀ	₌nən	₌ȵiã	ˆliã
宿松破凉镇	₌ȵien	₌lien	ȵiauˀ	liauˀ	₌nen	₌ȵiaŋ	ˆliaŋ
岳西	₌ȵien	₌lien	ȵiauˀ	liauˀ	₌nen	₌ȵiaŋ	ˆliaŋ
都昌	₌ȵien	₌lien	ȵieuˀ	lieuˀ	₌nəŋ	₌ȵiɔŋ	ˆliɔŋ
星子	₌ȵien	₌dien	ȵieuˀ	dieuˀ	₌nəŋ	₌ȵiɔŋ	ˆdiɔŋ
鄱阳	₌ȵiẽn	₌lẽn	ȵiau	₌liau	₌nɛn	₌ȵiãn	ˆlẽn
乐平	₌ȵien	₌lien	ȵieuˀ	lieuˀ	₌nɛn	₌ȵiɔŋ	ˆtiɔŋ

该类型中，泥来母有读n-、ȵ-、l-3种读法，但n-、ȵ-为条件变体，中古泥母洪音前为n-，细音前为ȵ-，听感上n-、ȵ-音质有差别，从语音相似性原则来看可以归纳为两个音位。在T2类型中湖口、星子来母三四等细音字全部读d-，鄱阳、乐平来母细音字部分读t-，部分读l-，将鄱阳、乐平方言的来母细音字两读情况统计如下：

1.乐平方言中来母一等字全部读l-，来母三四等细音字读t-和读l-，大致每个韵里都有分布

读t-：分布在蟹止摄、流摄、咸摄、深摄、臻摄、宕摄、曾梗通摄韵摄。

读l-：分布在遇摄、蟹止摄、效摄、咸摄、深摄、山摄、臻摄、宕摄、曾梗通摄。

来母三四等字读t-/l-在相关韵摄中的例字列举如下：

t-：厉隶｜李梨离｜刘柳流留｜廉｜凛林｜裂律栗邻｜两｜令伶｜六。

l-：侣吕屡旅｜丽｜泪类｜了料燎聊｜帘猎｜临淋琳立粒｜怜恋炼列劣｜轮｜亮辆｜凌力岭灵玲｜龙。

2. 鄱阳方言中来母一等字全部读l-，来母三四等细音字读t-和读l-，大致按韵分立

读t-：分布在蟹摄、止摄、流摄、深摄、臻入、曾摄、梗摄部分字、通入个别字

读l-：分布在遇摄、止摄、效摄、咸摄、山摄、臻舒、宕江摄、梗摄部分字、通摄

来母三四等字读t-/l-在相关韵摄中的例字列举如下：

t-：丽厉｜李梨泪｜柳流留｜临林淋琳立｜律栗｜力菱陵令伶岭｜六。

l-：吕｜泪类｜了料燎聊｜刘｜帘廉猎｜怜恋炼裂劣｜轮邻｜两亮掠辆｜凌灵玲｜垄窿陆龙。

在鄂赣皖交界处，来母三四等细音字读t(d)-，主要分布在赣语昌都片部分点和鹰弋片部分方言点，从地理分布上看，从湖口、星子往南到鄱阳、乐平，读t(d)-的字变少，读l-的字变多；往北到都昌、彭泽，来母全部读l-，未发现读t(d)-。

（二）半混型

半混型主要存在5种小类，T3/T4为泥来母洪混细分，泥母洪音与来母混，读为n-，泥组细音读为n-；T5、T6是在T3/T4基础上的进一步演变；T7为中古泥来母洪音读为一类n/l-，细音读为一类n-，另列一小类。T3—T6各种类型选取若干方言点进行说明。

表3　中古泥来母半混型5种小类例字表

方言点	男 咸开一泥	兰 山开一来	暖 山合一泥	卵 山合一来	泥 蟹开四泥	梨 止开三来	老 效开一来
蕲春₁₉₄₈	₋nan	₋nan	ˆnã	ˆnãn	₋ni	₋ni	牢 ₋nau
浠水₁₉₄₈	难 nan	篮 nan	ˆnan	乱 nan²	₋ni	₋ni	牢 ₋nau
蕲春	₋lã	₋lã	ˆlã	ˆlã	₋ni	₋li	ˆlɔ
麻城	₋lan	₋lan	ˆlan	ˆlan	₋ni	₋li	ˆlau
红安	₋lan	₋lan	ˆlan	ˆlan	₋ni	₋li	ˆlau
大冶城区	₋læ̃	₋læ̃	ˆlɛ̃	ˆlɛ̃	₋ni	₋li	ˆlɔ
彭泽	₋luan	₋luan	ˆluan	ˆluan	₋ni	₋li	ˆlau
大冶陈贵镇	₋lã	₋lã	ˆluɛn	ˆlɛn	₋ni	₋lai	ˆlɔᵘ
浠水汪岗镇	₋nan	₋nan	ˆnan	ˆnan	₋ni	₋li	ˆnau
方言点	年 山开四泥	怜 山开四来	尿 效开四泥	料 效开四来	能 曾开一泥	娘 宕开三泥	两 宕开三来
蕲春₁₉₄₈	₋nian	连 ₋nian	—	聊 ₋niau	₋nən	₋niaŋ	ˆnian

续表

方言点	年	怜	尿	料	能	娘	两
	山开四泥	山开四来	效开四泥	效开四来	曾开一泥	宕开三泥	宕开三来
浠水₁₉₄₈	₋nian	连₋nian	—	niau²	₋nən	₋niaŋ	ˁniaŋ
蕲春	₋niẽ	₋liẽ	n̠iɔ²	liɔ²	₋lən	₋niaŋ	ˁliaŋ
麻城	₋n̠ian	₋lian	n̠iau²	liau²	₋lən	₋niaŋ	ˁliaŋ
红安	₋n̠ian	₋lian	n̠iau²	liau²	₋lən	₋niaŋ	ˁliaŋ
大冶城区	₋n̠iẽ	₋liĩ	₋n̠ie	₋lie	₋nəi	₋niɔŋ	ˁliɔŋ
彭泽	₋n̠iɛn	₋liɛn	n̠iau²	liau²	₋lən	₋niɔŋ	ˁliɔŋ
大冶陈贵镇	₋n̠iɛn	₋n̠in	n̠ie²	lie²	₋lɛŋ	₋niɔŋ	ˁliɔŋ
浠水汪岗镇	₋n̠iɛn	₋lin	n̠iau²	liau²	₋nən	₋niaŋ	ˁniaŋ

说明：表格中的代表字在蕲春₁₉₄₈和浠水₁₉₄₈方言点中未收录，采用同声母的其他字代替，没有字可代替的，用"—"表示未有。

根据赵元任《湖北方言调查报告》（1948）可知，蕲春₁₉₄₈、浠水₁₉₄₈、红安₁₉₄₈、麻城₁₉₄₈、英山₁₉₄₈等方言点中古泥来母的读音全部是泥母洪音n-，细音读n̠-，来母全部读n-，有的方言点中古泥来母洪音会有n-/l-鼻化的混读，但以读n-为主流。汪化云《鄂东方言研究》（2004）中指出黄州方言中古泥来母中泥母洪音n-，细音读n̠-，来母全部读n-，中古泥来母的读音类型和《湖北方言调查报告》相同。到21世纪的今天，经过再次田野调查可发现，中古泥来母半混型的方言中，之前读为T4类的方言点普遍出现由T4类变为T5/T6类，最大的变化是中古泥来母洪音由之前全部读为n-演变为全部读为l-，且来母细音字出现不同程度的读为n̠-。

（三）全混型

中古泥来母今读全混型方言点在鄂赣皖交界处并不占主流，主要存在今孝感、黄石市区新派和黄州市区方言中，多为黄孝片的城区方言。全混型方言点主要读法为泥来母无论洪细全部相混，读为n-/l-。T7方言为半混型到全混性的过渡阶段，故和全混性类型一起列出以兹比较。两小类方言点中古泥来母的今读情况，各选取例字说明如下：

表4　中古泥来母今读全混型两种小类例字表

方言点	南	篮	暖	乱	泥	梨	老
	咸开一泥	山开一来	山合一泥	山合一来	蟹开四泥	止开三来	效开一来
孝感₁₉₄₈	₋nan	₋nan	ˁnan	nan²	₋ni	₋ni	牢₋nau
孝感	₋nan	₋nan	ˁnan	nan²	₋ni	₋ni	ˁnau
黄石新派	₋lan	₋lan	ˁlan	lan²	₋li	₋li	lau²
黄州	₋lan	₋lan	ˁlan	lan²	₋li	₋li	ˁlau

续表

方言点	年 山开四泥	连 山开四来	尿 效开四泥	聊 效开四来	能 曾开一泥	娘 宕开三泥	两 宕开三来
孝感₁₉₄₈	₋nien	₋nien	—	₋niau	₋nən	₋niaŋ	ˁniaŋ
孝感	₋nian	₋nian	niau²	₋niau	₋nən	₋niaŋ	ˁniaŋ
黄石新派	₋liɛn	₋liɛn	liau²	₋liau	₋lən	₋liaŋ	ˁliaŋ
黄州	₋liɛn	liɛn²	liau²	₋liau	₋lən	₋liaŋ	ˁliaŋ

《湖北方言调查报告》(1948)认为孝感话中n-是个变值音位，大致在洪音前读n-或l-不定，在细音前全部读n-。而今孝感方言中古泥来母n-、l-混读，无洪细差别，属于无条件音位变体。黄石市区方言中古泥来母的读法存在新老派的差别，老派读法中，中古泥来母属于T5小类，即泥母字洪音读l-，细音读n-，来母读l-；新派方言中泥来母全部读l-。黄州方言也发生了变化，汪化云《鄂东方言研究》(2004)中指出黄州方言中古泥来母的读音情况属于T4小类，即泥母洪音n-，细音读n-，来母全部读n-，现在黄州中青年一代读音中，中古泥来母无论洪细全部读l-。

三、中古泥来母各类型之间的演变

中古泥来母今读一共分为三大类9小类，分别为全分型、半混型和全混型，分类情况见于表1。

语言的发展演变总是在某种规律制约之下进行的，个别现象可能跟总体规律不相吻合，但是个别现象背后同样也存在着造成这一现象的独特原因。在鄂赣皖交界处中古泥来母全分型T1/T2代表着最古老的层次，分别分布于黄孝片南部边缘地带、赣语怀岳片、昌都片赣北带、鹰弋片，说明中古泥来母全分型是这些方言片的共同的底层现象，半混型和全混型都是从这一古老层次中演变而来。演变的序列拟测为：

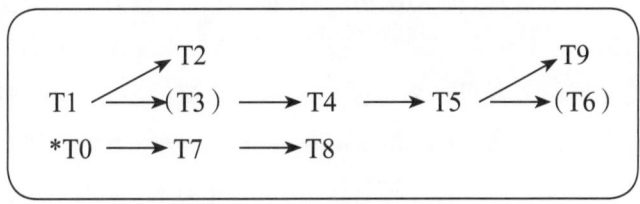

图1 中古泥来母

各个演变层次具体解释如下：

(1) T1→T2

存在的区别是在中古泥来母不混，且在来母读l-的基础上，T2还存在来母三四等读t(d)-现象，且这一现象存在的条件很明显，是在来母三四等细音基础上进行的演变，是由于后接i-介音的特征导致声母由l-向t(d)-的转变，这属于条件音变。关于来母三四等细音字读t(d)-这一现象，在赣语中是比较常见的现象，将学者们对这一现象的解释观点转引如下：罗常培（1940）最早注意到临川话里这种"很少见的现象"，罗先生主要从音变的角度来解释这一现象形成的原因，用公式表达为：1(i)>ᵈl>d>t，认为"这个演变是由［l］音变后退的'i—umlaut'的影响，先变成带有塞音倾向的［l］，就像厦门方言里这个辅音的读法一样；再变成舌尖浊塞音［d］；最后才失落带音作用而变成舌尖清塞音［t］"。何一凡（1983）认为来母三四等读t-/th-是存古现象，他调查收集了江西境内16个市县来母三四等字今读t-/th-的材料，并注意到端母细音字在部分方言里部分字读t-、部分字读l-等特殊现象。因此他认为各地声母变读的路子为：t（端）>th（透）>l（来），并说"江西各地方言，其来母三四等字无论读t-母还是读l-母，先前都是端母字，读t-母；其中有些保存t-母古读，但开始在向l-母转化，有些已经变读为l-母"，"我们还不妨暂时假定韵书上的来母三四等，在很古的时候，声母本读t-，后来才变为l-，只是在赣方言及其他一些方言中还有若干处方言保存t-母古读，而普通话和多数方言则已变读为l-母罢了。"孙宜志（2003）指出江西赣方言中存在大量的来母细音今读舌尖塞音现象，来母今读舌尖塞音不是上古音的遗留，是后起的音变现象。赣方言来母读t-/th-/d-是以今韵母细音为条件的特殊音变，该现象只发生在细音韵母前，韵母是i/y或者是以i/y为介音的韵母；且从声调上看，认为来母读t-/th-/d-是古复辅音的遗留或者赣语的底层也说不通。并以星子方言为例，来母读d-的现象如果是早期的语音现象的话，根据条件同变化同的原则，来母字的声调应该与全浊声母变化一致，但实际上，来母字的今读调类仍然符合次浊声母的演变规律。在星子话中，全浊上读阳去、次浊上读上声，来母细音字今读上声，不跟全浊声母一起读阳去，符合次清上声字的变化规则，因此来母三四等读t-/th-/d-是后起的音变现象。刘泽民（2005）认为赣语中某些方言来母的音值实际上是ɾ，据此他认为赣语今来母细音读塞音都经历过读ɾ的过程：l>ɾ>t或者l>ɾ>d。万波（2009）认为来母在上古的音值为*ɾ，那么可能到汉代时西北和中原一带来母成为带塞音色彩的d、l或ɾ。中唐时一些全浊声母清化并与次清声母合流的北方汉语南下，也将这种现象带入到赣语，经过接触融合，赣语也演变为全浊与次清合流的方言，一些方言还发生了送气分调的现象。这之后，来母细音受i-介音的影响，塞音成分进一步加重，成为浊塞音。在一些全浊和次清合流后读浊音的方言里，来母便与透定母合流读浊音，如湖口、星子、修水、平江等方言；多数方言再清化为t-，如临川、南城、吉水等方言，也有部分方言清化为th-，如安义、新建等方言。演变过程为①*ɾ>ɾ/dl>l（洪音），②*ɾ>ɾ/dl>d/dh>t/th（细音）。卢继芳（2015）认为昌都片各地方言中来母逢细音读塞音分布不均匀，来母逢细音读塞音均为白读层，因此认为来母逢细音读塞音应是赣语昌都片早期的区域性特点，来母逢细音今读边音现象则应是塞音读法之后的变化，且各地来母逢细音今读呈现边音化发展趋势，这种现象同晚近官话的影响及普通话的推广有关。我们同意上述学者认为的来母三四等读t(d)-属于晚起现象，属于条件音变，不是上古音的遗留，原因如上，兹不赘叙。

（2）T1>(T3)>T4

在这演变序列中，中古泥母维持泥母洪音读n-，细音读ȵ-，格局不变，变化的是中古来母由读l-，变为洪音读n-，细音读l-，再到来母细音也读ȵ-。但T1>T4也可能是直接发生的，没有经过T3这一过程，在泥母洪音读n-，细音读ȵ-，在格局不变的基础上中古来母由读l-直接变读为n-。T1>T4无论经不经历T3阶段，其中古泥来母的洪细读音上始终是存在时间先后顺序的，顺序如下：

表5 中古泥来母T1型较为T4型洪细音变化的时间顺序表

		第一阶段 （泥来有别）	第二阶段 （腭化）	第三阶段 （n、l相混，读为n）
泥母	洪	n-	n-	n-
	细	n-	ȵ-	ȵ-
来母	洪	l-	l-	n-
	细	l-	l-	ȵ-

T4中的来母必须要经过第二阶段的泥母细音字的腭化，形成泥组洪音读n-，细音读ȵ-，在此基础上来母再与泥母洪音相混，演变为半混型。《湖北方言调查报告》中的黄孝片蕲春[1948]、浠水[1948]、麻城[1948]、红安[1948]、英山[1948]及汪化云《鄂东方言研究》中的黄州等方言点中古泥来母早期全部读为T4类。

T3>T4这种现象可以从音理上进行解释，即来母细音字由l-变为ȵ-。细音类韵母的韵头是前高元音i和y，开口度最小，发音时气流通过口腔的空间小，受到的阻力大，容易使气流从鼻腔流出，与辅音组合发音时，致使口腔通道不畅，气流从鼻腔溢出，使原本没有鼻音色彩的边音l-与细音组合时，发音会向鼻音n-靠拢，这也致使来母细音l-演变为T4中的来母细音读为ȵ-，完成了来母向泥母的转变。

（3）T4>T5

这种演变主要因为来母本与泥母洪音读音相同，全部读为n-，继而演变为来母与泥母洪音全部读l-，泥母细音保持读ȵ-不变。在该演变序列中，有许多方言点是最近60年才发生的变化，例如蕲春[1948]、浠水[1948]、麻城[1948]、红安[1948]、英山[1948]、黄州等原先是T4小类，现在演变为T5小类，由来母读n-直接变为读l-。这应该是在来母与泥母洪音混读后，来母读如泥母洪音，并随泥母进行下一步演变。而且其主要原因应为泥母洪音先变为l-，致使与泥母洪音相混的来母也变读为l-，而不是来母本身读l-的遗留。那么泥组洪音由n-变读为l-，在音理上也是可以解释的。田恒金（2009）认为洪音类韵母的元音一般是舌位相对偏低、偏后的元音，发音时开口度大，气流通过口腔的空间大，受到的阻力小，气流容易从口腔流出，而鼻音的发音主要是通过软腭下降，堵住口腔气流通道，使气流从鼻腔流出，由于元音开口度大，有时会导致鼻音发音时软腭不下垂或下垂不够，使原本应该从鼻腔流出来的气流变为从口腔流出，从而导致鼻音特征减少、模糊甚至消失，这就是泥母拼洪音时容易与来母相混读为l-的原因。这种解释适合T4>T5的演变，T4>T5演变时间顺序应如下：

表6　中古泥来母T4型较为T5型的演变时间顺序表

		第一阶段（泥来有别）	第二阶段（腭化）	第三阶段（n、l相混，读为n）	第四阶段（n、l相混，读为l）
泥母	洪	n-	n-	n-	l-
	细	n-	ȵ-	ȵ-	ȵ-
来母	洪	l-	l-	l-	l-
	细	l-	l-	ȵ-	l-

（4）T5>T6

这种现象在鄂赣皖交界处比较少见，主要出现在大冶陈贵、大冶金牛方言点中，主要特征是来母洪音读l-，细音读l/ȵ-，例外即来母三四等细音字除了读l-外，还有一部分读为ȵ-。大冶陈贵镇来母细音读ȵ-的字数比金牛镇要多，且读ȵ-无明显规律，但全部是细音字，说明来母细音读ȵ-应是晚近的变化。

大冶陈贵：ȵ-：刘 ȵiəu|柳 ȵiəu|帘 ȵin|怜 ȵin|恋 ȵin|棱 ȵien|岭 ȵiã|

　　　　　l-：辆 liɔŋ|流 liau|临 lin|林 lin|列 lie|

大冶金牛：ȵ-：怜 ȵiẽ|恋 ȵiẽ|

　　　　　l-：鲁 lu|屡 lei|了 lie|刘 liu|临 lin|卵 lœ|两 liã|炼 liẽ|

此现象的原因和T3>T4的原因相同，都是来母细音字读鼻音，都是与i介音发音机制有关，原因如上，兹不赘叙。

（5）T4>T5>T9

今黄石市区新派和黄州市区方言读为T9类型，即中古泥来母全混读为l-。这一形式看似与T8孝感方言相似，即中古泥来母全混读为l-/n-，但二者形成的原因却绝不相同。上文提到据汪化云《鄂东方言研究》（2004）中黄州方言属于T4，和赵元任《湖北方言调查报告》（1948）里的黄孝片其他方言点如蕲春、浠水、麻城、红安、英山等地一样，泥来母属于T4类型，即泥母洪音读n-，细音读ȵ-，来母无论洪细都读n-；但现在黄孝片大部分方言和黄石市区老派方言泥来母读音演变为类型T5，即泥母洪音读l-，细音读ȵ-，来母无论洪细都读l-；再到黄石市区新派方言、黄州市区泥来母今读类型演变为T9类型，即中古泥来母今无论洪细皆读为l-。这应该是一个持续的演变序列，和孝感方言中古泥来母的演变是不相同的。T9演变序列拟测如下：

表7 中古泥来母T4>T5>T9的演变序列拟测表

		T4	T5	T9
泥母	洪	n-	l-	l-
	细	ȵ-	ȵ-	l-
来母	洪	n-	l-	l-
	细	n-	l-	l-

在T4类型中，泥来母读音按音位相似性原则，由于ȵ-和n-音质差距较大，ȵ-和n-设为两个音位，泥母洪音后来演变为l-后，即类型T5；由于ȵ-和l-语音差异巨大，ȵ-和l-仍设为两个音位，但在T9阶段，ȵ-却直接演变为l-，这属于特殊的演变情况，在音理上无法解释。但我们可以从社会地理因素来考虑，这一现象可能是受武汉话的影响所致，今武汉话中古泥来母洪细不分，读为n-/l-为自由变体。由于黄孝地区毗邻西南官话武汉话，且泥来母无论洪细皆读l-的方言都仅限于城区方言（黄石市区和黄州市区方言），二者都是该地区的政治、经济、文化中心，方言比辖属的周边县（乡镇）变化快，更容易受到强势方言武汉话的影响。由于受武汉话泥来母不分的影响，二者在泥母洪音读l-、细音读ȵ-，来母无论洪细都读l-的基础上，将与l-听感差距巨大的ȵ-在细音字前直接变读为l-，形成泥来母洪细不分的类型，与武汉话靠拢。

（6）T0>T7>T8

上述演变序列，应从中古泥来母的原始形式说起，T0阶段为中古泥来母的原始时期即泥来有别阶段，T7阶段中古泥来母是按泥来母的洪细进行分化的，洪音读为一类n-/l-，细音读为一类ȵ-。《湖北方言调查报告》（1948）认为孝感话中n-是个变值音位，大致在洪音前读n-或l-不定，在细音前全部读n-，到王求是《孝感方言研究》（2013）认为孝感方言中古泥来母n-、l-混读，不分洪细，属于无条件音位变体。n-在孝感话中除做声母外，还做韵尾，l-只做声母不做韵尾，因此用n-表示音位。这是在T7类型基础上忽略语音上的洪细差别，直接洪细相混，混读为n-/l-，为T8阶段，T8阶段泥来母洪细相混读为n/l-。此阶段中古泥母没有经历过细音腭化阶段。具体演变序列拟测如下：

表8 中古泥来母T0>T7>T8的演变序列拟测表

		第一阶段 （泥来有别）	第二阶段 （洪细有别）	第三阶段 （n、l相混，读为n/l）
泥母	洪	n-	n-/l-	n-/l-
	细	n-	n-	n-/l-
来母	洪	l-	n-/l-	n-/l-
	细	l-	n-	n-/l-

四、结语

　　本文通过对鄂赣皖交界处中古泥来母的今读类型进行探讨，我们知道在该地区中古泥来母演变的总趋势是由分到合，且中古泥来母全分型是该区域的共同底层层次，如今仍占据主流。在全分型的基础上，处于北部的江淮官话黄孝片主体和赣语大通片部分方言点开始了中古泥来母由分到合的局部演变，最终个别方言点完成了中古泥来的完全合流，演变为全混性。且中古泥来母相混的原因，我们认为跟韵母的洪细、韵母元音舌位的高低前后、开口度的大小以及元音鼻化等因素都有一定的关系。另外，泥来母相混是一种常见的方言现象，不仅江淮官话黄孝片、赣语大通片存在，江淮官话其他小片以及西南官话也同样存在，这可能与近代人口迁徙路线以及长江水域有关，是值得更进一步探究的问题。

参考文献

［1］曹小霞，2012.星子方言语音研究［D］.江西师范大学硕士学位论文.

［2］陈凌，2019.江西省湖口方言研究［M］.北京：北京师范大学出版社.

［3］陈淑梅，1989.湖北英山方言志［M］.武汉：华中师范大学出版社.

［4］陈章太，李行健，1996.普通话基础方言基本词汇集·语音卷：下［M］.北京：语文出版社.

［5］储诚志，1987.安徽岳西方言的同音字汇［J］.方言（4）.

［6］冯法强，2014a.近代江淮官话语音演变研究［D］.南开大学博士学位论文.

［7］冯法强，2014b.江淮官话泥来母的今读类型及其演变［J］.南开语言学刊（2）.

［8］何大安，1988.规律与方向：变迁中的音韵结构［M］.中央研究院历史语言研究所.

［9］何磊，2011.江西乐平方言语音初探［D］.漳州师范学院硕士学位论文.

［10］何一凡，1983.从江西省某些方言看知彻澄章昌五母在上古的性质［J］.宜春师专学报（3）.

［11］胡松柏，2009.赣东北方言调查研究［M］.南昌：江西人民出版社.

［12］黄群建，1995.黄石方言语音记略［J］.湖北师范学院学报（5）.

［13］黄群建，2002.鄂东南方言音汇［M］.武汉：华中师范大学出版社.

［14］姜迎春，2021.江淮官话黄孝片武穴方言的去声三分成因探讨［M］//甘于恩.南方语言学：第17辑.广州：世界图书出版广东有限公司.

［15］刘纶鑫，1999.客赣方言比较研究［M］.北京：中国社会科学出版社.

［16］刘泽明，2004.客赣方言历史层次研究［D］.上海师范大学博士学位论文.

［17］卢继芳，2007.都昌阳峰方言研究［M］.北京：中国社会科学出版社.

［18］罗常培，1940.临川音系［M］.北京：商务印书馆.

[19] 邱磊, 2010. 鄂东北江淮官话研究 [D]. 南开大学博士学位论文.

[20] 孙宜志, 2002. 安徽宿松方言同音字汇 [J]. 方言 (4).

[21] 孙宜志, 2003. 江西赣方言来母细音今读舌尖塞音现象的考察 [J]. 南昌大学学报 (1).

[22] 孙宜志, 2007. 江西赣方言语言研究 [M]. 北京：语文出版社.

[23] 唐爱华, 2005. 宿松方言研究 [M]. 北京：中国社会科学出版社.

[24] 田恒金, 2009. 汉语方言"泥""来"二母相混类型研究 [J]. 河北师范大学学报 (1).

[25] 万波, 2009. 赣语声母的历史层次研究 [M]. 北京：商务印书馆.

[26] 王福堂, 1999. 汉语方言语音的演变和层次 [M]. 北京：语文出版社.

[27] 汪高文, 2019. 彭泽方言研究 [M]. 北京：商务印书馆.

[28] 汪化云, 2004. 鄂东方言研究 [M]. 成都：巴蜀书社.

[29] 王求是, 2014. 孝感方言研究 [M]. 武汉：华中师范大学出版社.

[30] 赵元任, 1948. 湖北方言调查报告 [M]. 北京：商务印书馆.

[31] 詹伯慧, 1991. 汉语方言及方言调查 [M]. 武汉：湖北教育出版社.

[32] 詹伯慧, 1981. 浠水方言纪要 [M]. 日本：龙溪书社.

[33] 中国社会科学院语言研究所, 中国社会科学院民族学与人类学研究所, 香港城市大学语言资讯科学研究中心, 2012. 中国语言地图集 [M]. 2版. 北京：商务印书馆.

The Pronunciation Types of The Middle Ancient Initials of Ni（泥）and lai（来）at the Junction of Hubei, Jiangxi and Anhui

JIANG Yingchun

Abstract: This article selects 29 dialects at the junction of Hubei, Jiangxi and Anhui to investigate the current pronunciation types of initials of ni（泥）and lai（来）at the junction. It can be summarized into three types: full classification, full mixing and semi-mixing. The three types are divided into 9 sub-categories, through the ranking of 9 sub-categories and the diachronic comparison of several dialect points, it can be inferred that the historical evolution trend of the middle ancient initials of ni（泥）and lai（来）pronunciation at the junction of Hubei, Jiangxi and Anhui is from division to integration. Finally, the evolution of this type is analyzed from the perspectives of sound theory and social geography.

Key words: The junction of Hubei、Jiangxi and Anhui, The pronunciation types of initials of ni（泥）and lai（来）, Evolution

河南新乡方言中的Z变音①

董一博

（暨南大学文学院/汉语方言研究中心　广东广州　510632）

【提　要】 河南新乡方言中有基本韵母43个，其中Z变韵母有12个。新乡方言有4种Z变音类型：融合型、拼合型、长音型、鼻音型。本文对河南新乡方言中的Z变音进行归类和分析，探求新乡方言中Z变音的规律，并对新乡方言Z变音的相关问题进行了讨论。

【关键词】 新乡方言　Z变音　变韵规律　演化

一、引言

1. 调查点和发音人

新乡市在河南省的北部，与郑州市、开封市隔黄河相望，与鹤壁市、安阳市毗邻；西连焦作市，并与山西接壤；东接油城濮阳市，总面积8249平方千米。《中国语言地图集》（2012）将新乡方言划归为晋语邯新片获济小片。新乡话有"子变韵"或者"Z变韵"，同河南郑州、焦作、开封、济源，山西阳城、晋城、陵川（侯精一，1985；侯精一、温端政，1993；乔全生，1995）等方言一样。新乡方言中的子变韵现象研究的成果目前只在史艳锋（2013）、甘于恩和董一博（2020）等的论著中有所提及。发音人张俊岭，男，1938年生，初小文化，退休工人。同时还参照了另外两名中老年男性发音人的发音。

2.新乡方言声韵调

（1）声母

新乡方言中有声母21个，包括零声母在内，如表1。

---

① 本文受到广东省普通高等人文社会科学重点研究基地暨南大学汉语方言研究中心的资助。

表1　新乡方言声母表

p	兵病八	pʰ	爬派片	m	门麦明	f	飞风副	v	味问温
t	多东毒	tʰ	天甜讨	n	脑南年	l	老蓝连		
ts	资坐张竹	tsʰ	刺草抽拆			s	丝三山手	z	热软若
tɕ	九酒精	tɕʰ	清全轻			ɕ	想谢响		
k	高共贵	kʰ	开阔葵			x	好灰活	ɣ	熬安鹅
∅	月云用药								

说明：

1. ts组声母在发音时略带舌叶音的色彩，有时会存在tʂ组声母的音位变体。

2. n在和开口呼、合口呼韵母相拼的时候为n，在和齐齿呼、撮口呼韵母相拼的时候为ȵ。

2. 韵母

新乡方言中共有43个韵母。其中阴声韵19个，阳声韵母15个，入声韵母8个，声化韵1个，具体如表2。

表2　新乡方言韵母表

ɿ	师丝试	i	戏米鸡	u	苦五猪	y	雨女虚
a	茶瓦拿	ia	架牙虾	ua	耍挂花		
ə	婆车河	iə	写鞋夜				
				uɤ	坐过活	yɤ	绝靴学
æ	摆开排			uæ	快槐乖		
ei	每赔飞			uei	对鬼灰		
ɑo	宝饱桃	iɑo	钓笑桥				
ou	豆走烧	iou	丢酒油				
ɛ̃	南山半	iɛ̃	盐天年	uɛ̃	端船官	yɛ̃	权选圆
ən	门深根	iən	品林新	uən	寸滚春	yən	俊云寻
aŋ	糖王双	iaŋ	良响讲	uaŋ	床光狂		
əŋ	灯升横	iəŋ	病灵星	uəŋ	东空红	yəŋ	从兄用
əʔ	十直尺	iəʔ	急七锡	uəʔ	鹿骨出	yəʔ	橘局宿
aʔ	塔八北	iaʔ	鸭接节	uaʔ	刮郭绿	yaʔ	月药绿
l̩	儿二贰耳¹						

说明：

1. a、ia、ua中的a发音偏央，其实际音值是ᴀ、iᴀ、uᴀ。

2. ə在和唇音声母相拼时会带有u的滑音，实际音值是ᵘɤ。ə、əŋ、əʔ在和ts组声母相拼时会带有ɿ，实际音值是ɿɤ、ɿɤŋ、ɿɤʔ。

3. iə、yə韵母中主要元音音值的偏低，其实际音值是ɐ。

4. ei、uei在阳平和去声的音节中实际音值是ᴇi、uᴇi。

5. æ、uæ在阳平和去声的音节中读得较松,会带有后滑音a,其实际音值是æᵃ/uæᵃ。
6. aŋ、iaŋ、uaŋ在阳平和去声的音节中会带有鼻音,且主要元音为ʌ,其实际音值是ʌ̃、iʌ̃、uʌ̃。
7. ieŋ在去声音节中实际音值是iʌŋ。
8. uəŋ、yəŋ中的ə为滑音,其实际音值是uᵊŋ、yᵊŋ。
9. yəʔ中的ə不明显,ə为滑音,其实际音值是yᵊʔ。

（3）声调

新乡方言中的单字调中有5个调类,分别是阴平、阳平、上声、去声、入声。

表3　新乡方言的声调表

调类	调值	例字
阴平	34（33）	东该灯风通开天春
阳平	52	门龙牛油铜皮糖红盒
上声	55	懂古鬼九统苦讨草买老五有
去声	31	动罪近后冻怪半四痛快寸去卖路硬乱洞地饭树六
入声	34	谷百搭节急哭拍塔切刻麦叶月毒白罚

说明:
1. 阴平有34和33两种调值,为自由变读,记作34。
2. 去声31略带拖音,其实际的调值是311。

二、新乡方言中的子变韵

子变韵指的是通过韵母变化的方式表示和大多北方话子尾相同的韵母形式,有表示小称的意义。也称子化变音,或者是Z变音。通常认为这种变韵形式是和儿化韵类似的一种变韵形式,子变韵由"子"尾词缀参与,并采取和儿化变韵一样的变韵方式而形成的,故称其为"子变韵"。吕枕甲（1991）提出,子变韵系词根音节基本韵母与"子"后缀合读而成。而王洪君（1999）认为其演变链缺少一些环节,所以不能确定"-子"就是其本源字。因难以考察其中构形语素是否为"子",故又将其称为"Z变音"。为了便于叙述,下文统一称Z变音为子变韵。

1. 新乡方言子变韵母与基本韵母的对应关系

新乡方言中存在子变韵,是由基本韵母演变而来的,我们把新乡方言中的基本韵与子变韵大致对应情形进行整理和归纳,发现并非基本韵相同就会产生子变韵,"子"尾或者儿化的情形也有出现,具体的这些被取代的情况我们将在下文进行讨论。表4列出新乡方言中的基本韵母与子变韵母的对应关系,在字的右上方加"z"表示子变韵母,如"狮ᶻ"表示"狮"字的子变韵母。

表 4　新乡方言子变韵母与基本韵母对应表

ɿou（<ɿ）	iou（<i ei）		
ɔ（<ə au ?ɣ）	iɔ（<ia iə iau uæ iɛʔ yɛʔ）	uɔ（<uɣ）	ɔ（<æ）
aŋ（<ɛ̃）	iaŋ（<iɛ̃）	uaŋ（<uɛ̃）	
ã（<aŋ）			yã（<iaŋ）
iŋ（<ən/iən）			

说明：

1. 新乡方言中的子变韵不会发生变调。
2. 狮ᶻsɿou³³、柿ᶻsɿou³¹、蚊ᶻviŋ⁵²等偶尔也读成长音型的变韵：狮ᶻsɿ:ou³³①、柿ᶻsɿ:ou³¹、蚊ᶻvi:ŋ⁵²。

2. 新乡方言中子变韵的类别

新乡方言单字音系中有21个基本韵母发生子变韵，在变韵后产生12个子变韵形式。王福堂（1999）认为子变韵可以分为3种，分别为融合型、拼合型以及长音型，不同类型子变韵的变韵方式，经常多种同时见于一个方言。新乡方言中的子变韵具备了融合型、拼合型和长音型，还多了特有的鼻音型。融合型是指子尾和前一语素的韵母在合音后形成另一种形式的韵母，子尾因融合已经无法辨认出来了。如山西阳城：把pa>pɔ:把ᶻ。拼合型是指子尾和前一语素的韵母在合音后形成子变韵后，子尾位于韵尾的位置，我们可以在语音上和韵腹元音进行区分。如山西闻喜：杯pi+子u>杯ᶻpi:əu。长音型是指"子"尾音节中的声、韵、调都消失，只有保留了音长，然后和前一语素的韵母融合，进而形成了一个长音节的子变韵。在一些方言中生成子变韵的时候还同时伴有变调，如山西临琦：孙ɕyẽ³¹>孙ᶻɕyẽ:i²¹¹，新乡方言中的子变韵没有出现变调。现将新乡方言中的基本韵母和子变韵母之间的对应关系进行分类，具体如下：

A. æ>ɔ　ia>ɔ　iə>ɔ　iau>ɔ　uæ>ɔ　iɛʔ>ɔ　yɛʔ>ɔ　ə>ɔ　au>ɔ　ɣ>ɔ

B. i>iou　ei>iou　ɿ>ɿou

C. ɛ̃>aŋ　iɛ̃>iaŋ　uɛ̃>uaŋ　aŋ>ã　iaŋ>yã　ən/iən>iŋ

（1）融合型。A组的子变韵属于融合型，其变韵的形式为前字音节的部分跟子尾合音后，会产生一个新的韵母。

（2）拼合型。B组的子变韵属于拼合型，其变韵的形式为基本韵与子尾[au]合音而成。

（3）鼻音型。C组的子变韵属于鼻音型，其变韵的形式是咸山摄韵母的基本韵为鼻化韵[ɛ̃、iɛ̃、uɛ̃]，在变韵之后鼻音韵尾变为后鼻音[aŋ、iaŋ、uaŋ]。宕江摄韵母[aŋ、iaŋ]在变韵后变为鼻化韵[ã、yã]，深臻摄韵母[ən/iən]在变韵后则变为后鼻音韵母[iŋ]。

（4）长音型。新乡方言子变韵的长音型濒临消失，偶尔会读成长音型，如：狮ᶻsɿ:ou³³、

---

① 例字中的冒号表示长音。

柿ᶻsʅ:ou³¹、蚊ᶻvi:ŋ⁵²，其演变过程有待进一步考察。

3. 新乡方言子变韵举例

下文将按照表4的顺序分别举例。每个子变韵母都另起一行，一个子变韵母对应多个基本韵母时，用竖线"|"隔开。

（1）ʅou（＜ʅ）

狮ᶻsʅou³³ 柿ᶻsʅou³¹ 铁丝ᶻtʰiəʔ³⁴sʅou³⁴

（2）iou（＜i ei）

椅ᶻiou⁵⁵ 鼻ᶻpiou⁵² 李ᶻliou⁵⁵ 里ᶻliou⁵⁵ 皮ᶻpʰiou⁵² | 被ᶻpiou³¹ 杯ᶻpiou³⁴ 鸡ᶻtɕiou³⁴ 砖坯ᶻtsuẽ³⁴pʰiou³⁴

（3）ɔ（＜ə au ɐʔ）

车ᶻtsʰɔ³³ 盒ᶻxɔ⁵² | 嫂ᶻsɔ⁵⁵ 帽ᶻmɔ³¹ | 袜ᶻvɔ³¹

（4）iɔ（＜ia iə iau æ uæ ieʔ）

一大家ᶻieʔ⁵²ta³¹tɕiɔ³³ 一下ieʔ³⁴ɕiɔ³¹ | 茄ᶻtɕʰiɔ⁵² | 半吊ᶻpẽ³¹tiɔ³¹ 小ᶻɕiɔ⁵⁵ | 孩ᶻxiɔ⁵² 筛ᶻsʅɔ³³ | 筷ᶻkʰiɔ³¹ | 蝎ᶻɕiɔ³³

（5）uɔ（＜uɤ）

骡ᶻluɔ⁵²

（6）aŋ（＜ɛ̃）

扇ᶻsaŋ³¹

（7）iaŋ（＜iɛ̃）

剪ᶻtɕiaŋ⁵⁵ 钳ᶻtɕʰiaŋ³¹

（8）uaŋ（＜uɛ̃）

椽ᶻtʂʰuaŋ⁵²

（9）ʌ̃（＜aŋ）

房ᶻfʌ̃⁵²

（10）yʌ̃（＜iaŋ）

脚腢ᶻtɕyɐʔ⁵⁵tɕyʌ̃⁵⁵

（11）iŋ（＜ən iən）

蚊ᶻviŋ⁵² | 妗ᶻtɕiŋ³¹

（12）yɔ（＜yɐʔ）

坐月ᶻtʂuɤ³¹yɔ³⁴ 墙角ᶻtɕʰiaŋ⁵²tɕyɔ⁵⁵

三、新乡方言中子变韵的演化条件与过程

子变韵母，在不同方言中根据不同的韵而演变，表现形式很繁杂。共同之处正如王洪君（1999）所述，可以用前字单字韵母的特征与一个具有"+后+圆"特征的后缀的合

音过程而去解释。导致子变韵的产生大致上可分为[ə]类和[u]类两种。所以，把子变韵的初始后缀拟测为[u]应该是比较可靠的。但是，不具备"+后+圆"特征的[ə]类子尾如何会形成变韵就比较难解释。"[ə]类子尾形成的子变韵比较少见。"王福堂（1999）发现。因此，我们不需要认为[ə]类子尾会直接合音，进而形成子变韵。现有的材料更加支持由[ə]类子尾先演变为[u]类子尾，然后合音进而变韵。

目前，对子变韵形成过程的解释，王洪君和王福堂的说法较为详尽。王洪君认为子变韵的构词方法为"二合一"式的语音构词法，是经过历时演变而产生的结果。在此演变过程中，"词干+子尾"的结构，经历了"两个正常音节>一个正常音节+一个轻声音节>一个长音节>一个模式特殊、长度正常的音节>一个正常音节"的系列变化。王福堂则把子变韵从共时表现上进行分类，将子变韵分成了3个类型：1.融合型。2.拼合型。3.长音型。这3种类型从本质上来说是对王洪君所提出的合音词历时演变路径的进一步细化。这3种类型已经超越了"一个正常音节+一个轻声音节"的演变阶段，但是，变韵后的音节还未发展成为一个正常的音节。所以，目前能够查找到的子变韵的情况，都属于合音词在长音节这一演化阶段的不同表现。

史艳锋将弱化的"子"尾类型分为9类：1.[ɿ]类。2.[ə]类。3."子"尾的元音在丢失声母之后比较容易受到前字韵尾的影响。4."-子"tə>tɯ>təu>əu>-ʊ的弱化过程。5."-子"读[tʰou]，可能是由轻声造成的。6."-子"读[u]，由于受前一音节元音韵尾的影响。7.韵母央、后元音多被关注，"子"尾韵母为前元音的则比较少见。8.子尾读音演变是tei/nei>nei>lei。9."-子"变为鼻音或者鼻化韵母，要么是受到前字鼻音韵尾或者是鼻化韵的影响，要么是受到"子"尾鼻音声母影响的结果。

综上，我们可以整理出一条"子"尾后缀的读音在合音之前的演化路径。最初的读法与临汾、洪洞等地的情况类似，和方言中的"子"字读音相同，都为[tsɿ]。

然后，"子"尾开始弱化。弱化首先发生在"子"的舌尖元音[ɿ]，其发展有几个不同的方向。1."子"音节轻声化，从而舌尖元音[ɿ]低化为前元音[ɪ]或[e]，进一步低化到[ɛ]，或是裂化为[ei]。2.舌尖元音[ɿ]央化为[ə]，音节轻声化后有些被记为促化的[əʔ]。实际上两者分别不大，[ə]的具体音值易受前字音节的元音影响。

后来，央化了的[ə]演化为[ɯ]，如吴建生、赵宏因将万荣"子"记作[tɯ]。陈卫恒认为，从韵腹为央元音的"子"到[o/u]为韵尾的子变韵的演变中，[ɯ]起着传递作用，所以，[ɯ]又可以进一步发展为[əu]。吴云霞则正是将万荣的子变韵记作[təu]。从万荣子变韵的发展来看，可以将这条演化链写为ə>ɯ>əu。[əu]又可以进一步演化为[-ʊ]与前字的音节合音，直到最后全部演变完成。

从声母来看，先由塞擦音[ts]弱化为塞音[t]，然后再由塞音[t]弱化为没有阻塞的近音[l]，接着由近音[l]进一步弱化为零声母，进而为变韵的合音创造了条件。

新乡方言子变韵的明显特点，咸山摄的鼻韵尾由基本韵的鼻化韵变为后鼻音韵尾。一般的情况是非鼻音韵直接拼合成"X+-u/-ɔ"的形式。从单元音韵母[ɿ、i]的合音情况来看，在河南新乡方言发生合音的时候，子尾的读音处于［ou］的阶段。比较特别的例子是来自蟹摄的æ>iɔ，但正如王洪君所拟测的获嘉方言一样，共时的ai可能来自于历时的*ɛ，而合音正是发生在［*ɛ］尚未变成［ai］的时期。后来［*ɛ］经历了ɛ>ai的音变，而早期的读音形式则依旧保留在变韵中。而长音节子变韵大多失去了其特殊的音长，成为一般的拼合型子变韵［ou］；［u］尾再和韵腹元音合音，成为融合型子变韵［ɔ］，个别时候会出现自由变读，读作长音型。

四、结语

由于语言的经济性原则的作用，新乡方言中产生了合音现象。新乡方言中的Z与周边方言子变韵的共性是都具备了融合型、拼合型和长音型，但是长音型的子变韵濒临消失，只是偶尔会读成长音型。此外，新乡方言中的子变韵还多了特有的鼻音型。当然，新乡方言中子变韵也存在比较难解释的形式，如"锥""筷"等个别字，在变韵后介音出现了变化就属于较为特殊的现象，但是这种情况较为少见，所以暂时还未去推测其来源，也希望有更多的报道。

参考文献

[1] 陈卫恒，2003.林州方言"子"尾读音研究［J］.语文研究（3）：53-59.
[2] 甘于恩，董一博，2020.河南新乡方言子变韵的语音类型［J］.方言（2）：207-215.
[3] 贺巍，2003.获嘉方言研究［M］.北京：商务印书馆.
[4] 贺岩，张慧丽，2016.从边音到圆唇——Z变韵形成的一种可能途径［J］.现代语文（语言研究版）(5)：33-39.
[5] 侯精一，温端政，1993.山西方言调查研究报告［M］.太原：山西高校联合出版社.
[6] 侯精一，1999.现代晋语研究［M］.北京：商务印书馆.
[7] 刘雪霞，2006.河南方言语音的演变与层次［D］.复旦大学博士学位论文.
[8] 吕枕甲，1991.运城方言志［M］.太原：山西高校联合出版社.
[9] 乔全生，1995.山西方言"子尾"研究［J］.山西大学学报（哲学社会科学版）(3)：55-65.
[10] 沈慧云，1983.晋城方言的"子尾"变调［J］.语文研究（4）：67-68.
[11] 史艳锋，2013.孟州南庄方言中子变韵尾对声母/韵头的同化/异化［J］.宁夏大学学报（人文社会科学版），35（2）：73-77.
[12] 王福堂，1999.汉语方言语音的演变和层次［M］.北京：语文出版社.
[13] 王洪君，1999.汉语非线性音系学［M］.北京：北京大学出版社.
[14] 王洪君，2004.从山西闻喜的小方言差异看Z变音的衰变［J］.语文研究（1）：1-7.
[15] 王临惠，1993.临猗方言的子尾与子变韵母［J］.山西师大学报（社会科学版）(1)：

96-99.

[16] 王士元, 2013. 演化语言学论集 [M]. 北京：商务印书馆.

[17] 夏俐萍, 2012. 河南封丘赵岗方言的子变韵 [J]. 方言 (3): 200-210.

[18] 辛永芬, 2006. 河南浚县方言的子变韵 [J]. 方言 (3): 245-254.

[19] 张慧丽, 2017. 官话方言变韵研究 [M]. 北京：北京大学出版社.

Z Rhyme Change in Xinxiang Dialect of Henan Province

DONG Yibo

Abstract: There are 43 basic vowels in Xinxiang dialect of Henan Province, of which there are 12 vowels for Z changed final. There are four types of Z rhyme change in Xinxiang dialect: fusion type, combined type, long sound type, and nasal type. This article categorizes and analyzes the Z diacritics in Xinxiang dialect of Henan, explores the law of Z rhyme change in Xinxiang dialect, and discusses the related issues of it.

Key words: Xinxiang dialect, Z rhyme change, rhyming law, evolution

▶ 语法、语用与语言类型◀

襄阳方言副词"儘"的话语关联和语义情态

阮秀娟

(暨南大学文学院 广东广州 510632)

【提 要】本文以语义语法为理论指导,按照从话语到句子的分析顺序,运用话语逻辑、句法验证、正反验证与认知解释的方法,论证襄阳方言副词"儘"句"违意消极"的话语功能,并验证"儘"的语义情态。首先,从逻辑上分析"儘"句与前句和后句之间的逻辑层次,分为内层转折关系和外层因果关系。其次,通过句法同现成分和正反验证法可以证明"儘"句与其前后句之间的内外层语义关系。前句让步待转句表达现实让步义,"儘"字转折句表达持续违意义,而"儘"字句的后续结果句表达思行消极义,进而证明"儘"的"违意消极"话语功能。最后,通过形式验证和正反验证的方法揭示"儘"的情态链,将"儘"的情态内涵概括为"过度致烦",并勾勒出襄阳方言副词"儘"的话语功能和情态内涵图。

【关键词】内层转折 外层因果 违意消极 过度致烦

正如詹伯慧(2004:46-53)所说:"汉语方言的研究在语法方面业已打破长期以来冷冷清清、明显滞后的局面,出现了日趋繁荣的势头。"詹先生肯定了方言语法在方言研究中的地位,引人深思。方言副词的意义有的实在,有的虚化,有的需要根据单句去理解,有的需要结合话语去分析。如何准确提取副词的语义,揭示副词的逻辑、语义、情态之间的关联性,是现代汉语副词研究和方言副词研究的重要问题。

一、前人关于方言词"儘"的研究

"儘"$tɕin^{24}$是襄阳方言高频使用的一个词,在其他方言中也有应用,如"江西吉水方言、湖北宜昌方言、湖北罗田方言"等。前人关于方言词"儘"的研究主要包括历时探源和共时析用两个方面。

首先，在历时探源方面，徐英（2017：184-192）认为罗田方言中"尽"表示被动的来源，经历了"尽₁（任凭）→尽₂（使役）→尽₃（被动）"的语法化发展过程。而丁爱玲（2019：36-40）提出宜昌方言中"尽（儘）"是常用的被动标记，它最初表示"空"义，后引申为"尽管、任凭"弱使役义，由"尽管、任凭"义发展为"让"强使役义，最后从使役义发展为被动义。魏艳（2020：22-25）提出襄阳方言中的"儘"就保留了现代汉语普通话所消失的"儘"的用法，从历时方面探究了襄阳方言词"儘"作动词、副词和介词用法的来源问题。"儘"作动词，为"任凭、使"之义。"儘"作副词"最，极"的用法，由"盡"的"极、完"义发展而来；作为副词的另外一个用法表示"总是、老是"由"盡"的"全部、所有"义发展而来，由具体的领域隐喻为抽象的领域，从而有了时间上的"不尽"义，表示"总是、老是、一直"义则只在方言中才有该用法，现代汉语普通话中是没有的。"儘"作为介词，完全由襄阳方言自身演化而来，并且是由"极"义衍生，"极"在空间上表示某地范围的边缘，在时间上表示截止日期的边界；作介词还有一种用法即"任凭"义，该义的用法由动词虚化而来"儘"的。李桂兰（2020：303-310）提出江西吉水强调语气副词"儘"的演变路径为：时间副词（＞程度副词）＞确认语气副词＞强调语气副词。前人关于"儘"的历时来源研究为其的共时研究奠定了基础，为提取襄阳方言词"儘"的语义提供了历史依据。

其次，在共时用法分析方面，徐英（2017：184-192）提出罗田方言中的"尽"可以作动词、介词和副词，还可以表示被动。其中副词"尽"具有"都、尽量、总是、一个劲儿地"等的意思，与襄阳方言副词"儘"的用法相似。丁爱玲（2019：36-40）也分析了宜昌方言"尽（儘）"表被动的用法。魏艳（2020：22-25）提出了襄阳方言"儘"作动词、副词和介词的用法，但只是简单列举了"儘"作动词、副词和介词的用法，缺乏句法验证性，没有将"儘"放在话语中提取出"儘"的精确语义特征和情态特征。李桂兰（2020：303-310）提出江西吉水方言"儘"表总括和强调语气，表总括时总括有定的复数主语，强调对象的个体性，虽与襄阳方言词"儘"的用法不同，但前人研究方法值得借鉴。

总的来说，"儘"在不同的方言中有不同的用法和意义，正如刘新中（2003：113-118）所说："汉语方言分区应该从整体上把握语言的特征，即从语音、词汇、语法等语言的整体诸要素出发来综合考虑。"在罗田方言中的"儘"可以作动词、介词和副词，表示被动，有"都、尽量、总是、一个劲儿地"的意义；在宜昌方言中的"尽（儘）"表被动用法；在江西吉水方言中的"儘"表总括和强调语气；以及在襄阳方言中主要用作动词、副词和介词。本文以语义语法为理论（邵敬敏，2004；赵春利，2014）指导，按照从话语到句子的分析顺序，运用话语逻辑、句法验证、正反验证与认知解释的方法，论证襄阳方言副词"儘"句的"违意消极"话语功能，并验证其的语义情态。

二、襄阳方言副词"儘"的话语关联和逻辑层次

襄阳方言词"儘"主要用作动词（1a）、介词（1b）和副词（1c）。本文主要研究"儘"作副词时的话语关联和句法分布，以提取襄阳方言副词"儘"的核心语义和情态内涵。

(1) a. 我不想坐，<u>儘</u>他坐吧。
　　 b. <u>儘着这碗饭吃</u>，吃完再盛。
　　 c. 我想回去，可他却<u>儘</u>说。

其实副词"儘"所在的小句与前句和后句之间存在着明显的逻辑和语义关联性，这种句子与句子之间基于逻辑语义关系所形成的关联性叫做话语关联（吴婷燕、赵春利，2018：358-371）。理清"儘"句与前后小句的逻辑关系与层次，对于理清"儘"句与前后小句的语义关系具有重要意义。

从实际方言语料来看，"儘"句与前句和后句之间的逻辑层次分为内层转折关系和外层因果关系，而这一逻辑层次所反映的语义功能为"现实让步义、持续违意义、思行消极义"，即"言者认为已经做出了现实的让步，但对方仍然持续违背意愿，导致言者产生消极的思想或行为"，可以将"儘"句的话语功能概括为"违意消极"。襄阳方言副词"儘"的整体话语功能、逻辑层次和语义功能及其例句可以通过图1表示出来：

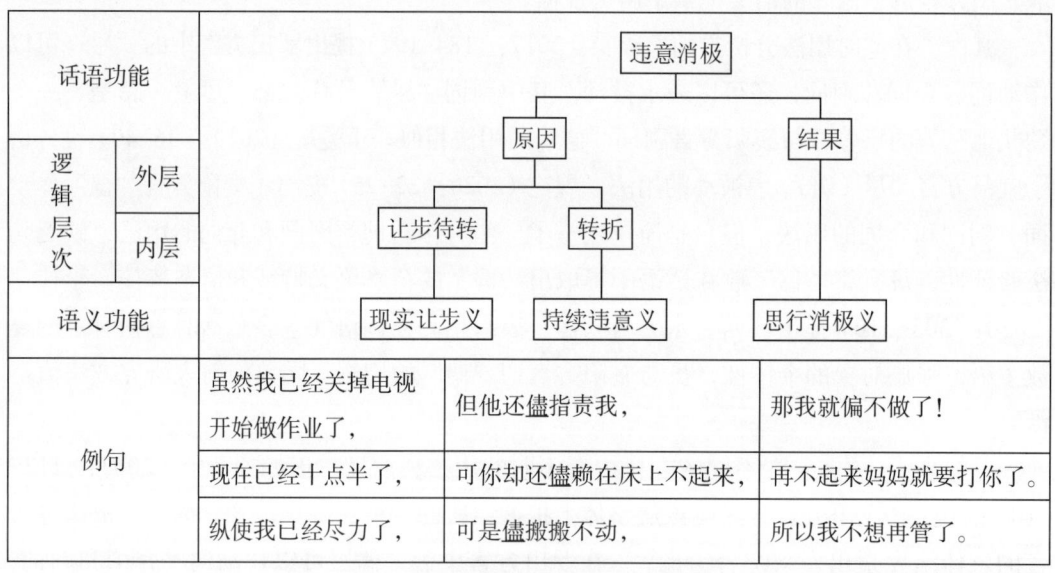

图1　襄阳方言副词"儘"的话语关联

为什么将副词"儘"句与前后句之间的逻辑层次分为外层因果关系和内层转折关系呢？可以通过连词出现的先后顺序和逻辑认知加以论证。从外部来看，副词"儘"所在的转折小句，和"儘"句前面的让步待转小句构成了"儘"句后结果句的整体原因背景，可以通过结果句中经常出现"那就、就要、所以、因此、那……"等加以证明；从内部来看，"儘"句和其前面的让步待转句之间构成转折关系，一起充当结果句的背景原因

句,可以通过让步待转句和"儘"句通常由连词"虽然……但是、……可……、纵使……可是、……但……"等连接加以证明,如例(2):

(2)a.我已经按照你的要求做了,但你却<u>儘</u>在那儿抱怨,那你让我怎么办!

b.孩子已经吃了两碗了,可你还<u>儘</u>喂他,你想撑死他啊!

c.虽然从昨天到现在我一直在做作业,但是<u>儘</u>做做不完,烦死了!

因此,"儘"句与前后句之间的逻辑层次呈现内层转折关系和外层因果关系,揭示逻辑关联是揭示语义关联的基础。那么"儘"句与其前句之间的内层转折关系中折射了何种语义关系呢?"儘"句与其后句之间的外层因果关系中又折射了何种语义关系呢?解决这两个问题才能有效地验证"儘"的"违意消极"话语功能。

三、襄阳方言副词"儘"句的语义层次

"儘"句与其前句之间的内层转折关系中折射了何种语义关系呢?解决这个问题必须考察让步待转句和"儘"字转折句之间的语义功能。

让步待转句表达的主要是现实让步义,"儘"字转折句则表达的主要是持续违意义。让步待转句和"儘"字转折句一起使用主要表达了言者做出了现实的让步但仍然承受持续违意的行为。通过句法成分同现法和正反验证法可以证明"儘"句与其前句之间的内层语义关系。

1. 让步待转句的现实让步义

让步待转句中通常可以出现表示让步的关联词"虽然、即使、纵然、尽管、纵使"等,而不能出现表示"假设、条件、目的"的关联词,说明让步待转句含有"让步性"特征,如例(3):

(3)a.【虽然】我们和好了,但你<u>儘</u>提以前的事,让我不得不考虑我们的关系。

*【如果】我们和好了,但你<u>儘</u>提以前的事,让我不得不考虑我们的关系。

b.【尽管】他酒量不好,他还<u>儘</u>喝,最后喝倒了。

*【只要】他酒量不好,他还<u>儘</u>喝,最后喝倒了。

c.【纵然】一切都好起来了,可他还是<u>儘</u>在那里抱怨,让人不得安生。

*【为了】一切都好起来了,可他还是<u>儘</u>在那里抱怨,让人不得安生。

让步待转句中通常可以出现表示现实或短时即将实现的词语"现在、已经、快要、马上、将要"等,而不能出现表示未来长久不确定的词语"将来、可能、将、也许、好像"等,说明让步待转句含有"现实性"特征,如例(4)。其实让步待转句末通常出现动态助词"了",而不能出现"着、过",如例(4),也可以证明让步待转句的"现实义"。

(4)a.【现在】已经12点【了】,你还<u>儘</u>在酒吧玩,你妈都担心死了。

*【将来】已经12点了,你还<u>儘</u>在酒吧玩,你妈都担心死了。

*【现在】已经12点【着/过】,你还儘在酒吧玩,你妈都担心死了。

b.大家都【已经】吃完半天【了】,他还儘搁那吃,急死个人。

*大家都【将】吃完半天了,他还儘搁那吃,急死个人。

*大家都【已经】吃完半天【着/过】,他还儘搁那吃,急死个人。

c.火车【快要】开【了】,你还儘在那儿墨迹,一会赶不上了!

*火车【也许】开了,你还儘在那儿墨迹,一会赶不上了!

*火车【快要】开【着/过】,你还儘在那儿墨迹,一会赶不上了!

综上所述,让步待转句既具有"让步性"特征,又具有"现实性"特征,可以将让步待转句的语义概括为"现实让步义"。

2."儘"字句的持续违意义

在"儘"字句中,副词"儘"后同现的动词主要是可持续性动词,如"吃、喝、睡、玩、打、站、坐、说、学、学习、看"等,而不可持续的瞬间义动词"死、丢、得到、看见"等一般不与"儘"同现,可以证明"儘"字句具有"持续性",如例(5):

(5)a.你老婆都被你气走了,你还儘【站】着不动,真让人着急。

*你老婆都被你气走了,你还儘【死】着不动,真让人着急。

b.已经11点啦,你还儘在书房【学习】,明天上课又没精神!

*已经11点啦,你还儘在书房【得到】,明天上课又没精神!

c.看了一眼还不够,你还儘【看】,小心被人当色狼!

*看了一眼还不够,你还儘【看见】,小心被人当色狼!

此外,从与前句的语义契合度上来看,"儘"字句具有"违意性"特征,"儘"句的前句一般具有现实让步义,实际上是希望"儘"字句的主体能够顺应前句的意愿而行动,但"儘"字句却总是违背前句的意愿。如例(6)中,"你老婆都被你气走了"按理说"你"应该去追,但是"你"却一直站着不动;"已经11点啦"按理说"你"应该休息了,但"你"却还一直在学习;"看了一眼"按理说就不应该再看了,可"你"却还盯着看,明显违背了言者的意愿。其实,通过"儘"字句中通常出现表示强转折性词语"可是、但、却、可"等也可以证明"儘"字句的"违意性"特征,如例(6)。

(6)a.你老婆都被你气走了,你【却】儘站着不动,真让人着急。

b.已经11点啦,你【还】儘在书房学习,明天上课又没精神!

c.看了一眼还不够,【可】你儘盯着看,小心被人当色狼!

因此,"儘"字句既具有"持续性"特征,又具有"违意性"特征,可以将"儘"句的语义概括为"持续违意义"。

让步待转句和"儘"字转折句一起使用,主要表达了言者做出了现实的让步但仍然承受持续违意的行为。那么,"儘"句与其后结果句之间的外在因果关系中又折射了何种语义关系呢?通过句法成分同现法和正反验证法同样可以证明"儘"句与其后句之间的外层语义关系。

让步待转句表达的主要是现实让步义，"儘"字转折句主要表达的是持续违意义，而"儘"字句后的结果句则主要表达了思行消极义。

3. 结果句的思行消极义

结果句通常表示言者的思想或行为，可以通过结果句中高频出现的表示思想或行为的成分"想、思想、灵感、做、办"等加以证明，如例（7），说明结果句具有"思想性和行为型"，统称为"思行义"。

(7) a. 你已经写了一天论文了，你这样儘写，不会有【灵感】的。
　　b. 还有一周时间，我的实验儘做做不完，可怎么【办】呀！
　　c. 她都哭了，你还儘骂她，你【想】跟她【绝交】？

结果句中通常还出现表示负面消极情绪的词语"不积极、死、不想、坏、放弃"等，可以证明结果句还具有"消极义"，例如：

(8) a. 饭点马上就过了，你还儘坐着不动，吃饭【不积极】思想有问题！
　　b. 从昨天晚上开始写作业，写到现在，儘写写不完，真的【不想】写了！
　　c. 玩游戏玩一会儿是个意思，你倒好儘玩，眼睛都【搞坏】了！

可见，"儘"句后续的结果句既具有"思行性"，又具有"消极义"，可以将结果句的语义概括为"思行消极义"。

综上所述，"儘"句与前句和后句之间的逻辑层次分为内层转折关系和外层因果关系。前句让步待转句表达的主要是现实让步义，"儘"字转折句则主要表达的是持续违意义，让步待转句和"儘"字转折句一起使用主要表达了言者做出了现实的让步但仍然承受持续违意的行为。而"儘"字句的后续结果句主要表达思行消极义，与前面的让步待转句和"儘"字句一起出现表示"言者认为已经做出了现实的让步，但对方仍然持续违背意愿，导致言者产生消极的思想或行为"，证明了襄阳方言副词"儘"的话语功能为"违意消极"。

四、襄阳方言副词"儘"的情态内涵

襄阳方言副词"儘"具有"违意消极"的话语功能，这种话语功能能够激活人们的情态，具体来说表现在认知上的过度性、情感上的不满性、意向上的致果性和态度上的烦躁性。可以通过形式验证和正反验证的方法揭示"儘"的情态内涵。

1. 认知上的过度性

从认知上看，"儘"所选取的持续性行为"吃、喝、睡、玩、坐"等违背了言者的意愿，并且在频次或时量上超过了言者的预期，体现出"过度性"。可以通过高频使用的过度重叠式"儘V儘V、儘VV不完、儘V呀V不完、儘VV不够"等加以证明，如例（9）。相反，副词"儘"不能与短时表现形式"儘VV一下、儘VV一会、儘VV一瞬间"等同现可以反证"儘"在认知上的过度性，如例（10）。

(9)a.玩游戏玩一会儿是个意思,你倒好尽玩玩不够,是不是想挨打?!

b.一直在做作业,尽写写不完,好累啊!

c.你讲了半天了,尽讲呀讲不完,我耳朵都要起茧子了。

(10)a.*玩游戏玩一会儿是个意思,你倒好<u>尽玩玩一下</u>,是不是想挨打?!

b.*一直在做作业,<u>尽写写一会</u>,好累啊!

c.*你讲了半天了,<u>尽讲讲一瞬间</u>,我耳朵都要起茧子了。

2.情感上的不满性

从情感上来看,"尽"所关联的情感表现出明显的不满性。可以通过"尽"句后面的结果句通常出现表示"不满、无奈"的感叹和疑问句"太无语了、多浪费时间啊、真讨人厌、那怎么办"等证明其"不满性",如例(11)。相反,"尽"句后面的结果句通常不能出现表示"满意"的小句"太好了、多珍惜时间啊、真喜欢、我知道怎么做了"等,如例(12),可以反证"尽"激活的情感上的不满性。

(11)a.玩游戏玩一会儿是个意思,你倒好<u>尽玩</u>,<u>多浪费时间啊</u>!

b.一直在做作业,<u>尽写写不完</u>,<u>太无语了</u>!

c.你说了一天了,<u>尽在哪儿说</u>,<u>真让人讨厌</u>!

(12)a.玩游戏玩一会儿是个意思,你倒好<u>尽玩</u>,<u>多珍惜时间啊</u>!

b.一直在做作业,<u>尽写写不完</u>,<u>太好了</u>!

c.你说了一天了,<u>尽在哪儿说</u>,<u>真让人喜欢</u>!

3.意向上的致果性

从意向上来看,"尽"所关联的意向表现出明显的致果性,这种结果一般都是消极负面的,而不是积极正面的,可以通过结果句中通常出现表示负面消极情绪的词语"不积极、死、不想、坏、放弃"等,以及表示消极义的动结式"V死、V倒、V残、V绝、V坏"等加以证明,如例(13):

(13)a.他已经跪地求饶了,你还<u>尽打</u>,你是想把他<u>打死</u>吗?!

b.一直做作业做到现在,<u>尽做做不完</u>,真的<u>不想做了</u>!

c.玩游戏玩一会儿是个意思,你倒好<u>尽玩</u>,眼睛都<u>搞坏了</u>!

4.态度上的烦燥性

从态度上来说,"尽"所关联的态度表现出明显的烦燥性。通过结果句中高频出现的"烦、烦躁、烦人、烦死了、好烦、烦不烦、你不烦啊"等表示厌烦的成分,可以证明了其"烦躁性"特征,如例(14):

(14)a.作业太多了,尽写写不完,<u>好烦啊</u>!

b.已经说了,过去的事就过去了,你尽说尽提,<u>烦不烦</u>!

c.说了半个小时了,尽在那里唠叨,<u>你不嫌烦啊</u>!

实际上,襄阳方言副词"尽"的情态链不是孤立的,而是相互联系的,处于因果链条之中。认知上的过度性导致了情感上的不满,情感的不满进一步导致意向上的消极负面后果，进而表达了言者的烦躁态度。基于此，可以将"儘"的情态内涵高度概括为"过度致烦"。

襄阳方言副词"儘"的话语功能和情态内涵可以通过下图2表现出来：

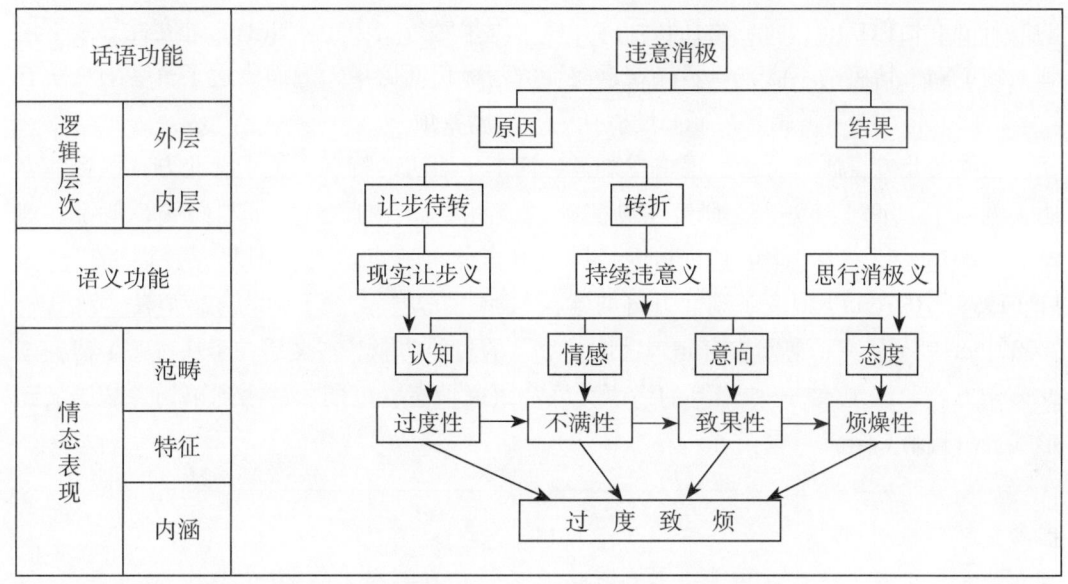

图2 襄阳方言副词"儘"的话语功能和情态内涵

五、结语

邢福义、汪国胜（2015：31-32）提出："汉语方言研究，意义重大。可以帮助我们追溯古代语音、语汇和语法之源流，更好地了解古代汉语，释读经典，研究中国文化，认识汉民族的发展；可以帮助我们全面了解'整体汉语'。"襄阳方言副词"儘"在使用时带有明显的消极情感倾向，必须结合"儘"句前后的小句成分，从话语关联的角度进行分析，才能揭示"儘"的话语功能和情态内涵。本文以语义语法为理论指导，按照从话语到句子的分析顺序，运用话语逻辑、句法验证、正反验证与认知解释的方法，论证襄阳方言副词"儘"句的"违意消极"的话语功能，并验证"儘"的情态内涵。

首先，从逻辑上进行分析，"儘"句与前句和后句之间的逻辑层次分为内层转折关系和外层因果关系，而这一逻辑层次所反映的语义功能为"现实让步义、违意持续义、思行消极义"，即"言者认为已经做出了现实的让步，但对方仍然持续违背意愿，导致言者产生消极的思想或行为"，可以将"儘"的话语功能概括为"违意消极"。

其次，通过句法成分同现法和正反验证法可以证明"儘"句与其前后句之间的内外层语义关系。前句让步待转句表达的主要是现实让步义，"儘"字转折句则主要表达的是持续违意义。让步待转句和"儘"字转折句一起使用主要表达了言者做出了现实的让步但仍然承受持续违意的行为。而"儘"字句的后续结果句主要表达思行消极义，与前面的让步待转句和"儘"字句一起表示"言者认为已经做了现实的让步,但对方仍然持续违背意愿,导致言者产生消极的思想或行为",证明了襄阳方言副词"儘"的话语功能为"违意消极"。

最后,通过形式验证和正反验证的方法揭示"儘"的情态链。襄阳方言副词"儘"的情态链不是孤立的,而是相互联系的,处于因果链条之中:认知上的过度性导致了情感上的不满,情感的不满进一步导致意向上的消极负面后果,进而表达了言者的烦躁态度。因此,将"儘"的情态内涵高度概括为"过度致烦"。

回顾湖北方言研究,已呈现重视语音、词汇、语法的特点。关于湖北方言语音,李旭、刘新中(2021:69-75)研究了湖北郧西"西乡话"的语音特征与归属,但锐、刘海波(2020:42-52)研究了湖北贺胜桥镇方言韵母特点。关于湖北方言词汇,汪国胜(1999:104-111)研究了湖北方言的"在"和"在里"。关于湖北方言语法,阮秀娟(2000:88-98)研究了襄阳方言句末助词"唦"的多种功能。本文旨在于从微观上研究湖北襄阳方言语法现象——"儘"的话语关联和语义情态,以期从话语到单句,从语义到形式揭示其语义全貌。

参考文献

[1] 但锐,刘海波,2020.湖北贺胜桥镇方言韵母特点探究[M]//甘于恩.南方语言学:第16辑.广州:世界图书出版广东有限公司:42-52.

[2] 丁爱玲,2019.宜昌方言"尽(儘)"表被动探源[J].湖北第二师范学院学报,(3):36-40.

[3] 李桂兰,2020.江西吉水(醪桥)方言的"一下"和"儘"[J].方言,42(3):303-310.

[4] 李旭,刘新中,2021.湖北郧西"西乡话"的语音特征与归属[M]//甘于恩.南方语言学:第17辑.广州:世界图书出版广东有限公司:69-75.

[5] 刘新中,杨蔚,崔淑慧,2003.关于汉语方言分区的语言条件[J].语言研究(3):113-118.

[6] 阮秀娟,2021.襄阳方言句末助词"唦"的多功能研究[M]//甘于恩.南方语言学:第17辑.广州:世界图书出版广东有限公司:202-209.

[7] 邵敬敏,2004."语义语法"说略[J].暨南学报(1).

[8] 汪国胜,2999.湖北方言的"在"和"在里"[J].方言(2):104-111.

[9] 赵春利,2014.关于语义语法的逻辑界定[J].外国语(2).

[10] 魏艳,2020.析湖北襄阳方言"儘"[J].湖北文理学院学报,41(7):22-25.

[11] 吴婷燕,赵春利,2018.情态副词"怪不得"的话语关联与语义情态[J].世界汉语教学,32(3):358-371.

[12] 邢福义,汪国胜,2015.关于湖北方言研究[J].汉语学报(3):31-32.

[13] 徐英,2017.罗田方言的"尽"字被动句[J].华中学术,9(4):184-192.

[14] 詹伯慧,2004.汉语方言语法研究的回顾与前瞻[J].语言教学与研究(2):46-53.

Discourse Relevance and Semantic Modality of Xiangyang Dialect Adverb "jin(儘)"

RUAN Xiujuan

Abstract: Based on the theoretical guidance of semantic grammar, and in accordance with the analysis sequence from discourse to sentence, this paper uses the methods of discourse logic, syntactic verification, positive and negative verification and cognitive interpretation to demonstrate the discourse function of "disobedience leads to negativity" in Xiangyang dialect adverb "jin(儘)" sentence, and verifies the semantic modality of "jin(儘)". First of all, the logic level between the "jin(儘)" sentence, the preceding sentence and the following sentence is logically analyzed, which can be divided into inner turning relationship and outer causality relationship. Secondly, the method of syntactic co-occurrence components and positive and negative validation can prove the inside and outside layer of the semantic relationship between "jin(儘)" sentence and the sentences before and after it, the former concessions to turn sentences expresses real concessions righteousness, "jin(儘)" turning sentence expresses continued violations, but the follow-up result of sentence expresses negative thoughts and actions, and prove that the discourse function of "disobedience leads to negativity" in Xiangyang dialect adverb "jin(儘)". Finally, the modal chain of "jin(儘)" is revealed through formal verification and positive and negative verification methods, and the modal connotation of "jin(儘)" is summarized as "excess leads to annoyance" and the discourse function and modal connotation map of Xiangyang dialect adverb "jin(儘)" is outlined.

Key words: inner turning, outer cause and effect, disobedience leads to negativity, excess leads to annoyance

新媒体语境下突发事件政府舆情处理的修辞策略分析

——以2017年11·18北京大兴火灾为例

李春红

（暨南大学华文学院　广东广州　510632）

【提　要】研究新媒体语境下社会生活中重大事件的话语修辞，是修辞学服务于社会的研究形态。所选取的个案是2017年11月18日北京大兴火灾后政府的发文，从修辞学的视角出发，基于比彻尔的修辞情境理论基础，运用修辞批评模式对政府的话语进行分析，并进一步有针对性地提出应对突发事件的话语修辞策略。

【关键词】新媒体　突发事件　舆情　修辞情境　修辞策略

一、引言

　　社会真实事件修辞以现实社会生活中重大事件的话语修辞为研究对象，与传统的鉴赏性修辞、主体性修辞和辞格描写的研究范式相比较，它具有研究对象的社会性、言语事件的真实性、研究题材的现实性等特点，其目的是借助语言活动实现对社会事件的管理和调控。对已经发生的社会事件，需要观察其言语传播过程，分析其对事件进程的影响，明察得失，提取规律，寻找社会变量与语言变量关系的研究范式（曾毅平，2015）。

　　在社会重大事件极易作全球化放大的当下，研究社会真实事件修辞的研究对象即社情民意、受众、语言传播策略、语言传播效果、常态舆论等特殊舆论形态，是最迫切需要的研究形态，也是修辞学最能介入现代社会生活，服务社会的研究形态（曾毅平，2007）。随着互联网的普及和老百姓对社会管理的参与性大幅提高，网络成了社会事件的主要传播界域，由于我国改革进入了深水区，社会转型不断深化导致各种社会矛盾和冲突不断挤压，我国逐渐浮现出一些风险社会的特征，如果政府对社会事件的线上话语舆情建构处理不好，往往会酿成线下的群体危机事件。

　　在新媒体语境下，政府作为突发事件的处理者，同时也是话语的修辞者，应情境而生的修辞话语是全社会的关注焦点，"言之有据、有理、有法"便会获得老百姓的支持，如果不注意言语修辞策略便会引发舆论危机。本文以2017年"11·18"北京大兴火灾为例，运用修辞情境理论和话语分析理论对社会真实事件中政府当事者的话语文本进行修辞批评和分析，力图从方法论层面做哲学化的论述，又能进一步归纳出具有可操作性的具体方法。

二、事件回顾

2017年11月18日18时9分，北京大兴区西红门镇新建二村一幢"三合一"建筑发生火灾，事故造成了19人死亡，8人受伤。19日上午，北京市委书记和市长等赶赴现场默哀并召开现场会，中午政府召开全市安全隐患大排查大清理大整治专项行动部署电视电话会议。20日起，全市开展为期40天的安全隐患大排查大清理大整治专项行动。25日上午召开电视电话会通报摸排情况，北京市安全生产委员会（下文简称"安委会"）相关负责人答记者问时表示"专项行动是为了驱赶'低端人口'"的说法是毫无根据和不负责任的。26日，政府首次对外公布火灾现场内部情况。27日政府对外公布火灾原因并公布20人被刑事拘留，下午大兴区西红门举办专场招聘会，为拆除腾退中涉及的人员提供临时救助政策。

三、话语研究范式界定

自Zellig Harris于1952年在Language杂志上发表题为"Discourse Analysis"开始，话语分析至今已经60多年了。1981年，话语分析有了自己的刊物TEXT，Van Dijk担任主编。Van Dijk主编的四卷本Handbook of Discourse Analysis以及M.A.K. Halliday系统功能语言学说把话语分析带入了兴盛时期（朱永生，2003）。我国学者张德禄、胡壮麟、黄国文、朱永生、施旭等都对话语分析的研究做过探索。话语是指在特定的社会、文化、历史环境下，人们运用语言进行交际的事件或这类现象，当代中国话语研究范式的问题包括发展话语、行业话语、民族话语、主权话语、危机话语、文化交融话语、跨文化话语七个方面（施旭，2010）。

"11·18"火灾事件的政府发文，定性为发展话语和危机话语范式的交叉。中国发展问题涵盖的范围很广，习近平在民生问题上多次提到要使老百姓的获得感、幸福感、安全感更加充实、有保障和有持续性。火灾事件暴露了弱势群体（农民工、儿童和老人）的生存状况，政府处理火灾事件的话语属于发展话语的范畴。同时，火灾事件的爆发也反映出政府管理体制中的漏洞和管理者能力的局限，如果政府在处理过程中的话语修辞不得当，突发事件往往会引发群众的不当舆论从而造成恐慌，最终酿成危机事件，因此政府处理火灾的话语也属于危机话语范畴。

四、政府当事者话语的修辞批评

亚里士多德将"修辞"定义为"能在任何一个问题上找出可能的说服方式的功能"（罗念生，2004）。将"修辞"界定为"象征系统借以对信念、态度和行为等产生影响的策略运用过程"，"修辞批评"即"对象征系统借以产生影响的策略运用过程所作的系统分析和评价"（袁影，2012）。对于大兴火灾事件的分析，本文主要是以政府当事者所公布的话语文本为线索，运用修辞情境理论展开修辞批评。

政府话语导致次生危机，引发舆论高潮。就在19号结束研讨的当天，北京市安委会刊发了《北京市安全生产委员会关于开展安全隐患大排查大清理大整治专项行动的通知》（京安发〔2017〕15号）（下文简称《通知》）。《通知》长达9页，共6319个字，分为6个部分：总体要求、排查整治的重点内容、职责分工、工作安排、保障措施、工作要求。

比彻尔将"修辞情境"定义为："一个由人物、事件、物体及关系组成的复合体，该复合体呈现出一种事实上的或潜在的缺失，它可以完全或部分得到解除，如果进入情境的话语能够迫使人做出决定或采取行动使之获得重大改善。"（王明毅、冯兴元，1997）比彻尔把"修辞情境"提炼为缺失、受众和限制三要素，袁影（2012）在其基础上提出"修辞情境"包含五大基本要素：缺失、受众、修辞者、场景和时机。下文将从这5个基本要素展开论述。

（一）修辞情境的缺失要素

缺失，其意为"一种缺陷、障碍或待解决的事情等"，比彻尔主张"缺失"是修辞情境的核心要素，它不完善且具有紧迫性。袁影把缺失细分为理念、信息、情礼和行动4个方面。《通知》作为政治话语，格式固定、语气严肃，通篇出现"安全"90次、"整治"80次、"排查"68次、"清理"51次、"事故"16次、"政府"8次、"疏解"8次、"防范"6次、"坚决"6次。从这些高频词可以看出，政府将"行动缺失"看作是该事件的主要缺失，因此在文本里再三强调要大力进行整治、排查和清理。但该《通知》一出，不久便引发了网络舆论的高潮，网络舆情的关注点集中在"专项行动是为了驱逐低端人口"的说法，突发事件转变成了前危机事件。这与政府当事方的修辞意识和修辞能力不高有关，只关注了事件的行动缺失，却忽略了理念、信息和情礼缺失。

1. 理念缺失

《通知》的总体要求提到了"弘扬生命至上，安全第一的思想"，这是专项行动的指导精神。但是全文的行动纲要却与"生命至上"的理念不符，《通知》里完全没有提及怎么安置违法建筑里的老百姓，专项行动是为了人民群众的安全，但是被清理整治的违法建筑里居住的生命群体突然居无定所，跟"生命至上"的理念是相违背的。

2. 信息缺失

《通知》的第三部分是职责分工章程，涉及到21个部门单位，每一个部门的责任分工都详细而严密，毫无漏洞，但没有一个部门单位的职责是安置和安抚老百姓的，前者条条框框严缜细密，后者对于百姓安置的信息却只字不提，形成了强烈的信息不对称。这样的文本会给老百姓留下政府冰冷无情的印象。

3. 情礼缺失

自古以来，中国人就对"家"有着一种特殊的情怀，"安居乐业"不但是中国梦的具体内涵，也是每一个中国人的心愿，"安得广厦千万间，大庇天下寒士俱欢颜"。漂泊在北京的异乡人，虽然住在"违法建筑"里，但火灾过后，一纸通知，他们必将流离失所。《通知》总体要求的最后一句话"对安全隐患突出的低端业态做到坚决疏解、倒逼腾退……确保首都安全形势稳定"，这样逻辑形式的言语修辞结构，让人们不免做出如下的解读，"为了首都的安全，倒逼腾退低端业态的工作者"。因此，该《通知》一出，网络上掀起了舆论的轩然大波："低端业态"被解读成了"低端人口"。各大媒体纷纷报道，《一场火灾加速的腾退》（南方周末）、《火灾无情，人应有情》（凯迪社区）、《北京清理出租公寓是好事，但租客的权益谁来保障？》（凯迪社区）、《大兴火灾后的异乡人："这个地方也呆不住了"》（凤凰网）……不仅如此，网络大V们如资深媒体人郭晏平、财经作家苏小和等关于"清退"等的质疑言论引起了老百姓的持续关注和转发，舆情在11月24日达到了高峰。

（二）修辞情境的受众要素

受众是指话语修辞者打算通过言辞来加以影响直至说服的人。火灾事件的受众既包括住在违法建筑里即将被大排查大清理大整治的老百姓，也包括广泛的社会群众。前者是弱势群体；后者的群体人员复杂，这个群体有着一个不可忽视的潜在的特征，英国政治哲学家哈耶克总结如下："人们赞同一个消极的纲领，即对敌人的憎恨、对富人的忌妒，比赞同一项积极的任务要容易些，这看起来几乎是人性的一个法则。"（王明毅、冯兴元，1997）

亚里士多德在《修辞学》第二卷第一章中指出，"修辞者须使听众用某种态度对待他，这办法更为有用，因为当人们抱有友好态度或憎恶态度的时候，他们对事情的看法不同，不是完全不同，就是有程度之别"（罗念生，2004）。肯尼斯·伯克（Keneth Burke）坚持认为，修辞的成败事实上决定于受众对修辞者的认同，因而认同应该取代说服成为修辞的中心概念（邓志勇，2011）。修辞者需要考察受众所处的具体状态和背景知识来决定表达的内容和形式。

《通知》对受众的分析和认识不够深刻。全文没有涉及对即将被大排查大清理大整治受众的安置和善后，取而代之的是"倒逼腾退"的字眼。"倒逼"的含义是"迫使"，带有威力的压迫力量，对于受众来说，是一种被动的行为，能让广大受众联想到政府当事者的态度是强硬坚决的，即将采取的手段或许是残酷的；"腾退"，"腾"在《汉典》里的解释是"空出来，挪移"，"退"在《汉典》里的解释是"离开"。即将因专项整治行动受到影响的受众是修辞文本的直接受众，他们的居住环境和工作环境本来就差，如此力度的清理，可能会让他们在寒冬里"无家可归"。随着中国社会民主化和法治化进程的开启，互联网上活跃着广大的政治参与情绪高涨的社会群众，他们大部分人认为《通知》里缺少人文关怀、对弱势群体置若罔闻，因此，此事在网络上迅速形成了对政府质疑、嘲讽、抨击的舆论，给当政者造成了巨大的社会压力。

（三）修辞情境的修辞者要素

修辞者要素是指修辞行为的发出者。袁影（2012）认为，要想取得理想的修辞效果应该清楚自己的意图并具备较强的角色意识，意图种类可分为取悦、传授/说明、说服/打动；角色意识主要是体现身份的社会角色，话语只有符合自己的角色才能具有影响力。巴赫金提出了"意识形态符号论"，他认为在符号的实际应用中，起决定作用的是源于现实生活的"意识形态充盈物"（李彬，2003）。福柯话语理论的核心是知识和权力问题，佘碧平（2000）翻译其著作时，总结到"在任何社会中，话语具有权力机制，话语规则决定了什么样的说话和实践方式是合理和正当的，而与之唱反调的话语实践不是被拒绝，就是被边缘化"。

1. 政府当事者即该事件的修辞者

政府发布《通知》的意图是为了说明违法建筑潜在着巨大危险，要说服受众搬离，但是却忽略了话语背后所折射出来的意识形态权威性和不可抗拒性，正是这种权威性跟不可抗拒性与广大受众萌发的民主意识形态发生了剧烈的冲突。

2. 角色意识是不容忽视的重要部分

火灾事件后排查隐患的专项行动是必要的，但是被整治的对象是弱势群体，作为政府，应当考虑自己所担任的多种角色，而不仅仅是城市容貌维护者的角色。《通知》的第五部分保障措施，本该是对弱势群体给予关怀和善后的，可是每一条都是关于保障专项整治行动顺利进行的细则。刘亚猛（2004）认为，"修辞者将受众看成是当然的弱者在传统修辞理论中是不被认可的"。修辞者应当把握好自我的角色意识，提高对双方的角色关系的认知。

（四）修辞情境的场景要素

场景的核心成分包含事件、时间和地点。《通知》是19日北京市安全生产委员会印发的，村委级的《通知》是直接面对受众的。从目前所搜集到的4份通知来看，通知落款日期均为11月22日，距离19日北京安委会刊发日期时隔3天。下面是4份通知的简单摘要：通知一"限在25日前搬离，26日起停水停电并给予查封"，通知二、通知三"限在23日前搬离，不然就断水断电，一切财物视同放弃"，通知四"限在23日前搬离，不然后果自负，并于当天停水停电"。（如下图所示）

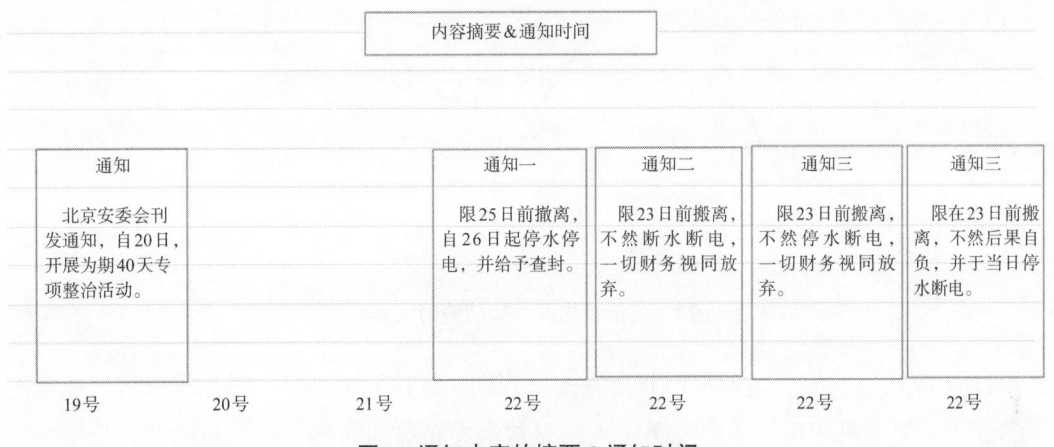

图1　通知内容的摘要&通知时间

政府的《通知》从最初生成到下发到老百姓手中用了3天，而要求搬离的期限却相对紧迫：期限最长的是3天，期限最短是一天内全搬走，并且有一个村子通知发出当天就断电停水。从《通知》的用语来看，"断水停水""给予查封""后果自负"这些词语都是带有命令口吻的，不留余地，这些都"倒逼腾退"的具体手段和措施。

（五）修辞情境的时机要素

修辞能否成功的另一个关键是对恰当时机的判断和把握。袁影（2012）将修辞情境中的时机要素细分为：初现、成熟、衰弱和消解。时机成熟是最佳时期，是受众抱有迫切期待的时期，这个时机过了之后便进入了衰弱和消解期，这个时机处理不好，便会减弱修辞的效果。

火灾过后，政府当事者的发文引发了次生舆情，突发事件转化成了前危机事件。网上高发的负面情绪于11月24日达到了高峰，37%的网民就低端人口、清退合租公寓、外地人离京返乡等话题发表了大量言论；20%的网民质疑网络删帖的行为；15%的网民传播灾情；13%的网民认为消防等部门监管不到位；10%的网民反思火灾教训；5%其他观点。11月25日北京安委会通报摸排情况时回复记者"驱赶低端人口"是谣言，但是随后并没有看到官方就此事发文。事隔两天，直到11月27日晚上，澎湃新闻和新浪网才发表了关于该事件进展的报道：《北京市委书记蔡奇三赴大兴：专项整治要坚定有序》《北京市大兴火灾后蔡奇三赴西红门：整治要有人文关怀》。11月28日上午人民网《北京面对

舆情闻风而动 民有所呼我有所应》，中国日报网《针对近期北京两起热点事件 蔡奇这样表态》。下图是舆论发展和修辞情境时机要素在不同时间节点上的趋势图。①

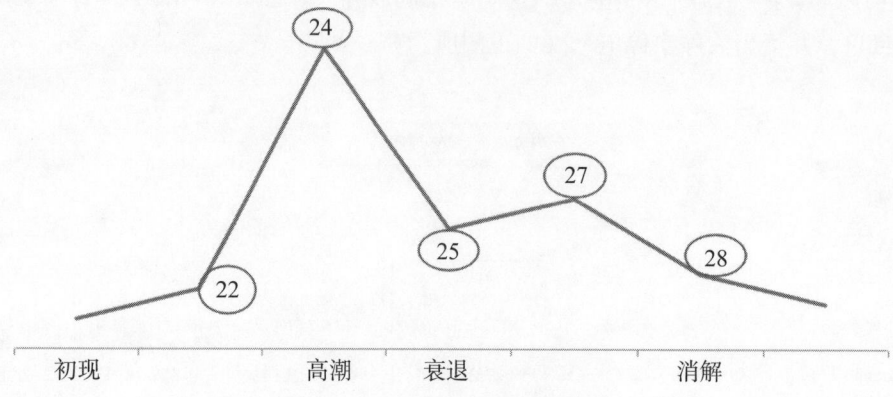

图2　舆论变化&修辞情境时机要素

11月19日到22日，是修辞时机要素的初现期，政府及时回应，满足了修辞情境中的信息要素，舆论呈现正常平稳关注。从22日村委发布通知到24日这一段时间，是修辞时机要素的高潮期，网民酝酿了大量的舆论，以致在24日达到了峰值，而政府当事者和主流媒体集体失声，没有做出任何的解释和回应，导致政府公信力降低，民怨堆积。24日以后，修辞情境时机要素渐渐转入衰弱期，官方媒体在27日晚上才出了相关报道《北京市委书记蔡奇三赴大兴：专项整治要坚定有序》，从报道的标题看，文章并非正面回应网络舆情。文章共八段，第一段的焦点是领导所去的地点，第二段是书记走进火灾废墟的神情描写并表达对逝者的哀痛同时强调专项行动的必要性，第三段是书记看望了工作在一线的干部并叮嘱要妥善安排群众，第四段是书记再次指出专项整治的重要性，第五段提到了要讲求人文关怀和方法，第六段是关于代理市长陈吉宁强调专项整治要贯彻执行的坚决态度，在文末最后顺带提到了要给予困难群众帮扶。从发文时间和发文内容来看，均不符合修辞情境的时机要素，也不符合此刻受众的心理期待。受众此刻最为关注的是困难群众的安排，政府到底做了哪些具体的措施，可是报道重点篇幅却是在领导慰问村干部专项行动的进展上，并没有对领导们提到的人文关怀和给予帮助具体展开，行文里也没有关于领导慰问受众的特写镜头。这样的危机公关，从时机要素上来说已经错过了最佳时机，而且从行文语词的描述"人文关怀""关注人的走向""做好群众工作""争取群众支持"，这些词语表面上看起来是与群众有关，可仔细一看却无任何实质内涵，危机公关语言显得苍白无力。受众从政府《通知》出台到事后的公关，对政府形象的感知也发生了变化：从先前对低端人口"冷酷无情""置若罔闻"的冷漠形象变为现在"故作姿态""虚张声势"的形象。

---

① 参考湖南蚁坊软件股份有限公司关于北京"11·18"大兴西红门火灾的舆情播报。

五、新媒体语境下突发事件政府舆情处理的修辞策略

成功的修辞带来的是积极的社会效果,失败的修辞会造成消极的社会影响。不论历史上还是当今社会,都发生过由于修辞不当后果极其严重的事件,造成了物质上和精神上都无可弥补的损失。修辞策略决定了修辞效果,王希杰在《修辞学导论》(2011)中说,"研究修辞就是研究客观存在的修辞现象""修辞结构决定了话语运用,修辞结构可以表达为:为了达到预期的交际效果而运用的适合语言环境的整体策略"。郑荣馨(2003)认为,修辞策略是在语言交际活动中,说写者为顺利达到交际目的,努力适应听读者而选择和运用修辞手段的一种谋略设计,包含语言交际活动、交际目的、适应、修辞手段、谋略设计五个要素。修辞是个复杂的言语行为,修辞者为达到传递信息获得效果最优化的目标对语言做出选择,然后根据这个目标制定最佳的表达方案,这就表现为修辞策略。刘亚猛(2004)在修辞策略的具体操作上还详细指出,"修辞者仅仅着眼相对于自己的修辞目的是相干的、可资利用的、具有对自己有利的争议空间并且可以通过自己力所能及的操纵而得到确认的那些事实,必须回避、掩盖,甚至压制那些虽然与涉及的争议十分相干却无助于达成自己修辞目的,甚至有损于这一目的的那些所谓不方便的事实。"

根据上文对"11·18"大兴火灾中主流媒体官方发文的修辞批评分析,从修辞学的角度进行思考,可以提出一些针对突发事件中政府公关话语的修辞策略。

1. 诉诸逻辑的修辞策略

逻辑思维是抽象思维的结构形式,从某种意义上说,修辞策略的构建必须紧紧围绕修辞意图的逻辑思维进行。危机公关里的修辞策略,务必具有判断准确性和推理严密性:判断准确性,一方面表现在对事件性质敏捷准确的判断,另一方面表现在能否对事件发展的制约因素做出超前预测,做到运筹帷幄;推理严密性,主要表现在合乎形式逻辑的规范,遵循辩证逻辑的规律,令人无懈可击、令人信服。"11·18"大兴火灾的言语修辞不够准确,导致了"低端业态"等同于"低端人口"等的误读;言语修辞的推理不够严密,导致了人们对《通知》的不断发难和质疑。当社会群众质疑政府"驱赶低端人口"舆论达到了峰值,需要政府当事方及时做出形象修复策略,可是当事方却久久没有露面,这些做法都是违背正常的事理逻辑的,最终使得修辞弥补策略错失最佳时机。

2. 诉诸情感的修辞策略

亚里士多德早就告诫人们要贬抑修辞能力,精心构建修辞文本,做到"采用这些方法必须不露痕迹,不能矫揉造作地说话,而应该做到自然流畅,因为自然的东西就有说服力,而矫揉造作只会适得其反"(颜一、崔延强,2003)。这个思想得到了20世纪初的美国修辞学家肯尼思·伯克的继承,"你要说服一个人,只有用他那样的语言说话,使用相同的办法,使你的手势、语调、顺序、形象、态度与他的不无二致,你才能说服他",

强调情感与受众建立亲密关系，才能进一步达到规劝受众，这就是伯克提出的"同情认同"（邓志勇，2012）。政府当事方要抓住情感切入点对受众作详细分析，受众需要什么、关心什么，如何从情感上打动受众以便于专项工作的开展。受众急需知道的是受专项整治影响的群众去向、他们的权益如何保障、他们的明天在哪里等这样的话题。政府当事者的修辞所塑造的形象与受众的情感是冲突的，所以发生了网民蜂拥而至的网络问询和质疑也是情理之中的事情。政府当事者要宽慰弱势群体、给予受众希望，真诚激发受众的积极情感来赢得受众的参与、配合和支持。

3. 诉诸人格的修辞策略

在处理修辞者和受众的关系上出现了两种不同的主张：一个是东方哲人巴赫金提出的"话语意识形态观"、福柯的"任何言说都体现着特定的权力意向和权力关系"，他们认为政府当事者的修辞话语体现的是执政者的意识形态观和话语权，广大受众所处的地位是劣势的。一个是当代修辞理论家索尼娅·弗斯和辛迪·格里芬提出了全新修辞主张——"邀请修辞"，认为"修辞并非是说服而是分享"，甚至一些西方学者认为"任何说服别人的意图都是一种暴力行动"，他们主张受众的地位应该平等。

政治话语复杂多变，刘亚猛（2004）认为"修辞者和受众的关系是相反相成、一体两面的两个要素"。英国语言学家利奇（Leech G.）认为合作原则和礼貌原则是人际修辞中最为重要的两条原则，它们互相补充、互相结合产生会话意义。官方当事者在出台一个修辞文本时，要先确定自己的受众，分析受众的特点，因为受众的见识、态度和行为跟自己的政治追求和意图息息相关。在新媒体语境下，当事者的受众范围被公开和被无限放大，政府当事者想要取得好的修辞效果，一定要在修辞策略上处理好与直接受众、网络大V们以及某些行业工会的关系：维护直接受众的生存尊严和基本权益，谨防网络大V们寻找言语修辞上的漏洞进行攻击、处理好某些行业工会的集体利益等。

六、结语

伴随着我国改革开放不断发展，伴随着互联网技术不断进步，在全球化的话语语境下，我们要在世界大舞台上展现自信、开放、包容的大国形象。我们的政府部门要加强培养修辞观，提高修辞意识，因为政府的话语修辞策略能力直接影响着执政者决策能力和管理效率。作为政府当事者应该怀着当仁不让的心态，努力提高政府话语修辞能力，这有助于提高政府工作效率，有助于创造和谐的新时代，有助于打造良好的国家形象。

参考文献

[1] 邓志勇，2011.修辞理论与修辞哲学：关于修辞学泰斗肯尼思·伯克的研究 [M].上海：学林出版社：27-41.

[2] 邓志勇,2012.伯克修辞学之戏剧主义的后现代思想及其重要启示[J].上海理工大学学报(社会科学版)(2):112-118.

[3] 哈耶克,1997.通往奴役之路[M].王明毅,冯兴元,译.北京:中国社会科学出版社:133.

[4] 李彬,2003.符号透视:传播内容的本体诠释[M].上海:复旦大学出版社:293-296.

[5] 刘亚猛,2004.追求象征的力量[M].北京:生活·读书·新知三联书店:76-86,119-130,132-140.

[6] 罗念生,2004.罗念生全集:第一卷 诗学·修辞学·喜剧论纲[M].罗念生,译.上海:世纪出版集团上海人民出版社:207-208.

[7] 米歇尔·福柯,2000.性经验史[M].佘碧平,译.上海:上海人民出版社:14.

[8] 施旭,2010.文化话语研究[M].北京:北京大学出版社:3-11.

[9] 王希杰,2011.修辞学导论[M].长沙:湖南师范大学出版社:30-33.

[10] [古希腊]亚里士多德,2003.修辞术·亚历山大修辞学·论诗[M].颜一,崔延强,译.北京:中国人民大学出版社:165.

[11] [古希腊]亚里士多德,2006.修辞学[M].罗念生,译.上海:世纪出版集团上海人民出版社:19-20.

[12] 袁影,2012.修辞批评新模式构建研究[M].上海:上海外语教育出版社:30-33,61-63.

[13] 曾毅平,2007.略论社会真实事件的修辞学研究[J].暨南学报(哲学社会科学版)(5):114.

[14] 曾毅平,2015.社会真实事件修辞研究方法论略[C]//世界汉语修辞学会.世界汉语修辞学会第一届年会暨修辞学国际学术研讨会论文集,154-155.

[15] 郑荣馨.2003.论修辞策略的概念[J].江汉大学学报(人文科学版)(2):93-96.

[16] 朱永生,2003.话语分析五十年:回顾与展望[J].外国语(3):43-48.

Rhetorical Strategy on Government Public Sentiment Handling the Emergency in New Media Context:Daxing Fire Disaster in Beijing on the Nov. 18th, 2017 as an Example

LI Chunhong

Abstract: Researching the discourse rhetoric of social major events in the new media context is the form of rhetoric serving to the society. Selected case is the government-announced official document of Daxing fire disaster in Beijing on the Nov. 18th, 2017, from the perspective of rhetoric, based on Lloyd Bitzer's rhetorical situational theory, analyzing the discourse by Rhetorical criticism model, and then come up with the effective rhetorical situational theory of dealing with emergencies.

Keywords: New media, Emergency, Public sentiment, Rhetorical situation, Rhetorical strategy

鄂西北无撮口呼方言的来源与归属

李　旭　刘新中

（暨南大学文学院/汉语方言研究中心　广东广州　510630）

【提　要】鄂西北十堰地区西部三县很多乡镇的方言无撮口呼韵母，文史工作者笼统地称之为楚语，但这些乡镇的方言其实存在较大的内部差异，其来源和归属并不统一。本文先根据语音特征对鄂西北西部三县的方言进行分类，再通过移民史线索确定源方言，最后通过与源方言语音特征的比较来探讨这些方言的归属。研究的结论为：鄂西北无撮口呼方言，古全浊声母今读不论平仄白读层都送气的属于赣语怀岳片与大通片在鄂西北接触融合后形成的变体；古全浊声母今读平送仄收且去声分阴阳的方言属于江淮官话黄孝片在鄂西北的变体，古全浊声母今读平送仄收且去声不分阴阳的属于带有江淮官话黄孝片层次的西南官话。

【关键词】鄂西北方言　归属　赣方言　江淮官话　西南官话

　　十堰地处鄂西北，位于鄂、豫、陕、渝交接部。境内方言的归属，尤其是西部三县方言的归属，争议颇大。这一方面是由于该区域的方言本身较为复杂，如入声字的归派方式就同时呈现出西南官话和中原官话的语音特征[①]；另一方面是由于过去本区域的方言调查研究不够充分。虽然《湖北方言调查报告》和《湖北方言概况》都对十堰方言做了很有意义的研究，但它们所调研的对象是整个湖北方言，鄂西北地区方言在其中占的分量很小。十余年来，苏俊波、王玉霞、柯西钢、丁沾沾、王平夷等学者，不断对这一区域的方言进行了调研，并相继发表了有关的成果，这使得我们对这一区域方言的面貌有了较为全面的了解。为了推进本项研究，我们先后进行了4次调查，时间分别在2016年1月、2016年7月—9月、2017年1月、2018年9月、2019年8月。

　　本文的研究对象为鄂西北竹山、竹溪和郧西三县无撮口呼韵母的方言，文史工作者往往笼统地称之为楚语，但由于专业门槛的限制，很多文史工作者并不能真正抓住这些方言的语音特征，也不清楚赵元任等方言学家口中"楚语"的真正内涵。1987年出版的

---

① 据我们调查，十堰市各县（区）城关方言古全浊入声字都是归阳平的；古清、次浊入声字则归阴阳平不定。王平夷认为，这是由中原官话、西南官话入声调类的平等混合造成的。参见王平夷：《阶曲线法能否用于平等混合型方言声调层次的判定——以竹溪话入声字的归派为例》，《语言科学》2017年第3期，第295页。

《中国语言地图集》把竹山、竹溪两县的方言归入江淮官话，郧西的方言归入西南官话；2012年出版的《中国语言地图集》则把上述三县的方言都归入西南官话。在研究方法上，我们综合运用田野调查、比较、归纳等语言学的研究方法，并尝试把这些语言学的研究方法和历史地理学的研究方法结合起来，以期对鄂西北无撮口呼方言的归属有一个较为全面、深刻的探讨。

一、鄂西北无撮口呼方言的语音特征

本小节介绍鄂西北无撮口呼方言的语音特征，先介绍鄂西北无撮口呼方言内部一致且与周边方言构成系统区别的语音特征，即见系及精组合口三四等字的读法；再介绍这些无撮口呼方言内部存在系统区别的语音特征，以便分出类型，探讨其归属。

1. 鄂西北无撮口呼方言见系及精组合口三四等字的读法

鄂西北十堰地区郧西、竹山、竹溪很多乡镇的方言无撮口呼韵母，见系合口三四等字与知系合口字合流，韵母读"ʮ类韵母"，声母读tʂ组声母，具体说来，遇摄及臻通摄入声合口三等字韵母今读为ʮ，山摄阳声韵合口三四等字韵母今读为ʮan，山摄入声合口三四等字韵母今读为ʮe，臻摄阳声韵合口三等字韵母今读为ʮən，梗通摄阳声韵合口三四等字韵母今读为iəŋ；精组合口三四等字文读层与见系及知系字合流，以上精组诸摄合口细音字的韵母文读层分别读ʮ、ʮan、ʮe、ʮən，白读层则读i、ian、ie、in等齐齿呼韵母，这与周边有撮口呼的方言形成明显的差别，下面以山摄合口三四等字为例予以说明。

表1 鄂西北方言见系及精组山摄合口三四等字的读法

例字		方言点					
		郧西关防	竹山得胜	竹溪兵营	郧西城关	郧阳城关	房县城关
山阳合三四	权见	₅tʂʰʮan	₅tʂʰʮan	₅tʂʰʮan	₅tɕʰyan	₅tɕʰyan	₅tɕʰyan
	泉精	₅tɕʰian	₅tɕʰian	₅tɕʰian	₅tɕʰian	₅tɕʰyan	₅tɕʰyan
	船知	₅tʂʰʮan	₅tʂʰʮan	₅tʂʰʮan	₅tʂʰʮan	₅tʂʰuan	₅tʂʰuan
山入合三四	月见	ʮeɔ	₅ʮe	₅ʮe	₅ye	₅ye	₅ye
	绝精	₅tɕʰie/₅tʂʰʮe	₅tɕie/₅tsʮe	₅tɕie/₅tsʮe	₅tɕie/₅tɕye	₅tɕye	₅tɕye
	说知	₅ʂʮeɔ	₅ʂʮe	₅ʂʮe	₅so	₅so	₅so

由表1可知，按照见系及精组合口三四等字韵母的今读可把鄂西北十堰地区的方言分成三种，第一种为西部乡村类，以表中郧西关防、竹山得胜、竹溪兵营等方言点为代表，此类方言的见系及精组文读层合口三四等字与知系合口字合流，读"ʮ类韵母"，精组白读层读齐齿呼韵母；第二种为西部城关类，以郧西、竹溪、竹山三县城关方言为代表，此类方言的见系及精组文读层合口三四等字，读撮口韵母，不与知系的"ʮ类韵母"

相混，但精组白读层仍读齐齿呼韵母；第三种为东部类，以郧阳及房县城关方言为代表，精组见系合口三四等字合流，读撮口呼韵母，与知系合口三四等字读合口呼韵母形成明显的差别。我们所说的鄂西北无撮口呼的方言，指的就是西部乡村类。

2. 鄂西北无撮口呼方言语音特征的内部区别

这些无撮口呼的方言点虽然在古见系及精组合口三四等字的读法上具有相同的特征，但在古全浊声母今读、去声是否分阴阳等重要语音特征上存在较大的差别，详见表2：

表2 鄂西北无撮口呼方言语音特征的内部区别

比较项	方言点		
	郧西关防	竹山得胜	竹溪兵营
古浊塞音、塞擦音	平仄白读都送气	平送仄收	平送仄收
古入声字	清入独立，浊入归阴平	清入归阴平，浊入多归阳去或阳平	清入归阴平或阳平，浊入归阳平
古清去与浊去字	清去归阳平，浊去归阴平	清去归阴去，浊去归阳去	清浊去都归去声
蟹止合一三帮组端系、止开帮组	ei	i白/ei文	ei

由表2可知，这3个方言点在有些重要的语音特征上存在较为显著的差异。其中郧西关防与其他两个方言点的区别性特征在于古浊塞音和塞擦音的清化规律，郧西关防今读无论平仄白读都送气，竹山得胜与竹溪兵营则平送仄收；得胜与兵营可以去声是否分阴阳作为区别性特征，得胜去声分阴阳，兵营去声不分阴阳。因此我们可以把鄂西北无撮口呼方言分成3个类型，与关防方言语音特征相同的方言点都属于关防型，与得胜方言语音特征相同的方言点都属于得胜型，与兵营方言语音特征相同的方言点都属于兵营型。

二、鄂西北无撮口呼方言的来源

上一小节我们把鄂西北无撮口呼韵母的方言分成了3种类型，不同的类型，语音特征有所不同，这在很大程度上是因为它们有着不同的来源。而这种来源上的差异，不仅影响相关方言的语音特征，也影响我们对其性质和归属的判定。因此在讨论归属之前，我们要先讨论鄂西北无撮口呼方言的来源。据已有的研究，鄂西北方言，特别是西部三县方言语音特征的形成和清代移民密切相关。不同类型的方言可能是不同类型的移民方言与土著方言接触融合后发展演变的产物。本部分将对鄂西北清代移民进行分析，以揭示这些无撮口呼方言的来源。

1. 清代移民到来之前的人口概况

鄂西北地区由于宋元战乱人口大量减少，元末农民起义军又在十堰活动多年，使得其人口更加稀少。明代虽然有荆襄流民大量涌入，但从明末崇祯六年（1633）农民军进入本区开始，到清康熙十八年（1679）平定吴三桂为止的47年时间里，今鄂西北地区一直处于战乱之中，人口大量耗减。

2. 移民的数量

由于政府鼓励垦荒，清初就有移民陆陆续续迁入鄂西北，但康熙、雍正年间，迁移至此地的移民并不多。大规模的移徙浪潮始于乾隆年间，到乾隆中叶已初具规模，人口渐渐恢复。乾隆二十二年（1757）郧西知县王必昌称："我国家休养生息百十余年，近而秦、豫，远而江、浙，褵负来归，既庶且繁，东街西市，已复旧观。"

到了乾隆中后期，由于迁入的移民更多，使得乾隆末嘉庆初人口激增。鄂西北郧阳府，乾隆四十九年（1784）的总人口只有17万左右，但到嘉庆二年（1797）已增至79万。竹山县，乾隆五十年（1785）总人口只有87520人，但到嘉庆九年（1804）总人口已增至184218人。此外，据晏昌贵（2007）推算，清代鄂西北移民占总人口的比例高达80%—90%，这足以对其方言产生巨大影响。

3. 移民的来源

此次鄂西北移民的来源，宋传银（1999）认为主要在长江流域，尤其是长江中下游地区。晏昌贵（2007）则有更为细致的研究，认为本次移民主要自于两湖、江西、安徽等省份。由于鄂西北无撮口呼方言主要分布在西部三县，所以我们下面主要讨论西部三县移民的来源。在竹山县和竹溪县的外来移民中，鄂东北移民所占的比重尤其大。《十堰移民史》对竹山县晚清51家大商号老板的祖籍进行了统计，结果显示祖籍地在鄂东北黄冈地区的就有28家。《竹山县志》姓氏源流一节，也反映了类似的情况。

郧西的清代移民则有很多来自于皖西南和鄂东南的。据鲁西奇（1999），早在乾隆初年，就有一批以皖、赣流民为主体的流民率先进入鄂西北山区。此外，据新编《郧西县志》（1995）记载，郧西县西北部店子、关防等乡镇，操"楚语"的居民大都迁自安徽省安庆市以西的地区。笔者在调查郧西西北部乡镇的方言时，发音人也都称自己的祖上为江南人或武昌人（清代皖西南属江南府，鄂东南属武昌府）。

4. 鄂西北无撮口呼方言的来源

综上所述可知，清代鄂西北的移民祖籍大多在以鄂、皖、赣为代表的长江流域。其中郧西（特别是其西北部）的清代移民，有很多源于皖西南和鄂东南，竹山、竹溪二县的清代移民，则有很多源于鄂东北。这种移民来源的差异与方言差异有着很好的对应，因此郧西西北部山区分布着关防型无撮口呼方言，竹山西北部山区分布着得胜型无撮口呼方言。即关防型主要的源方言为皖西南及鄂东南的赣方言，得胜型主要的源方言为鄂东的江淮官话。至于兵营型，清代移民方言固然在其形成过程中发挥了重要的作用，但由于分布在河谷和低缓的山区，明代老民数量较多，土著方言在其形成过程中也发挥了重要作用，这从后面语音特征的比较分析中就可以看到。

三、鄂西北无撮口呼方言的归属

根据前面的分析可知，关防型和得胜型无撮口呼方言主要的源方言分别为皖西南、鄂东南的赣方言及鄂东北的江淮官话。兵营型的源方言除了有清代移民方言外，还有土著方言。下面我们把这3种类型无撮口呼方言的语音特征与源方言及周边方言进行比较，以讨论它们的归属。

1. 关防型无撮口呼方言

关防型无撮口呼方言主要分布在郧西县西北部山区，包括关防、店子、湖北口等乡镇的大部分村落和景阳、槐树等乡镇的部分村落。这类无撮口呼方言一直以来未引起方言学者的关注，《郧西县志》虽然将其称为楚语，但同时也将郧西境内的马安方言（得胜型）称为楚语，并且未指出二者的差别①。因此，我们对此类方言进行了重点调查。据我们的调研，关防型最为突出的特征是"古全浊塞音、塞擦音声母，不论平仄，今音白读一律送气"，凭此就能把它和周围的方言区分开来，详见表3。

表3 关防型无撮口呼方言的语音特征

方言点		比较项				
		合口三四等见系精组	清去	全浊上和浊去	古浊塞音塞擦音	蟹止合一三帮组端系、止开帮组
郧西关防		见及精文ʯ-，精白 i-	归阳平	归阴平	平仄白读都送气	ei
鄂东南赣语	湖北大冶	见及精文ʯ-，精白 ai/i-	归阴去	归阴平		ə
皖西南赣语	潜江梅城	见及精文ʯ-，精白 i-	归阳平或阴去	归阳去		ei
江淮官话	黄冈浠水	见及精文ʯ-，精白 i-	归阴去	归阳去	平送仄收	i白/ei文
西南官话	房县城关	见精都读 y-	归去声	归去声	平送仄收	ei

如表3所示，郧西关防方言虽然也无撮口呼韵母，且合口三四等见系字及精组字文读层与合口知系字合流，读"ʯ类韵母"，合口三四等精组字白读层读齐齿呼韵母，但这一项本来就是鄂东北江淮官话和皖西南赣语的共同特征；其他几项特质，关防型无撮口呼方言都与鄂东北江淮官话存在显著差别，与皖西南及鄂东南的赣方言较为一致。其中"古全浊塞音、塞擦音声母，不论平仄，今音声母一律送气"这一条特别重要，因为它是皖西南、鄂东南赣语与鄂东北江淮官话及鄂西北西南官话的区别性特征。因此方志中将关防型无撮口呼方言归入"楚语"（江淮官话黄孝片），《中国语言地图集》中将其归入西南官话都是不妥当的，应该归入赣方言。

---

① 这个马安方言，就是《郧西县志》里面的马鞍方言，方言名称的变化源于该乡镇的名称的变化。曾宪武：《郧西县志》，武汉测绘科技大学出版社，1995年，第782页。

此外，关防型无撮口呼方言，浊去、全浊上和部分浊入字都是归阴平的，清去则不同程度地存在派入阳平的现象，这些特征也都分别在鄂东南和皖西南赣语的某些方言点里都有所反映。其中的清去归阳平还是赣方言中比较常见的声调特征，据刘纶鑫（2000）研究，赣方言中的新余、分宜、万年、宜春、万载、宜丰、吉安、万安、峡江、永丰、吉水等方言点均存在这一现象。

2. 得胜型无撮口呼方言

得胜型无撮口呼方言主要分布在竹山县的西北部（包括得胜、大庙、竹坪、秦古等乡镇）和郧西县的中南部（包括马安镇及观音、香口、夹河等乡镇的部分地区）。这种无撮口呼方言早在民国时期就已被赵元任发现，并将其和鄂东北黄冈孝感一带的方言归入同一区，后来刘祥柏等学者则将该区方言归入江淮官话，但《中国语言地图集》（第2版）却将得胜型无撮口呼归入西南官话。下面我们将选取得胜型的区别特征，与鄂东北江淮官话①及鄂西北的西南官话进行比较，以讨论其归属，详见表4。

表4　得胜型无撮口呼方言的语音特征

方言点		比较项				
		见系精组合口三四等	去声是否分阴阳	精组：知系	泥来	蟹止合一三帮组端系、止开帮组
竹山得胜		见及精文ʮ，精白i-	是	精组和庄开部分读ts，其余读tʂ	洪混细分	i白/ei文
江淮官话	黄冈浠水					
西南官话	房县城关	见精都读y-	否	全读ts	全混	ei

由表4可知，在这些湖北西南官话和江淮官话区别的语音特征上，竹山得胜方言所呈现的特点，几乎与鄂东北的江淮官话一模一样，并且与鄂西北西南官话区别明显，因此得胜型无撮口呼方言属于江淮官话，而非西南官话。当然，鄂东北江淮官话从黄冈、孝感一带迁到鄂西北之后，也发生了一定的变异，其中最大的变异是入声字的归派方式。源方言有独立的入声调，清、次浊入声字今读调类仍为入声，全浊入声字则读入声或阳去；鄂西北江淮官话无独立入声调，多数古入声字派入阴平调，但全浊入声字仍有部分归阳去。其中多数古入声字归阴平是变异，全浊入声字部分归阳去则是对源方言特征的保留。这个变异产生的原因首先是源方言阴平调和入声调的调值比较接近，如浠水话，阴平调值为21，入声为313；麻城话，阴平调值为24，入声为212。根据曹志耘（1999），调值越接近的调类越容易合并。当然与周边权威方言的影响也不无关系。②

---

① 浠水方言语音特征参见郭攀、夏凤梅的《浠水方言研究》。郭攀、夏凤梅：《浠水方言研究》，华中师范大学出版社，2016年，第56–70页。
② 这里的"权威方言"是指十堰市各县区的城关方言，其清、次浊入声常用字有不少是归入阴平的。李旭：《十堰地区方言的性质与归属研究》，宝鸡文理学院硕士学位论文，2018年，第11页。

3.兵营型无撮口呼方言

兵营型无撮口呼方言,在竹溪境内分布的范围最为广泛,包括兵营、天宝、泉溪、汇湾、鄂坪、新洲、县河、水坪等乡镇。此外,在竹山县中西部的谭家河、苦桃河流域和郧西县中西部的金钱河流域及南部的汉江沿岸也有分布,其中竹山境内的以宝丰镇方言为代表,郧西境内的以上津镇津城村方言为代表。兵营型无撮口呼方言的归属存在争议,《中国语言地图集》(1987)及王平夷(2020)将其归入江淮官话,李蓝(2009)及《中国语言地图集》(2012)则将其归入西南官话。为了讨论其归属,我们仍需要把兵营型无撮口呼方言的语音特征与鄂西北江淮官话及西南官话进行比较,详见下表。

表5 兵营型无撮口呼方言的语音特征

方言点		比较项				
		合口三四等见系精组	古入声	去声分阴阳	精组:知系	蟹止合一三帮组端系、止开帮组
竹溪兵营		见及精文 ʮ-,精白 i-	清入归阴平或阳平,浊入归阳平	否	精组和庄开部分读 ts,其余读 tʂ	ei
江淮官话	竹山得胜		清入归阴平,浊入多归阳去或阳平	是		i白/ei文
西南官话	郧西城关	见及精文 y-,精白 i-	清入归阴平或阳平,浊入归阳平	否	全读 ts	ei
	房县城关	见精全读 y-				

表5中的5项语音特征是鄂西北西南官话与江淮官话主要的区别性特征,因此我们可以看到每一条特征,典型的鄂西北江淮官话(竹山得胜)与典型的鄂西北西南官话(房县城关)都有不同的表现。竹溪兵营有3项语音特征与典型的鄂西北西南官话相一致,两项特征与典型的江淮官话相一致,即兵营型与西南官话一致的特征要比与江淮官话一致的特征多出一条。表5的区别特征中,特别值得注意的是入声字的归派方式,该项特征自李荣先生发表《官话方言的分区》(1985)以来,一直都被看作官话方言最为重要的分区标准。我们可以看到兵营型无撮口呼方言在入声字当派方式上与鄂西北西南官话完全一致,都是清、次浊入声常用字半归阴平,半归阳平,全浊入声字归阳平,这与鄂西北江淮官话存在较大区别。因此兵营型无撮口呼方言应该归入西南官话,而不是江淮官话。其实早在民国时赵元任先生就看到了这一点,因此同鄂西北江淮官话在合口三四等精组字的读法及精组与知系的区分方式上有相同特点的郧西城关方言就被归入了西南官话北方片。只不过由于分布区域靠近鄂西北江淮官话方言点,语音特征也或多或少受到一些影响。

四、结 语

本文对鄂西北无撮口呼方言的类型、来源和归属进行了研究。研究认为根据语音特征可以把这些方言分成三个类型，其中郧西县西北部的为第一类，称之为关防型；竹山县西北部和郧西县中部的为第二类，称之为得胜型；竹溪县北部及郧西上津、竹山宝丰等地的为第三类，称之为兵营型。通过与源方言及鄂西北西南官话语音特征的比较，我们发现关防型属于皖西南赣语怀岳片及鄂东南赣语大通片在鄂西北接触融合后形成的变体，得胜型属于鄂东北江淮官话黄孝片在鄂西北的变体，兵营型则属于带有江淮官话黄孝片层次的西南官话。

我们在研究这些方言的类型和归属时主要是依据语音特征，其实收集到词汇材料也支持以上结论，详见表6。

表6 鄂西北无撮口呼方言词汇的比较

方言点	比较项	第三人称代词	外祖父	下午	没有	什么	睡	小孩子
关防型	郧西关防	渠	家公	下昼	冇	么事	睏	伢崽
赣方言	安庆宿松	渠	家公	下昼	冇	么事	睏	伢儿
得胜型	竹山得胜	他	家公	下昼	冇	么事	睏	细伢儿
江淮官话	黄冈浠水	他	家公	下昼儿	冇	么事	睏	细伢儿
兵营型	郧西上津	他	外爷	后半儿	没	啥	睡	娃子
西南官话	湖北房县	他	外爷	晚半儿	没	啥	睡	娃子

表6列举的词汇都属于基本词汇，其中"第三人称代词"属于人称代词，"外祖父"属于亲属称谓词，"下午"属于时间名词，"没有"为否定副词，"什么"为疑问代词，"睡"属于基本行为动词。通过比较可以看到，关防型的基本词汇与皖西南赣方言更为一致，得胜型与鄂东北江淮官话更为一致，兵营型则与鄂西北西南官话更为一致。在这些比较项目中，"第三人称代词"这一条尤其值得注意，它在罗杰瑞（1988）提出的汉语方言分区标准中居于首位，李小凡、项梦冰（2009）也认为官话方言第三人称代指一般用"他"，赣方言一般用"渠"。由此可见词汇材料也支持前面我们根据语音特征对这些无撮口呼方言的性质和归属所作出的判定。

参考文献

[1] 曹志耘,1998.汉语方言声调演变的两种类型[J].语言研究（1）.

[2] 甘于恩,吴芳,2005.平话系属争论中的逻辑问题[J].广西社会科学（7）.

[3] 郭沈青,2013.陕南客伙话语音研究[M].北京：中国社会科学出版社.

[4] 郭攀，夏凤梅，2016.浠水方言研究［M］.武汉：华中师范大学出版社.
[5] 黄群建，1993.大冶方言考［J］.湖北师范学院学报（哲学社会科学版）（1）.
[6] 侯兴泉，2013.汉语方言区片划分语音标准的层级和主次［J］.暨南学报（哲学社会科学版）（9）.
[7] 匡裕从，2010.十堰移民史［M］.武汉：长江出版社.
[8] 刘纶鑫，2000.客赣方言的声调系统综述［J］.南昌大学学报（人社版）（4）.
[9] 刘祥柏，2007.江淮官话的分区（稿）［J］.方言（4）.
[10] 刘新中，2016.汉语方言元音特征调查手册［M］.北京：科学出版社.
[11] 李蓝，2009.西南官话的分区（稿）［J］.方言（1）.
[12] 李荣，1985.官话方言的分区》［J］.方言（1）.
[13] 李诗咏，2002.竹山县志［M］.北京：方志出版社.
[14] 李小凡，项梦冰，2009.汉语方言学基础教程［M］.北京：北京大学出版社.
[15] 李旭，2018.十堰地区方言的性质与归属研究［D］.宝鸡文理学院硕士学位论文.
[16] 李旭，郭沈青，2018.鄂西北江淮官话的语音特点及归属［J］.宝鸡文理学院学报（社会科学版）（6）.
[17] 鲁西奇，1999.汉水流域区域历史地理研究：对象与方法［M］.南宁：广西人民出版社.
[18] 罗杰瑞，1988/1995.汉语概说［M］.张惠英，译.北京：语文出版社.
[19] 宋传银，2013.秦至清代湖北人口迁移特征析论［J］.武汉大学学报（人文科学版）（5）.
[20] 唐爱华，2005.宿松方言研究［M］.北京：文化艺术出版社.
[21] 唐乐燕，2013.安徽潜山梅城方言语音研究［D］.安徽大学硕士学位论文.
[22] 王平夷，2017.阶曲线法能否用于平等混合型方言声调层次的判定——以竹溪话入声字的归派为例［J］.语言科学（3）.
[23] 王平夷，2020.论湖北竹溪方言的归属［J］.方言（3）.
[24] 晏昌贵，2007.丹江口水库区域历史地理研究［M］.北京：科学出版社.
[25] 杨国安，1999.明清鄂西山区的移民与土地垦殖［J］.中国农史（1）.
[26] 余鹏，2018.论江淮官话黄孝片与赣语怀岳片的历史关系［J］.语言科学（4）.
[27] 詹伯慧，1981.现代汉语方言［M］.武汉：湖北教育出版社.
[28] 张伟然，1999.楚语的演替与湖北历史时期的方言区域［J］.复旦学报（社会科学版）（2）.
[29] 曾宪武，1995.郧西县志［M］.武汉：武汉测绘科技大学出版社.
[30] 赵元任，等，1948.湖北方言调查报告［M］.北京：商务印书馆.
[31] 周振鹤，游汝杰，2006.方言与中国文化［M］.上海：上海人民出版社.
[32] 中国社会科学院，澳大利亚国立大学太平洋研究院，1987.中国语言地图集［M］.香港：香港朗文出版有限公司.
[33] 中国社会科学院语言研究所，中国社会科学院民族学与人类学研究所，香港城市大学语言资讯科学研究中心，2012.中国语言地图集［M］，2版.北京：商务印书馆.

Northwest Hubei Dialects without Rhymes y & y-: Sources and Attribution

LI Xu & LIU Xinzhong

Abstract: There are several dialects without y sound in Northwest, which were generally called "Chu dialect" by literary and historical scholars. But not all these dialects belong to same dialect.In this paper, firstly, the classification of these dialects is pinpointed, according to its phonetic characteristics; then the source dialect is determined through investigation of the clues of their immigration history; finally, the attribution of the dialects without y sound in Northwest Hubei are discussed by comparing the phonetic characteristics between these dialects and its source dialect.The conclusion of this paper is that the dialects without y sound in northwestern Zhushan County and the central part of Yunxi County belongs to Jianghuai Mandarin, the dialects without y sound in the northwest of Yunxi County belongs to Komese, and the dialects without y sound in northern Zhuxi County belongs to Southwest Mandarin.

Keywords: the dialects in northwest Hubei, attribution, Komese, Jianghuai Mandarin, Southwest Mandarin

> 少数民族语言

彝语峨山方言的致使范畴

沐 华

(暨南大学文学院 广东广州 510632)

【提 要】峨山彝语中致使义的表达主要有"形态型"致使和"分析型"致使两种形式,形态型致使通过辅音清浊交替、元音松紧变化、声调高低的变化和重叠四种方式来实现致使义。分析型致使在句法中的表现形式比较复杂,主要有V+V$_{补语}$结构、NP+lo^{33}$_{受事}$+V+tɕ^{55}$_{致使标记}$+(gə^{21}$_{给}$)结构和双重致使三种句法结构。另外,彝语致使义的表达还跟句法中的时、体、情态等语法范畴有着紧密的联系。描写分析峨山彝语方言的致使范畴,对进一步解析彝语支语言中致使义的表达有着重要的类型学意义。

【关键词】彝语峨山方言 致使范畴 指示标记 语法化

一、引言

致使范畴是藏缅语族语言当中普遍存在的一种语法表现形式。从以往学界的研究来看,这一语法范畴也被称作使成式、使动范畴、使然结构、使役式等不同的研究范式来论述。美国描写主义语言学家布龙菲尔德曾预言:未来语言学家的一项任务是比较不同语言中的各种范畴,看看哪些范畴是普遍的(universal)或至少是广泛使用的。他认为语言类型的研究有助于揭示人类的思维特征、语言的发展规律,以及有助于在外语教学中贯彻比较的原则。

陈士林、边仕明、陈秀清等(1962)指出:"凉山彝语动词的'语态'范畴表示动作同主体或客体的关系(包括没有客体的情况),这是一个比较一般的语法范畴。使动范畴是包括在'语态'范畴里的一个比较具体的语法范畴。它指明动作或过程可使作为主体或作为客体的另一事物产生结果"。对于现代汉语语法的研究,王力先生认为:使成

式（causative form）是现代汉语里常见的一种结构形式。从形式上说是及物动词加形容词（如"修好""弄坏"），或者是及物动词加不及物动词（如"打死""救活"）；从意义上说，是把行为及其造成的结果用一个动词性词组表达出来。①从其演变关系进一步探讨中指出，由使动用法发展为使成式，是汉语语法的一大进步。因为使动用法只能表示使某物得到某种结果，而不能表示用哪一种行为以达到这一结果。如今，受汉语语法研究的影响，如某实体发生某种情状（包括动作行为、活动变化、性质状态等），不是自发的，而是受某种致使主体的作用或影响而引发的。②彝语使动词是与自动词相对而言的，自动词是在某种情况下动作主体自我发生的动作描写，使动词则是动作实体受旁系干扰不得不发生动作行为的词的描写，故彝语自动态和使动态有一定的对比关系。③鉴于前人的研究，本文将论述的峨山彝语方言的致使范畴，系藏缅语族彝语支彝语峨新方言，分布在云南省玉溪市峨山彝族自治县全境及新平彝族傣族自治县部分乡镇的彝族山苏、纳苏和聂苏3个支系的彝语方言土话。其中，山苏话的致使范畴已经有语法化的致使标记"tɛ^{55}"（让），而纳苏话和聂苏话用实词"bi^{21}"（给）表示致使。本文的语料用例以山苏话④作基础分析，纳苏话为比较语料补充。文章首先描写分析峨山彝语的形态型致使和分析型致使的表现形式，接着讨论致使结构与语义之间的制约关系，最后结合藏缅语族语言的使动范畴来探讨彝语致使范畴的来源及其演变。

二、致使范畴的表现形式

在汉藏语系藏缅语族语言中，表达致使义的语法形式丰富多样。在语言类型学的视角下，大致可以认为有词汇型、形态型、分析型3种主要的致使类型。鉴于这种归类，峨山彝语方言的致使范畴有形态型和分析型两种形式，分析型致使再可分为V+V$_{补语}$结构、NP+lo$_{受事}$+V+tɛ$_{指示标记}$+（ge^{21}$_{给}$）结构两种典型形式。但是，在彝语句法中实现致使义的不止限于以上所列分析法，同时也和同一句子中的时、体、情态等语法范畴有着不可分割的联系。

（一）形态型致使

根据Dixon（2012：243）的统计归纳，即通过众多跨语言之间的比较之后提出的9种标记致使结构的形态手段⑤。我们将峨山彝语的形态型致使结构归纳为4种形式。从词源

---

① 王力：《汉语史稿》，中华书局，1980年，第262页。
② 范晓：《论"致使"结构》，载中国语文杂志社《语法研究与探索》（十），商务印书馆，2000年，第135-151页。
③ 《红河彝族辞典》编纂委员会：《红河彝族辞典》，2001年，第218页。
④ 山苏话是笔者的母语，笔者从小在彝族社区说山苏话长大，熟练掌握彝语山苏话和纳苏话，文中以山苏话为主，并以纳苏话为补充例子。
⑤ 引自Dixon.Basic Linguistic Theory(volume 3)第243页中提出的9种形态手段：（a）内部变化、（b）辅音重叠、（c）元音加长、（d）声调变化、（e）重叠、（f）前缀、（g）后缀、（h）前后缀、（I）中缀。

的历史比较和语法意义层面而言，彝语词通过形态变化来区分自动词和使动词，因此二者之间存在相互对应且对立的关系表。

1. 声母清浊交替

表1 彝语自动词和使动词的声母清浊差别情况

山苏话		纳苏话	
自动词	使动词	自动词	使动词
do³³喝	to³³喂（液态食物）	da²¹喝	tɛ²¹喂水（液体）
dʑa²¹吃	tsa⁵⁵喂（固态食物）	dʑo³³吃	tso³³喂
do²¹毒	to⁵⁵下毒（使中毒）	du²¹毒	tu²¹下毒（使中毒）
ga²¹披	ka⁵⁵盖（使披）	go²¹批	ko²¹盖（使披）
də̣²¹戴	tə̣⁵⁵使戴	də̣²¹穿（鞋）	tə̣²¹给穿（使穿）
do̠²¹燃	to̠⁵⁵点燃（使燃）	du²¹自燃	tu²¹引燃
go̠³³怕	ko̠³³吓	dʑu³³怕	tsu³³吓
dɛ³³上	tɛ³³（使、被）拿上	de³³上	tə̣³³使上

如上表所列例词to³³喂（液态食物）、tsa⁵⁵喂（固态食物）等使动词分别是在对应的do³³喝、dʑa²¹吃等自动词的基础上通过变化声母而成，即浊声母动词为自动词，清声母动词为使动词。除此变化之外，韵母和声调皆没有发生变化。使动词的致动义是直接致动，不需要借助其他语法成分，也就是说致使者直接对被致使对象促成某种变化，完成的是直接致使的关系。

2. 变化声调

表2 彝语自动词和使动词的声调差别情况

山苏话		纳苏话	
自动词	使动词	自动词	使动词
ve²¹穿	ve⁵⁵给穿/让穿	vi²¹穿（衣）	fi²¹使穿
za²¹痒	za⁵⁵搔、挠	zo³³	
j²¹睡	j⁵⁵使睡	yi²¹睡	
ɕi⁴⁴死	ɕe²¹杀	si²¹死	ɕi²¹杀

以上自动词和使动词是靠动词的声调变化来区分的，自动词为低降调，使动词为高平调，声母和韵母未发生改变，不过依赖声调高低交替这样的形态变化来实现致使的构词在彝语纳苏话中的比例在减少。

3. 兼具声母清浊交替和变化声调

表3　彝语自动词和使动词兼具声母清浊和声调变化的情况

山苏话		纳苏话	
自动词	使动词	自动词	使动词
bu²¹背	pu⁵⁵使背(笼)	bu²¹背	
dzɚ²¹骑	tsɚ⁵⁵使骑	dzɚ³³骑	
du³³破	tʰu⁴⁴使破	bu²¹通、破	

上述例词超越了动词声母清浊交替的局限，即动词依据浊声母替换成清送气声母的同时也依据声调变化，这二重变化叠加起来就是区别自动词和使动词的对应关系的形态手段。

4. 名词重叠

表4　彝语自动词和使动词的名词重叠情况

山苏话		纳苏话	
自动词	使动词	自动词	使动词
mɚ⁴⁴名字	mɚ⁴⁴mɚ⁴⁴取名	mɚ⁴⁴名字	mɚ⁴⁴mɚ⁴⁴取名
ve³³花	ve³³ve³³开花	vi³³花	vi³³vi³³开花
bi³³芽	bi³³bi³³发芽		
nə²¹芽(草)	nə²¹nə²¹发芽	ne³³芽	ne³³ne³³发芽
pɛ³³芽(树)	pɛ³³pɛ³³发芽	lɛ²¹芽(树)	
sʐ³³粉刺	sʐ³³sʐ³³(粉刺)使瘙痒		

上例各名词实现致动义的机制是名词重叠，重叠后的语法关系是第一个音节保持名词词性，第二个音节由原来的名词性变成了动词性。复合重叠表致使的名词在词义上有抽象名词和实体名词之分，抽象名词如"mɚ⁴⁴"（名字）经过重叠后得到"mɚ⁴⁴mɚ⁴⁴"（取名），施事必须为外力（人所为）发出致动，受事才是被命名的人或物，所以"mɚ⁴⁴"（名字）自身并无施事的致动力。与抽象名词相对的实体名词则不一样，名词重叠后表达的致使义有两种情况：一种是名词所属物体本身是致动义中的施事成分，如"sʐ³³"（粉刺），重叠后的"sʐ³³sʐ³³"（粉刺促使某物感受到瘙痒），第一个音节"sʐ³³"是名词"粉刺"，它作用力于人或其他物体蒙受某种动作；另一种情况是实体名词本身没有致动力，需要借助外力（即自然条件或人为条件）的物体，通常都是植物，如"ve³³"（花），重叠之后"ve³³ve³³"（花开），致使花开放的是外力（自然条件），受自然条件影响而发生变化的是"ve³³"（花）。由此可见，生命体特征是名词短语固有的特性，名词短语跟其谓语之间保持一种形式上的联系。

通过动词的4种形态型致使方式，旨在廓清了彝语峨山方言动词中存在自动词和使动词两个对立关系的语法意义。"从形态学的角度来看，这种词形变化是一种'构词形态'，因为变化的结果能构成相应的新词来表达新的概念。"（陈士林、边仕明、李秀清等，1962）

（二）致使标记

据我们现有的峨山彝语方言材料可知，各土语表示致使义的语法标记有明显差异。有的以成词语素"bi^{21}"（给）作为致使标记，句法中"bi^{21}"紧跟动词或形容词之后实现致动义，如纳苏话"N$_{施事}$+N$_{受事}$+la^{33}$_{宾格}$+V/A+bi^{21}"，句中"bi^{21}"（给）可以作为独立的句子成分。有的以语法化了的非成词语素作为致使标记，如山苏话"N$_{施事}$+N$_{受事}$+lo^{33}$_{宾格}$+V/A+tɛ^{55}"，句中"tɛ^{55}"只有语法意义"让"，而没有词汇意义，必须依附于动词或形容词之后才有表达致使的语法意义。除此之外，山苏话还可以在致使标记后加"gə^{21}"，即"NP+lo^{33}$_{CAUSE}$+V+tɛ^{55}$_{致使标记}$+(ge^{21}$_{给}$)①"。

1. V/A+ tɛ^{55}$_{致使标记}$（或bi^{21}）

彝语中所谓的简单致使结构，是指"动词V$_{及物或不及物}$或形容词A+ tɛ^{55}$_{致使标记}$（或bi^{21}）（让）"构成的短句，表示直接致使。句中施事主语、施事标记、受事宾语、受事标记都为空的情况下，动词可实现直接致使。如表5例词：

表5　峨山彝语的简单致使结构

	山苏话		纳苏话	
	自动词	使动词	自动词	使动词
a.	dza^{21}吃	dza^{21} tɛ^{55}使……吃	dzo^{33}吃	dzo^{33} bi^{21}使……吃
b.	do^{33}喝	do^{33} tɛ^{55}使……喝	da^{21}喝	da^{21} bi^{21}使……喝
c.	j^{21}睡	j^{21} tɛ^{55}使睡	du^{21}自燃	du^{21} bi^{21}使燃
d.	ɣə^{21}大	ɣə^{21} tɛ^{55}使大	ɣə^{33}大	ɣə^{33} bi^{21}使大
e.	bə^{33}赢	bə^{33} tɛ^{55}使赢	bə^{21}赢	bə^{21} bi^{21}使赢
f.	ge^{33}漂亮	ge^{33} tɛ^{55}使漂亮	bi^{55}漂亮	bi^{55} bi^{21}使漂亮

以上简单致使结构中的动词也分及物动词和不及物动词，二者的区别在于动词在语义上所管辖的论元不同，及物动词加致使标记"tɛ^{55}（或bi^{21}）（让）"结构，如"dza^{21}（吃）+tɛ^{55}（让）"的句意为"使吃"或"喂"中，动词dza^{21}（吃）有3个论元，即空缺的施事主语（外力）、空缺的受事宾语（吃的对象）、动作的发出者（完成"吃"这一动作的人），a、b②都属于这种结构；不及物动词加致使标记"tɛ^{55}（或bi^{21}）（让）"结构，如"j^{21}（睡

---

① "（ ）"表示该语法成分可加，也可省略。
② 在例词a、b中，左边"V+tɛ^{55}（让）"结构为山苏话例子，右边"V+bi^{21}（让）"结构为纳苏话例子，正文中以具体分析前者的例子为主，后者通常只作为例子列出，不作为具体分析，避免赘述。

+tɛ^{55}（使或让）"句意为"使睡"中，动词 j^{21}（睡）有两个论元，即空缺的施事主语（外力）、受事宾语和动作发出者（即二者属于同一人所为）。除了动词之外，形容词也可以加使动标记实现形容词动词化，使某物体性质、体积或形态发生变化，被赋予致使义的形容词所管辖的论元有两个，即施事主语（外力）和受事宾语（物体本身）。

(1) xa^{21} lu^{44} mə^{21}tɛ^{55} le^{44} lo^{21} 把肉炒熟。
  肉 炒 熟 让 要 语气词
(2) o^{21}tɕɛ^{55} dʑa^{44} tsʰa^{21} tʰa^{21} kʰa^{21}tɛ^{55}. 不要让那道菜咸了。
  菜 那 盐巴 别 咸 让
(3) no^{33}tsʰi^{44}bɛ^{33} lo^{33} na^{33}tɕʰi^{21} bɛ^{33} gə^{44} sə^{44}tɛ^{55} ti^{55}da^{33}. 打农药让豌豆荚长长才行。
  豌豆荚 受事 药 喷 连 长 让 才行

以上3个例句都是缺少施事主语的话题句，即缺失致使他人去完成某事件的命令发出者。这种句式包含两个致使义项，命令的发出者发出命令，命令的接受者接受命令并对事物实施致动，最后致使事物发生变化。如例句（3）中，施事主语（命令的发出者）ØS$_1$通过发出命令，致使受事宾语ØO$_1$（命令的接受者）接受命令，这是第一重致使；第二重致使由ØO$_1$对O$_2$（no^{33}tsʰi^{44}bɛ^{33}豌豆荚）实施喷药的动作，通过药物的作用致使no^{33}tsʰi^{44}bɛ^{33}豌豆荚发生变化，即实现sə^{44}（长）这一变化。整句话中ØO$_1$既是前一个命令的接受者同时也是后一个致使动作的发出者，目的是经过这第二重致使事件最终实现致使no^{33}tsʰi^{44}bɛ^{33}豌豆荚变长。

2. NP+ lo^{33}受动标记+ V/A+ tɛ^{55}致使标记

(4a) ni^{33} a^{21}nə^{44} lo^{33} j^{21}tɛ^{55} zi^{33} da^{33}! 你让孩子去睡吧！
  你 孩子 受事 睡致使 去 可以
(4b) ni^{33} a^{21}nə^{44} lo^{33} tɛ^{33} j^{55} ta^{55} zi^{33} da^{33}! 让孩子去睡吧！
  你 孩子 受事 抱使睡体 去 可以

如上例是有受事宾格标记的句子，即宾格"lo^{33}"紧跟在受事宾语之后，与后面的"j^{21}tɛ^{55}"（让睡）共同完成致使孩子入睡。当然，彝语方言有一个共性特征，就是致使复句中可以省略施事主语、受事宾语、宾格和主格标记，如"Ø$_{NP}$+Ø$_{CAUSE}$+Ø$_{NP}$+Ø$_{CAUSEE}$+V/A+ tɛ^{55}（或bi^{21}）"结构，这就与前面1."V/A+ tɛ^{55}致使标记（或bi^{21}）"所论述的致使标记型相类似。

3. NP+ lɛ^{21}ə^{55}施事标记a+NP+ lo^{33}受事标记+V+ tɛ^{55}致使标记

彝语中，若要强调某个行为动作确实是主语所为或突出某活动是某施为者有意为之②，此时也要加施动标记lɛ^{21}ə^{55}。如果强调句子中施事者的施事行为就要加施事标记lɛ^{21}ə^{55}予以凸显。

---

① 山苏话中施动标记lɛ^{21}kə^{55}在实际语用中通常省略第二个音节的声母，发作lɛ^{21}ə^{55}。
② 李大勤、朱苗苗、宋成：《格曼语中"致使"意义的句法实现》，《语言科学》2020年第5期，第227页。

(5a) e³³ma³³ lɛ²¹ə⁵⁵ a²¹nə⁴⁴ lo⁴⁴ i²¹tɛ⁵⁵ li⁵⁵ʑi³³. 妈妈让孩子睡去了。
　　 妈妈　施事　孩子　受事　睡　致使　去了
(5b) e³³ma³³ lɛ²¹ə⁵⁵ a²¹nə⁴⁴ i⁵⁵ ta⁵⁵. 妈妈让孩子睡。
　　 妈妈　施事　孩子　使睡　体词

上两例通过施事标记 lɛ²¹ə⁵⁵ 强调句中焦点是施事者"妈妈"。(5a) 在语义上形成了类似汉语处置式的"把"字句,即"是妈妈把孩子抱着去并使孩子睡着了"。当施受关系很明晰的时候,施事强度明显高于受事,这时受事宾格"lo³³"就可以省略,如(5b),句末的体助词"ta⁵⁵"(持续体)在该句中具有弥补句子的完整性、使整个句子自然流畅的作用。

4. NP+lo³³_{CAUSEE}+V+tɛ⁵⁵_{致使标记}+(gə²¹_给) 结构

值得注意的是,山苏话和其他彝语方言土话有一个重要的区别,除了以上3个致使句式所例的句子结构之外,还可以在句中的致使标记后追加一个实义词性"gə²¹"(给),表示加强致使义的作用。例如"NP+lo³³_{CAUSE}+V+tɛ⁵⁵_{致使标记}+(gə²¹_给)"结构。

(6) dʑɛ⁴⁴ ti⁵⁵ tʰa²¹ kɛ³³ o²¹, e³³ lo³³ kʰa⁴⁴do⁴⁴ŋa³³ŋa³³ ʑi³³tɛ⁵⁵ gə²¹ ŋa³³.
　　 那 只 别 说 语气 他受事 (无论怎样)去让 给 语气
不要再说了,就让他去呗。

上例中划线的"gə²¹"(给)突出致使义并与前面分句 dʑɛ⁴⁴ ti⁵⁵ tʰa²¹ kɛ³³ o²¹(不要再说了)和后面 kʰa⁴⁴do³³ŋa³³ŋa³³(管他怎么样)形成一个语态,强调说话人对被致使者的不耐烦情绪。

(三) 分析型致使

峨山彝语的分析型致使结构比较复杂,有的是动词加结果补语的,有的是动词加趋向动作补语,有的是兼用形态型致使和分析型致使,有的跟句法当中的时、体、情态相关,同时也与动词的及物性和不及物性有密切的联系。

1. V_{及物动词}+V_{不及物/结果补语}**结构**

a.	dʑa²¹ bo³³ 吃饱	do³³ pʰu²¹ 喝撑
b.	tsa⁵⁵ bo³³ 喂饱(让xx吃饱)	to³³ pʰu²¹ 喂撑(让xx喝撑)
c.	ɕɛ²¹ pu⁵⁵ 杀死	pu⁴⁴pu⁵⁵ 推倒
d.	dʑɛ²¹ ta³³ 赶起来(让xx起来)	dʑɛ²¹ nu²¹ 吵醒(让xx醒来)
e.	ta³³ 起来	nu²¹ 醒

上例中动词"致使"义的实现是动词加结果补语构成动补式,即完成某一个动作之后结果状态的变化,如 dʑa²¹(吃)、do³³(喝)、tsa⁵⁵(喂)、to³³(喂~水)等这些动作发生之后达到的结果状态实现的是动词的致使义。

2. 动词+结果补语或趋向补语

实义动词加结果补语的补足成分有成词语素和非成词语素，类似于汉语中的"推倒、打倒、消灭"及"唆使、驱使、迫使"等。彝语方言中，这一类致使结构的表现可从两个方面进行分析。一种是在实意动词后加补足成分，致使义跟动词的及物性有关，而且及物动词至少要有两个论元，即论元之间是施受关系，这种形式占多数。另一种是宾动同构式，这种形式比较少，局限于连动句中表达致使义。

（1）动词+结果补语（非成词语素）

ɕe²¹杀死	dɚ²¹pu⁵⁵打倒
tɕʰe³³pu⁵⁵砍倒	do̠³³pu⁵⁵踢到
kʰo³³扒开	lə̠²¹tʰu⁴⁴钻通
dɚ²¹堵住	to³³tsʰi²¹塞住

（2）动词+趋向补语（非成词语素）

sə³³tʰɿ²¹拉出	kɚ⁵⁵tɕe³³拿上
ti⁵⁵tɕi³³砸进	kɚ⁵⁵tɕi³³拿下
zi²¹lo³³tʰɿ²¹丢出去	

以上两例中（1）pu⁵⁵、tʰu⁴⁴、tsʰi²¹等结果补语和（2）tʰɿ²¹、tɕe³³、tɕi³³、lo³³tʰɿ²¹等趋向补语皆为非成词语素，表示动作结果的状态。

（3）动词+动词（结果补语）

bɚ²¹ŋu³³吵哭	xɚ⁴⁴ŋu³³骂哭
tsʰɿ²¹ɣɚ³³逗笑	ke³³ɣɚ³³弄笑

这一类致使事件通过施事动词加受事动词表示施事者使受事者发出动作。

（4）动词+形容词（动作结果）

ŋe⁵⁵tʰu²¹折断	ti⁵⁵to̠²¹敲凹陷
be³³ɕe²¹射死	ŋe⁵⁵du³³压直（弄直）
ʂi⁵⁵ku²¹捏紧	ti⁵⁵go²¹敲弯

这一类致使事件是通过施事动词加形容词表示所修饰的受事事物性质、形状、体积、状态等发生某种改变，达到该动作想要的结果。

三、彝语句法中致使义的表达

(一) 使动词句

在彝语句子中使动词的运用表示对受事直接致使。例 (7b) 中使动词 "tsa^{55}"（喂）是与自动句例 (7a) 中 "dza^{21}" 相对应的致使句，在没有话题限制的条件下，例 (7b) 有两层意思，即 "e^{33}"（他）在该句中既可以作施事主语也可以作受事宾语。作施事时 "e^{33}"（他）是动作的发出者，使别人吃饭；作受事时 "e^{33}"（他）是受别人喂饭的接受者。为分清语义上的混淆，句子例 (7c) 在例 (7b) 的基础上添加受事格 "lo^{33}"（被）作为限定成分直接限定 "e^{33}" 为受事宾语，"ŋa^{33}"（我）自然成了施动者，这样施受关系就明确了。句子例 (7d) 又在例 (7c) 施受关系已经明确的基础上增加施事格 "lɛ^{21}ə^{55}"，表示对 "ŋa^{33}"（我）这一施事者唯一性的再一次强调。

(7a) e^{33} dza^{33} dza^{21}. 他吃饭。
　　　他　饭　吃

(7b) e^{33} dza^{33} tsa^{55}. 给他吃饭。
　　　他　食　喂

(7c) ŋa^{33} e^{33} lo^{33} dza^{33} tsa^{55}. 我喂他。
　　　我　他　受事　饭　喂

(7d) ŋa^{33} lɛ^{21}ə^{55} e^{33} lo^{33} dza^{33} tsa^{55}. 我来喂他（吃）。
　　　我　施事　他　受事　饭　喂

(二) 使动词 + tɛ^{55}使动标记句

彝语句子中，使动标记 "tɛ^{55}" 不只可以加在自动词后，也可以加在使动词后，区别在于使动词和施动标记所致动的对象不一样。例 (8) 中使动词 "tsa^{55}"（喂）的致动对象是 "ŋu^{21}"（牛），让牛吃草，而使动标记 "tɛ^{55}" 的致动对象是 "ŋə^{55}za^{21}"（弟弟），让弟弟去喂牛草。例 (9) 的 "tɔ^{55}"（放）和致使标记 "tɛ^{55}" 具有和例 (8) 一样的语法意义。

(8) ŋu^{21} ɕi^{55} ni^{33} ŋə^{55}za^{21} lo^{33} tsa^{55}tɛ^{55} zi^{33}. 让你弟弟去喂牛草。
　　　牛草　你　弟弟　宾格　喂让　去

(9) a^{55} tɔ^{55} a^{21}nə^{44} lo^{33} tɔ^{55}tɛ^{55} ma^{21} da^{33}. 不能让小孩放火。
　　　火　　小孩　宾格　　放让　不　　可以

（三）NP+lo^{33}受事+V+tɛ^{55}致使标记+（gə^{21}给）句

彝语方言致使句中增加的实义词"gə^{21}"（给）在句中是一种语气，表达说话人的"情愿、应允、同意"的意思。

(10) ni^{33} za^{21} lo^{33} kʰa^{44}do^{21}ŋa^{33}ŋa^{33} zi^{33} tɛ^{55} gə^{33} ŋa^{33}.（你）就让你儿子去吧！
　　　你儿子 受事 体　　　去 让 给 语气词

(11) tsʰo^{44} ʥa^{44}　　lo^{33} to^{33} ʑe^{21} xa^{44} gə^{21}.把那个人灌醉了吧。
　　　人　那　　受事 喂 醉 体 给

(12) ŋa^{33} le^{21}ə^{55} zi^{33} tɛ^{55} gə^{21} ti^{55} da^{33}.我让（它）去吧。
　　　我 实施 去　致使 给 才行

（四）时、体、态与致使句

(13) PRO a^{21}nə^{44} lo^{33} ʝ^{21} tɛ^{55} ʑi^{33} da^{33}.让孩子去睡吧。（请求）
　　　孩子 受事　睡 使 去 可以

(14) PRO a^{21}nə^{44} lo^{33} ʝ^{21} tɛ^{55} ʑi^{33} le^{44}.要让孩子去睡了。（必须）
　　　孩子 受事　睡 使 去 必须

(15) a^{21}nə^{44} lo^{33} ʝ^{55} ta^{55}　　le^{44}.要让孩子睡了。（应该）
　　　孩子 受事 使睡 持续体 必须

(16) a^{21}nə^{44} lo^{33} ɚ^{44} tʰa^{21} ʥe^{33} kʰa^{44}na^{44} tsa^{55} le^{44}.
孩子应该从小时候就好好养。（应该）
　　　孩子 受事　小 时候 从　 好好 教育 应该

(17) a^{21}nə^{44} lo^{33} ɚ^{44}　tʰa^{21}　ʥe^{33} kʰa^{44}na^{44} tsa^{55} tɛ^{55} le^{44}.
孩子应该从小时候就好好养（让吃）。
　　　孩子 受事 小 时候 从 好好 教育 致使 应该

(18) ŋu^{21} ɕi^{55} ʥa^{44} ʥa^{21} tɛ^{55} da^{33} xa^{44}.那草可以让牛吃。（一般现在时）
　　　牛 草 那 吃 让 可以 了

(19) ŋu^{21} ɕi^{55} ʥa^{44} ʥa^{21}xa^{44} tɛ^{55} da^{33}.那草可以让牛吃。（将来完成时）
　　　牛 草 那 吃了 让　行

如上所例，在彝语方言中，施事者"有意为之"或"无意而为"等主客观因素在致使句中与施事物的生命体特征相关。有直接致使和间接致使之分，且直接致使和间接致使之间的区别只是一个连系统上的程度区别，间接致使不是施事直接对受事致使的关系。其实，"使动"只是彝语的整个句法形态当中一个相对具体的语法范畴，致使义跟句子中的时、体、态等其他语法成分有着密切的关系。

四、彝语致使标记的来源和演变

彝语峨山方言山苏话的致使标记"tɛ⁵⁵"是一个语法化了黏着词素，附着于实义词之后充当致使义"让"，而纳苏话的致使标记"bi²¹"词汇意义是"给"，在句末则作为致使标记出现，这与藏缅语族语言中普遍存在的致使标记由"给"的语义同出一源。从汉语人的角度很容易将其分析为"给"字句，而彝语方言中的"bi²¹"（给）在致使句中充当的是致使标记。山苏话中"gɔ²¹"（给）在致使句中不充当致使标记，但作为一种增强致使语气的表达方式。

孙宏开先生（1992）指出："使动形式的演变和发展随着前缀本身活跃程度的降低、语法意义和语音形式的历史演变，往往与动词及物与不及物、自主与不自主等语义、语用相关，这也许是使动形式从形态到分析的必由之路，这个过程也是整个语法结构调整的过程。"鉴于孙先生的分析，我们发现峨山彝语的分析型致使结构有多向性，最明显的是山苏话有致使标记"tɛ⁵⁵"（让），这与孙先生谈到的黏着使动现象相符，"tɛ⁵⁵"本身已经没有词汇意义，用法上是通过在动词或形容词之后加上已经虚化了的词素"tɛ⁵⁵"（让）来实现致使义，且能产性很强，纳苏话则有半虚化的动词"bi²¹"（给）充当致使标记，"bi²¹"在纳苏话里仍然可以找到实义"给"。Nedjalkov认为，通古斯语中的致使和被动结构标记由动词"bu"（给）转化而来。① 金立鑫认为语法化手段是一种虚化的、不单独自由运用的、操作规律性比较强的语素形式。② 彝语山苏话中致使标记"tɛ⁵⁵"是通过语法化手段实现致使功能的。Heine & Kuteva 认为，语法化是指由某一词项转化为语法形式，并且进一步发展成为具有凸显语法特征的过程。③ 峨山彝语方言中，作为致使范畴之一的形态型致使如今慢慢在消失，而分析型致使在增加，这与藏缅语族语言的单音节词向双音节词演变有关。具体例子如山苏话的"dʑɚ²¹"（骑）原本有与之对应的使动词"tsɚ⁵⁵"（使骑）。但据我们的田野观察来看，现在山苏话里很少有使动词"tsɚ⁵⁵"（使骑）的表达，都已经在用添加致使标记后"dʑɚ²¹tɛ⁵⁵"（使骑）的双音节表达式。其他如"bu²¹"（背~物）、"ba²¹"（背~物）等自动词已经没有了相应的使动词。

五、结论

本文主要讨论了峨山彝语方言致使范畴的表现形式和历时演变。据分析发现，形态型致使主要通过辅音清浊交替、元音松紧变化、声调高低变化和名词重叠4种表现形式。其中兼用声母清浊交替和变化声调的形式比例是最少的，而重叠变化的致使形式比较多，

---

① 丛珊：《鄂伦春与致使结构标记的语法化过程》，《满语研究》2018年，第36页。
② 金立鑫：《语言研究方法导论》，上海外语教育出版社，2007年，第135页。
③ 丛珊：《鄂伦春与致使结构标记的语法化过程》，《满语研究》2018年，第36页。

因此我们认为彝语词中自动和使动的形态表现形式并不对称。分析型致使在句法中的表现形式比较复杂，有"V+V$_{补语}$"结构、"NP+lo^{33}$_{受事}$+V+tɛ^{55}$_{致使标记}$+(gə^{21}$_{给}$)"结构和双重致使三种句法结构。此外，彝语方言句法中的时、体、情态等语言范畴跟致使义的表达有很大的相关性。

根据藏缅语词汇的历史演变现象，彝语方言单音节词有双音节化趋势。从与自动词相对应的使动词数量的逐渐减少，到致使标记"tɛ"等的产生，都可认为是一个语法化的过程，尽管方言土语之间如纳苏话"bi^{21}"（给）、山苏话"gə^{21}"（给）的语法化程度不尽一致。

参考文献

[1] [美]伯纳德·科姆里，2010.语言共性和语言类型［M］.沈家煊，译.北京：北京大学出版社．

[2] 陈康，1990.彝语自动词与使动词的形态标记及其由来［J］.民族语文（2）．

[3] 陈士林，边仕明，陈秀清，等，1926.凉山彝语动词的使动范畴［J］.中国语文（8-9）．

[4] 戴庆厦，1981.瓦语使动范畴的形态变化［J］.民族语文（4）．

[5] 杜若明，1990.藏缅语动词使动范畴的历史演变［J］.语言研究（1）．

[6] 黄成龙，2014.类型学视野中的致使结构［J］.民族语文（5）．

[7] 李大勤，朱苗苗、宋成，2020.格曼语中"致使义"的句法实现［J］.语言科学（5）．

[8] 孙宏开，1998a.论藏缅语的使动范畴［J］.民族语文（6）．

[9] 孙宏开，1998b.论藏缅语动词的使动语法范畴［J］.民族语文（6）．

[10] 徐悉艰，1984.景颇语的使动范畴［J］.民族语文（1）．

[11] 杨将领，2003.藏缅语使动范畴的分析形式［J］.民族语文（3）．

[12] 杨将领，2017.藏缅语族语言使动范畴研究［D］.上海师范大学博士学位论文．

[13] 王力，1980.汉语语法史稿［M］.北京：中华书局．

[14] 王一君，2017.片丁纳西语致使结构的类型分析［J］.常熟理工学院报（3）．

[15] 赵绿原，2019.青海民和甘沟话的致使结构［J］.中国语文（2）．

[16] 朱文旭，王成有，方虹，1998.彝语使动范畴前缀词素研究［J］.民族语文（6）．

[17] R. M. W. Dixon, 2009.Basic Linguistic Theory: volume 3［M］.New York: Oxford University Press: 239-249.

The Causative Category of Eshan Dialect in Yi Language

MU Hua

Abstract: This paper surveys the two forms of expression of causal meaning in Eshan Yi language: "morphological" and "analytic". The morphological causes are through four modes: the voiceless and voiced alternation of consonants, the change of vowel tightness, and the change of pitch and the overlap. The analytic type makes the expression in the syntax more complicated, mainly including the V+V补语, NP+lo^{33} 受事+V+tɛ^{55} 致使标记+(gə^{21} 给) structure and the double cause. In addition, the expression of causal meaning in Yi language is closely related to the grammatical categories such as tense, aspect and modality in the syntax. Descriptive analysis of the category of cause in Yi dialect of Eshan has important typological significance for further analysis of the expression of cause in the Yi language branch.

Keywords: Yi language Eshan dialect, causative category, demonstrative, grammaticalization

方言与文学

方言学视域下的明代七子派文学追求与实践①

史小军 欧阳娉

（暨南大学文学院 广东广州 510632）

【提 要】 七子派作为明代最重要的文学流派，成员众多，分布地域广，影响时间长，其文学风貌无疑会受到成员所属方言区的熏染，体现出浓厚的地域文化特色。本文通过QGIS等地理信息系统对七子派中可考籍贯的成员进行数据分析，运用数字人文的手段，从文学与语言学的双重角度考察方言对明代七子派文学的影响，认为七子派的文学追求和文学实践与方言的关系密切：在具体创作中，谢榛、李攀龙等成员的诗歌用韵明显受到山东方音的影响，康海的戏曲文辞中出现大量的关中方言词汇。此外，七子派对"真诗乃在民间"的强调和对民间歌谣的重视都表明方言对七子派的创作和理论建构起到了不可忽视的作用。

【关键词】 方言学 七子派 关中方言 吴方言

明代文学的发展轨迹呈现出正统与通俗双线并行、相互渗透的特征，且凸显出明显的地域特色。七子派作为明代主要文学流派，其成员分处不同的方言区，尤其集中于中原官话区与吴语区。在方言的长期浸润下，他们的文学风貌在追求"文必秦汉，诗必盛唐"的同时多多少少会受到各自方言的影响：强调"真诗乃在民间"②、重视民间歌谣，以方言乡音入诗作曲等。凡此种种都表明方言是研究七子派文学的一个重要视角，可惜此点还不为人们所认识。从文学、文化学方面研究七子派是主体，成果丰硕；语言学的研

---

① 本文为国家社科基金年度项目"明代前后七子羽翼研究"（20BZW094）的阶段性成果。
② （明）李梦阳撰：《空同集》，载沈乃文主编《明别集丛刊》第1辑第92册，黄山书社，2013年，第372页。

究主要是从音韵和语法、词汇等方面分析七子派的部分作品,数量较少[①];从方言学角度探讨七子派的研究成果更是付之阙如。因此,本文尝试对此问题作一考察,以期拓展明代七子派研究的视野。

一、明七子派成员所属方言区分布与文学特色

"方言"一词,早见于扬雄《輶轩使者绝代语释别国方言》一书,此书系统比较了各地方言,是"汉代由一人独任的,最长期、最详细的方言调查的结果"[②]。而古代文学作品与方言的关系密不可分,自《诗经》起,就有地方语言入诗的传统。故在方言学视域下考察文学,具体方言区的划分极为重要,正如梁启超所言:"大而经济、心性、伦理之精,小而金石、刻画、游戏之末,几无一不与地理有密切之关系。"[③]因此,按照方言的使用情况,全国可划分为几大重要方言板块。虽然经过几次朝代变更与政治迁移,方言区也随之变动,但自南宋政治、经济中心南移后,全国方言区大致定型,元明清至多只在区内小范围调整,而明代已有明确的方言区意识:"汉、魏、六朝、唐、宋、元诗,各自为体。譬之方言,秦、晋、吴、越、闽、楚之类,分疆画地,音殊调别,彼此不相入。"[④]这与现今的汉语方言区[⑤]多有重叠相似,方便我们理解明代文学中的方言情况。

地域与方言可谓一体两面,文学是语言的艺术,地域性的文学流派必然打上方言的印记。明代诗文发展呈现出明显的地域特色:"国初吴诗派昉高季迪,越诗派昉刘伯温,闽诗派昉林子羽,岭南诗派昉于孙蕡仲衍,江右诗派昉于刘崧子高,五家才力,咸足雄据一方,先驱当代。"[⑥]之后又有以湖南茶陵、湖北公安、湖北竟陵等地名来命名的几大重要流派。七子派贯穿弘治至隆庆年间,虽未以地域命名,但他们成员的籍贯分布前期以西北为主,后期以东南为主,且成员在京城和各地多有为官的经历,其文学主张和文学创作都会不由自主地受到地域文化的影响,地域方言也潜移默化地融入他们文学主张的生成及文学创作的实践中。

根据七子派成员籍贯,将他们所属的方言区列表如下:

---

① 相关研究的期刊论文有刘英波《康海北散曲小令用韵简析》(《聊城大学学报》(社会科学版),2008年第4期)、《王九思北散曲小令用韵简析》(《西华师范大学学报》(哲学社会科学版),2008年第1期)、《康海、王九思北散曲小令用韵之比较》(《中国韵文学刊》,2008第3期)等系列文章,王应龙《〈泞东乐府〉方言语词札记》(《咸阳师范学院学报》,2011年第5期)等,学位论文有薛凤梅《谢榛诗韵研究》(贵州师范大学2014年),许莹莹《李攀龙诗歌用韵研究》(华中师范大学2016年)等。
② 林语堂著:《林语堂名著全集第19卷·语言学论丛》,东北师范大学出版社,1994年,第24页。
③ 梁启超:《饮冰室文集全编》(第3册),广益书局,1948年,第105页。
④ (明)李东阳撰:《李东阳集》,周寅宾校点,岳麓书社,2008年,第1515页。
⑤ 根据现代方言分区,主要分为七大方言区:北方方言区、吴方言区、湘方言区、赣方言区、客家方言区、粤方言区、闽方言区。
⑥ (明)胡应麟撰:《诗薮》,中华书局,1958年,第327页。

表1 明代七子派主要成员所属方言区分布表

省份	成员	籍贯	今址	方言区
陕西承宣布政使司	王九思	西安府鄠县	西安市鄠邑区	中原官话
	康海	西安府武功县	陕西省武功县	
	李梦阳	庆阳府安化县	甘肃省庆阳市	
河南承宣布政使司	何景明	汝宁府信阳州	河南省信阳市	
	王廷相	开封府仪封县	河南省兰考县	
山东承宣布政使司	边贡	济南府历城县	山东省济南市	冀鲁官话
	李攀龙	济南府历城县	山东省济南市	
	谢榛	东昌府临清州	山东省临清市	
湖广承宣布政使司	吴国伦	武昌府兴国州	湖北省阳新县	西南官话
南直隶	宗臣	扬州府高邮州兴化县	江苏省兴化市	江淮官话
	徐祯卿	苏州府吴县	江苏省苏州市	吴方言
	王世贞	苏州府太仓州	江苏省太仓市	
浙江承宣布政使司	徐中行	浙江湖州府长兴县	浙江省湖州市	
广东承宣布政使司	梁有誉	广东广州府顺德县	广东省佛山市	粤方言

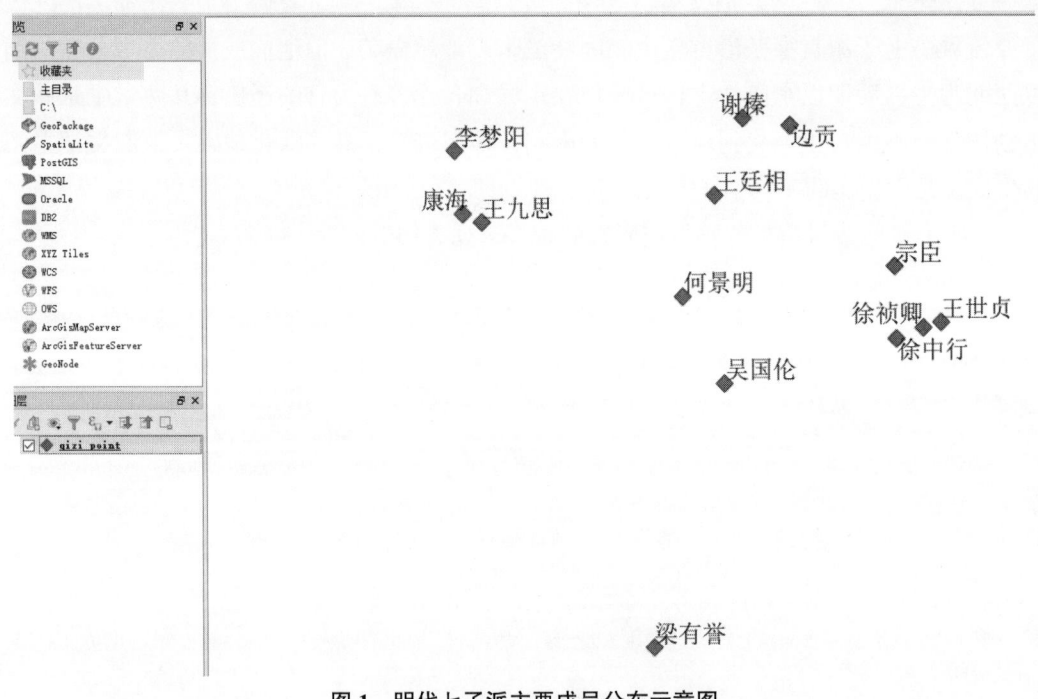

图1 明代七子派主要成员分布示意图

表2　前七子羽翼方言区分布情况

方言区	方言	成员
北方方言区	北京官话	张诗
	中原官话	殷云霄、孟洋、樊鹏、戴冠、左国玑、李濂、薛蕙、王维桢
	江淮官话	朱应登、顾璘、陈沂
	西南官话	张含、孙继芳、孙宜
南方方言区	吴方言	黄省曾、周祚、屠应埈
	赣方言	熊卓
	闽方言	郑善夫
	徽语	程诰、郑作

前七子派中，主体成员除徐祯卿外，全部属于北方方言区，而22名羽翼成员中，北方方言区有15名成员，南方方言区仅有7名成员。显然，从方言区观察前七子派成员的分布，可以发现其中呈现出明显的北方特色。因此，在豪迈爽直的北音影响下，加之对台阁文学萎靡文风的不满，前七子派率先举起"文必秦汉，诗必盛唐"的旗帜，要求恢复古典诗文的浑厚气象。

表3　后七子羽翼方言区分布情况

方言区	方言	成员
北方方言区	中原官话	李先芳、石星、魏允中、张九一、王祖嫡、穆文熙、刘黄裳、魏允贞、卢柟
	冀鲁官话	许邦才、邢侗
	江淮官话	周弘禴、邹观光、梅鼎祚、冒愈昌
	西南官话	李维桢、张佳胤
	晋语	王道行
南方方言区	吴方言	俞允文、吴维岳、赵用贤、屠隆、胡应麟、皇甫汸、莫如忠、周天球、刘凤、张凤翼、顾孟林、殷都、张献翼、王穉登、王叔承、沈思孝、邹迪光、张元凯、张凤鸣、曹昌先、徐益孙、瞿汝稷、顾绍芳、徐桂、华善继、吴稼登、王世懋、俞安期、王衡、沈朋臣
	赣方言	朱多煃、余曰德、魏裳、喻均
	粤方言	欧大任、黎民表
	闽方言	佘翔
	徽语	汪道昆、汪道贯、潘之恒

后七子派则多半分布在南方方言区，是故后七子派虽近接献吉、远慕秦汉，但实际上不能否认他们身上延续着独具水乡特色的南方文脉。因此，后七子派部分成员在加入

文学复古运动、明确诗文主张之前，创作上也多有婉转柔媚之语，对诗文形式格调的态度也更为包容。

通过以上图表可见，七子派成员在方言区分布上呈现出北方方言区和南方方言区都有分布，西北与东南对立、中原官话、吴方言表现突出，并延揽闽粤方言区的文学格局。而相较于诗文、书信等正式文体，口语交际难免会涉及方言俗语，因此同一方言区的成员在语言沟通上更为亲近方便，他们的交游自然也会受到影响，这间接促成七子派群体的形成与壮大。如康海与王九思都生长于西安府，属同一方言区，因此往来频繁，关系紧密，更以此结下儿女亲家，巩固七子派成员的内部联系。后七子派中的李攀龙、谢榛、许邦才、邢侗都是山东人，同属冀鲁官话区，他们上溯山东乡贤边贡，以此在地域上接续前七子派的血脉。

二、方言与明七子派的文学风貌及真情追求

七子派成员分处不同的方言区，他们的文学风貌难免会受到当地方言文化的影响。"燕赵多慷慨悲歌之士，吴楚多放诞纤丽之文"①，北方雄迈，南方柔丽，呈现出更鲜明、更多元、更丰富的发展面貌，既表现出各地不同的民俗风情，也饱含着作者不加修饰的满腔真情。同时，七子派的文学主张虽是以雅为主，但并非摈弃时俗，他们的部分作品同样也含真带俗，贴近生活，抒发胸臆。

前七子派主要分布北方，北方方言字正腔圆，刚健雄浑，粗犷洒脱，故七子派成员浸润在北方风土中，受到北方方言的影响，自然会向往秦汉盛唐的大一统气象，追求人格精神的高昂和社会价值的实现，在文学上也更为亲近浑厚雄壮、高格朗调的唐型文化。如康海的散曲就颇具秦腔特色，雄劲激昂，豪放爽朗：

木强人怎寄丝纶任，楚狂徒易犯森严禁。快直心难撒唵嗜吞，着宝行岂管峣崎谶。贵贱百年身，荣辱须臾恁，不伏波有甚明珠谱。②（《漫兴》）

五百载天生尚父，二十年人笑风胡。把经纶宇宙心，草斡转乾坤疏，向丹墀剀切宣敷。圣主春回万物苏，怕甚麼淮西未抚。③（《粹夫对事》）

论疏狂端的是我疏狂，论智量还谁如我智量。细寻思往事皆虚诳，险些儿落后我醉春风五柳庄，汉日英雄唐时豪杰问他每今在何方。好的歹的一个个尽撺入渔歌樵唱，强的弱的乱纷纷都埋在西郊北邙，歌的舞的受用者休负了水色山光。④（《酌酒》）

在《沜东乐府》中，这类本色自然、气势昂扬的散曲俯拾皆是，激慨奋发，有秦腔之魂，且康海"当长沙柄文时，天下文嬾弱矣。关中故多秦声，而先生又以太史公质直

---

① 梁启超著：《饮冰室文集全编》(第3册)，广益书局，1948年，第105页。
② (明)康海：《康海散曲集校笺》，[新加坡]陈贇沅编校，孙崇涛审订，浙江古籍出版社，2011年，第7页。
③ 同上书，第8页。
④ 同上书，第13页。

之气倡之，一时学士风移"①，将具有西北豪迈气魄的强劲之风推向弘正文坛，在扭变时风、振作文气中起着关键作用。

此外，吴方言区也是七子派成员活动的重要区域。在七子派主体成员14人中，吴方言区3人，占1/4，羽翼成员84人中，吴方言区33人，占比更高，因此受方言文化的影响也更深。吴方言区主要使用吴语，吴语软糯，音多连调，语调温和，婉转玲珑，而徐祯卿、王世贞等人居于吴中胜地，他们将南方方言的柔媚之风与北方方言的刚健之气融合，湿润了西北文学的硬气与风沙。徐祯卿浸润于吴方言的软语绵调中，虽然"大不及李，高不及何，而倩朗清润，骨相嶔崎，自能独尊吴体"②，诗歌颇有江左余韵，如《奉题三城王画桃花小障》："新桃倚墙青破萼，白日深宫春漠漠。纤毫聊为发丰姝，隔簾小枝颜色薄。深朱借耀粉借姿，露靥含娇额半垂。宫娃捧砚惊奢艳，羞对东风还自悲。"③此诗为徐祯卿与祝允明、沈周、文徵明等人为《折枝桃花图》题诗时所作，诸家皆为吴中人士，"青破萼""春漠漠""借耀借姿""露靥含娇"等词带浮艳，辞致雅赡，缀玉联珠，体现出浓厚的吴中地域特色。这类诗歌在徐祯卿诗集中层出叠见，"暖风朝柔弄蒲筍，阑干透迤碧轩静。梨花着雨娇泣春，小燕无言双对影"④、"今夕何夕灯满堂，金钗夜舞华瑟旁。香风拍袂红霞举，玉腕矫矫凌虚翔"⑤等语出繁华，故而钱谦益称其"沈酣六朝散华流艳文章烟月之句，至今令人口吻犹香。"⑥

更值得注意的是，方言是民间文学不可或缺的一部分。因此，七子派能够突破传统意义上的雅俗之辨，亲近方言文学，在文学主张上寻求新的转变也就更为可贵，这尤其表现在七子派对民间歌谣的态度更易上。我们从李梦阳"真诗"观的转变中可以一探究竟：

> 曹县盖有王叔武云，其言曰："夫诗者，天地自然之音也。今途咢而巷讴，劳呻而康吟，一唱而群和者，其真也，斯之谓风也。孔子曰：'礼失而求之野。'今真诗乃在民间。而文人学子，顾往往为韵言，谓之诗。夫孟子谓《诗》亡然后《春秋》作者，雅也。而风者亦遂弃而不采，不列之乐官。悲夫！"⑦

李梦阳在听闻王叔武的"真诗在民间"后，本极力反驳，并与之理论，但是在讨论过程中逐渐推翻自己固有看法，"于是怃然失，已洒然醒也"⑧，而王叔武的答话正指明民歌的真情所在："诗有六义，比兴要焉。夫文人学子，比兴寡而直率多，何也？出于情寡而工于词多也。夫途巷蠢蠢之夫，固无文也。乃其讴也，咢也，呻也，吟也，行呫而

---

① （明）王世懋：《对山先生集叙》，载（明）康海著：《康对山先生集》，贾三强、余春柯点校，三秦出版社，2015年，第21页。
② （清）沈德潜著：《说诗晬语》，凤凰出版社，2010年，第117页。
③ （明）徐祯卿：《徐祯卿全集编年校注》，范志新编年校注，人民文学出版社，2009年，第47页。
④ 同上书，第31页。
⑤ 同上书，第102页。
⑥ （清）钱谦益著：《列朝诗集小传》，上海古籍出版社，1983年，第301页。
⑦ （明）李梦阳撰：《空同集》，载沈乃文主编《明别集丛刊》第1辑第92册，黄山书社，2013年，第372页。
⑧ 同上书，第373页。

坐歌，食咄而寤嗟，此唱而彼和，无不有比焉兴焉，无非其情焉，斯足以观义矣。故曰：'诗者，天地自然之音也。'"①显然，街巷百姓少于诗书礼教熏陶，无法做到经纶满腹、文采斐然，因此，他们击鼓吟咏的民间歌谣朴素直白，贴近生活，其间必然会充斥大量的方言俗语、市井俚言，就如王叔武所言："真者，音之发而情之原也。古者国异风，即其俗成声。"②甚至可以说"歌谣是一种方言的文学。歌谣里所用词语，多少是带有地域性的，倘使研究歌谣而忽略了方言，歌谣研究中的意思、情趣、音调至少有一部分的损失，所以研究方言可以说是研究歌谣的第一步基础功夫。"③且明代民歌也因方言音调之故，各地别有优胜之处："今之诗，唯吴、越有歌。吴歌清而婉，越歌长而激，然士大夫亦不皆能。"④这种音调差异也使得方言成为七子派进行文学判断的重要依据："今曰黄钟宫为清越之音，不知其音出于喉乎，出于唇乎？意者闽人无喉中之音，故遂以唇舌不正之音而杜撰以定之也。"⑤

总之，七子派的这一转变是明代诗学史上的重要节点，他们对民歌的认可打破了传统意义上的雅俗之辨与贵雅倾向，推动了方言文学在明代的发展，其后陆续有《山歌》《挂枝儿》等民歌选集问世，丰富了明代文学的表现形式。可以说，七子派对民歌的肯定，加速了方言的音调文辞进入文学领域，强化了歌谣的音乐性，扩充了歌谣的承载内容，充分展现出布衣黔首坦诚朴素的率真情怀。

三、方言对明七子派创作遣词用韵的影响

在方言文化的浸染下，七子派除了在文学风貌及其文学追求上受到影响外，他们在具体创作中也直接以方言遣词、以方音入韵。如果说注重形式、规范文体是七子派的崇尚宗旨，那么提倡真情、言为真心则是七子派的兼有之义，我们绝不能因其强调形式之美而忽略其情感本质，而七子派的文学主张与创作中的方言因子正是他们文学性情的真实流露。七子派为了增强作品的俚俗生动与和谐自然，他们主动在文学创作中使用方言词汇，这种大胆尝试成为他们作品中别开生面、与众不同的文学特色。尤其是诗词、歌谣、戏曲这类带有口头表达性质的文学体裁，最初就是从民间百姓的日常交流中撷取出来的，它们扎根于带有不同方言的风土人情中，生长过程本就沾染着浓厚的地域气息，而方言正是这类作品民间化、世俗化与真实感的表达窗口。

七子派在创作时会不自觉地受方言文化的影响，这主要表现在他们作品的方言遣词上。首先，在诗歌创作方面，七子派成员的诗作斗量筲计、浩卷繁帙且内容丰富，虽然

---

① （明）李梦阳撰：《空同集》，载沈乃文主编《明别集丛刊》第1辑第92册，黄山书社，2013年，第372-373页。
② 同上书，第372页。
③ 沈兼士：《段砚斋杂文·今后研究方言新趋势》，载周振鹤、游汝杰《方言与中国文化》，上海人民出版社，2006年，第175页。
④ （明）李东阳撰：《李东阳集》，周寅宾校点，岳麓书社，2008年，第1508页。
⑤ （明）王廷相著：《王廷相集》，王孝渔点校，中华书局，1989年，第500页。

较少直接使用方言词语,但在其作诗用语时,仍不时展现出方言区的风俗风貌。前七子成员康海的诗歌多数是在其罢官归里后创作,身居故梓,又常与关中士人交游雅集,周边西北方音萦绕,他的诗中不乏"茫茫天宇间,此类那能数"①、"儿女方粗了,存亡忽见寻"②等句,用词有方言本色,关中豪放之气扑面而来。此外,七子派对方言俗语的包容,也令他们创作出许多乐府民歌,这里以《竹枝词》的创作为例,《雅伦》曾言:"(竹枝词)体有数格,大都揉俗入雅,是竹枝本色。"③是以,何景明有《竹枝词》,郑善夫作《竹枝词》二首,"梨岭遥于枫岭遥,小关高比大关高。佣夫过岭如平地,一岁来回一百遭"(郑善夫《竹枝词》其二)等句用语浅显,抒情直白,而王世贞《两山竹枝歌》三首、胡应麟《西湖竹枝词》四首、《兰江竹枝词》按地域风物而作,"橘绿橙黄香满校,瓮头篘玉鲙鱼丝"(王世贞《两山竹枝歌》其一)等句更凸出地域文化特色。

其次,七子派在戏曲创作上也显现出明显的方言痕迹。如果说七子派在诗歌的遣词摹写上是不自觉地受到方言文化的影响,那么戏曲、小说等体裁所具有的通俗性、包容性则保证了方言词汇可以直接进入这类文体。自来诗、词、曲文体有别,"诗不如词,词不如曲,故是渐近人情。夫诗之限于律与绝也,即不尽于意,欲为一字之益,不可得也。词之限于调也,即不尽于吻,欲为一语之益,不可得也。若曲,则调可累用,字可衬增。诗与词,不得以谐语方言入,而曲则惟吾意之欲至,口之欲宣,纵横出入,无之而无不可也。"④显然,戏曲是方言词囊括最多、出现最频的重要通俗文体。康海是陕西武功人,他与王九思擅于戏曲创作,而这些戏曲作品中就包含丰富的关中方言词汇,这既是乡情乡音的真实展现,也为文本增添不少俚俗俚趣,使得戏曲更加生动形象,读来身临其境,如在眼前身边。笔者根据《元明清文学方言俗语辞典》《陕西方言大词典》《关中方言大词典》等资料,将康海《中山狼》《王兰卿》等杂剧中的部分方言词汇列于下表:

表4　康海杂剧方言词汇举例⑤

序号	方言词汇	文本	释义	出处
1	"兀那"	兀那前边有个狼来也! 兀那路傍树上拴着驴儿	"那",那边、那个,包括人、事等	《中山狼》第一折、第二折
2	"消乏"	奔走天涯,脚跟消乏	疲惫	《中山狼》第一折
3	"乍"	俺战兢兢遍体寒毛乍	直立的样子	《中山狼》第一折

---

① (明)康海:《康对山先生集》,贾三强、余春柯点校,三秦出版社,2015年,第753页。
② 同上书,第769页。
③ (明)费经虞撰:《雅伦》,收入《四库全书存目丛书》集部第420册诗文评类,齐鲁书社,1997年,第209页。
④ (明)王骥德撰:《曲律》,载《中国古典戏曲论著集成》第4集,中国戏剧出版社,1959年,第160页。
⑤ 《中国文学大系》第3册,学海出版社,1976年。

序号	方言词汇	文本	释义	出处
4	"乌珠"	呆邓邓两眼**乌珠**咃	黑眼珠	《中山狼》第一折
5	"厄"	恁的把俺相**厄**呵	哄骗，不讲理。"厄人"连用比较常见	《中山狼》第一折
6	"吊闲牙"	谁和您**吊闲牙**	说闲话、聊天	《中山狼》第一折
7	"战笃笃"	却教俺**战笃笃**的魂儿，早不觉滴羞跌屑的骇	发抖的样子	《中山狼》第二折
8	"古都都"	您便是**古都都**的嘴儿，使不得乞留兀良的赖	形容能说会道、滔滔不绝的样子	《中山狼》第二折
9	"这搭"	**这搭**儿难回避	这里，方位代词，常见有"这搭""那搭""兀搭"	《中山狼》第四折
10	"上气"	我在青州时，专一奉公守法，不敢半星儿负了朝廷委任，争奈与人**上气**，便是于世难合	生气，赌气	《王兰卿》第二折
11	"不对当"	又遇着**不对当**这般时月，望青州眼睁睁信断音绝	不走运	《王兰卿》第二折
12	"有气分"	百忙里且道甚吃饭穿衣，则看那坠楼的便是傍州咧，你休小觑了**有气分**的虞姬	有志气	《王兰卿》第三折
13	"胎孩"	出身在柳陌花街，做出来偆傥**胎孩**	板起面孔，威严有气概的样子	《王兰卿》第四折

除以上实词外，康海的戏曲中也多处出现"俺""恁""哩"等，显然，作者以方言撰写曲词尤其得心应手，驾轻就熟。此外，康海的散曲中也充斥大量方言词汇，如上表所举的"这搭""兀搭""那搭"等指示性方言词，同样出现在他的散曲作品中：

不肯能塌伏在葫芦架，又怎么支楞的弄琵琶。竹篱儿那搭，一觅里魔羽扇玩云霞，似一幅不疾溜陶潜画。①

便文章似韩孟，任疏通如贾董，少不的贬潮阳，谪长沙，生愁恐。这埚儿无是无非，

---

① （明）康海撰：《沜东乐府》，周永瑞点校，上海古籍出版社，1989年，第101页。

那搭儿前簇后拥。①

  粗略考证，《沜东乐府》中可考陕西方言词汇数十以计。譬如"歪"，这是陕西方言中常用的词语，形容人很厉害、凶狠，如"你歪得很"，发音时声调变上声，在《沜东乐府》中多次出现："昨日青春不再来，却怎的胡歪数载?"②、"有的是雪案间惯相陪的壶觞尊罍，又无甚仕途中歪廝攘的恐惧波查"③、"尽都是串皮肤左道胡歪。"④ 又如"问着他，口兀剌"⑤的"兀剌"一词，即关中方言中形容人含糊其辞、口齿不清，此处运用言简意尽，形象生动，而"腌臜货"等方言俗语更是不加修饰、多次出现，"兀的""咱""俺""恁"等词康海也频繁使用，尤见其散曲作品质朴爽直之色。另外，由于长期身居北京、陕西等地，康海的散曲中也偶见北方方言中的儿化现象，如"见三个老儿，引一火猱儿，沜西庄上耍子儿"⑥，极富生活气息。

  除了方言遣词外，七子派作品的用韵也受到了方音的些许波及，这里以关中方言为例。按照《中原音韵》的韵部划分，关中方言的发音变化主要体现在两个方面，一是固定词汇的发音变化，即当单字组成特定词语后，发音发生改变，如初一（chu yi）变为（chi yi），"初"字由鱼模韵变齐微韵。二是单字的发音变化，主要是韵部变动，如树（shu）变为（shi）、猪（zhu）变为（zhi），鱼模韵变支思韵，或者韵部没有变动，但是发音却出现细微变化，如水（shui）变为（shei），以上这些发音变动在关中方言中屡见不鲜，在散曲创作上也有所体现。康海、王九思的散曲小令多数是遵循《中原音韵》的基本规则，但是据学者统计，"康海在其204首北小令中有8类42首超越《中原音韵》的部界，王九思在其232首则有17类75首超越《中原音韵》的部界"⑦。特别自新加坡陈靝沅发现《沜东乐府后录》后，康海的散曲作品现存有小令433首、套数117套，数量较以往增补不少，其中破韵、变韵现象出现得更为频繁，这种音韵变化就存在受到方音影响的可能，以便作者更加畅快淋漓地抒发豪情快意，如康海的《书怀》：

  三万日时间过了，十八班不必提着。抖擞起泛海心，撇罢了平蛮纛，绿阴中瓦盏村醪。倦倚青岑一曲箫，也做个山翁醉倒。⑧

  这首散曲的韵脚属第11部萧豪韵字，其中"了""倒"字上声韵，"纛"字去声韵，"醪"字阳平，"萧"字阴平，而"着"字作为韵脚，根据语境释义，应属于第12部歌戈韵，但因为受到关中方音影响，发音为萧豪韵。与之类似的是《答客》："国史院咱曾视草，奸和正不必题（一作提）着。文书上恁样来，条款里偌般造，画葫芦难减分毫。但

---

① （明）康海撰：《沜东乐府》，周永瑞点校，上海古籍出版社，1989年，第104页。
② 同上书，第7页。
③ 同上书，第19页。
④ 同上书，第19页。
⑤ 同上书，第113页。
⑥ （明）康海著：《康海散曲集校笺》，[新加坡]陈靝沅编校，孙崇涛审订，浙江古籍出版社，2011年，第109页。
⑦ 刘英波、张俊阁：《康海、王九思北散曲小令用韵之比较》，《中国韵文学刊》2008年第3期，第98页。
⑧ （明）康海著：《康海散曲集校笺》，[新加坡]陈靝沅编校，孙崇涛审订，浙江古籍出版社，2011年，第8页。

把丹心自系牢，管甚么零煎细炒。"①同样属于第11部萧豪韵，"草""炒"上声，"造"去声，"毫""牢"阳平韵，"来"换韵为第6部皆来韵阳平，而此处的"提着"在关中方言发音中，"着"变音为萧豪韵。实际上，关中方言"提着"在发音时不仅韵母改变，声母也发生变化，声母由 zh 变为 ch，"着"在此处发 chuo 音。

除了固定方言词汇的发音变化外，散曲中也存在单个字词受方音影响的情况。如《即事》："叹流光易去难来，昨日春归，今日花开。气序侵凌，韶华荏苒，节物经该。杨柳岸春风不改，牡丹亭夜月何哉。睹物伤怀，感旧怜才。一曲秦筝，万盏吴醅。"②这首散曲中，"来""开""该""哉""才"属皆来部平声，"改"属皆来部上声，尾句韵脚"醅"却属第4部齐微部平声韵，这种明显的破韵现象也是因受方音陶染而不自觉变调，有助于作者随物抒情、浅唱低吟。《平泉》也在韵部上出现变化："出群才，风流个。人如美玉，思若长河。情性疏，襟怀大。富贵荣华浮云过，不隄防又入风波。雌黄奈何，天涯叹我，梦境由他。"③其中，"个"属于歌戈部去声韵，"河""波""他"属于歌戈部平声韵，而"大"在《中原音韵》里属3个韵部，分别是皆来部去声带小韵、歌戈部去声舵小韵、家麻部去声大小韵，按照语境释义，此处的"大"应属于第13部家麻部，但在方音表达中则可归入歌戈部，以便整首散曲韵脚的和谐统一。以此视之，康海在散曲创作中的用韵受关中方音的影响较为明显，散曲的特质就是以通俗取胜，适当运用乡音方言进行散曲创作，便于增强通俗性和感染力，也能更坦荡地抒发自己的天性与胸臆。

此外，在方音入诗方面，语言学领域对此有过专门研究。《谢榛诗韵研究》就认为研究谢榛古体诗和近体诗的诗韵特色有助于考察临清方音的历时演变，并列举谢榛诗歌中的一些特殊韵变，分析其与临清方音的关系，如"谢榛诗韵中东韵字与清韵字押韵的混淆，或许是临清方音特殊演变的一种反应。"④《李攀龙诗歌用韵研究》也指出李攀龙的诗韵正体现出明清时期山东方言的音韵特点，尤其点明李攀龙诗韵中"清庚青蒸通押，钟庚通押""东侵通押，文侵庚青清通押""陌德两韵通押"⑤等特点是山东方言的特殊变化。需要注意的是，谢榛与李攀龙都为山东人，但因所处州府不同，他们诗歌的音韵变化也出现了些微差别，这也体现出七子派诗歌用韵中的方音特性。据此视之，除谢榛、李攀龙外，其他七子派成员的诗歌用韵中或许也有受方音影响之处，这方面的研究可以深入推进。由此可见，我们以方言方音观照诗歌，既可深入挖掘七子派诗歌的声韵特色，独辟蹊径，别开生面，又可据此管窥不同方言区的声律形态在时间、空间上的演化，贯通明清的文学史、方言学史。

概言之，方言在七子派文学发展中扮演了重要角色，如果说雅言等书面文辞是七子

---

① （明）康海著：《康海散曲集校笺》，[新加坡] 陈龘沅编校，孙崇涛审订，浙江古籍出版社，2011年，第8页。
② 同上书，第15页。
③ 同上书，第39-40页。
④ 薛凤梅：《谢榛诗韵研究》，贵州师范大学硕士学位论文，2014年，第81页。
⑤ 许莹莹：《李攀龙诗歌用韵研究》，华中师范大学硕士学位论文，2016年，第1页。

派主张高格朗调的正统文学时所必然使用的，那么方言则是他们扩大文学表达内容的特殊方式，它增强了七子派作品的表现张力，也寄托了他们不加文饰的真实性情，是七子派文学进步的必经之路与典型示范。进而论之，"方言可以说是地方文化的最突出的符征。一个地方的戏剧、曲艺、歌谣、谜语等文艺形式都是以方言作为工具才得以表达的。当然地方文化还包括人情、风俗、习惯、服饰等方面，这些方面的特征有时候也会反映在方言里。方言研究实在是研究地方文化的一把钥匙。"①因此，从方言学视域考察文学的生成与发展给我们带来了新的启迪，这绝不局限于七子派文学复古运动研究，更能以此观照整个明代文学的发展演变，明晰明代雅俗文学的交融变迁与演变逻辑，扩展明代文学研究的视野。

参考文献

[1] 陈宁，2013.明清曲韵书研究[M].武汉：华中师范大学出版社.
[2] 程瑛，2015.关中方言大词典[M].西安：陕西人民出版社.
[3] 丁邦新，1998.丁邦新语言学论文集[M].北京：商务印书馆.
[4] 董绍克，等，2013.汉语方言词汇比较研究[M].北京：商务印书馆.
[5] （比利时）贺德松，2003.汉语方言地理学[M].石汝杰，岩田礼译.上海：上海教育出版社.
[6] （明）康海，1989.沜东乐府[M].周永瑞点校.上海：上海古籍出版社.
[7] （明）康海，2011.康海散曲集校笺[M].[新加坡]陈靝沅编校对，孙崇涛审定.杭州：浙江古籍出版社.
[8] （明）康海，2015.康对山先生集[M].贾三强，余春柯点校.西安：三秦出版社.
[9] （明）李东阳，2008.李东阳集[M].周寅宾校点.长沙：岳麓书社.
[10] （明）李梦阳，2013.空同集[M].合肥：黄山书社.
[11] 李时人，2018.中国文学家大辞典·明代卷[M].北京：中华书局.
[12] 李思敬，1986.汉语"儿"[ɚ]音史研究[M].北京：商务印书馆.
[13] 李新魁，1983.《中原音韵》音系研究[M].郑州：中州书画社.
[14] 梁启超．1948.饮冰室文集全编[M].上海：广益书局.
[15] 林语堂，1994.林语堂名著全集：第19卷·语言学论丛[M].长春：东北师范大学出版社.
[16] 刘英波，张俊阁，2008.康海、王九思北散曲小令用韵之比较[J].中国韵文学刊（3）：95-103.
[17] 吕俭平，2019.汉语方言分布格局与自然地理、人文地理的关系[M].北京：中华书局.
[18] （明）王廷相，1989.王廷相集[M].王孝鱼点校.北京：中华书局.

---

① 游汝杰、周振鹤：《方言与中国文化》，《复旦学报》（社会科学版）1985年第3期，第235页。

[19] 王应龙,2011.《洴东乐府》方言语词札记[J].咸阳师范学院学报(5):57-60.
[20] 吴连生,骆伟里,王均熙,等,1995.吴方言词典[M].上海:汉语大词典出版社.
[21] 项梦冰,曹晖,2013.汉语方言地理学:入门与实践[M].北京:中国书籍出版社.
[22] 熊贞,2015.陕西方言大词典[M].西安:陕西人民出版社.
[23] 许莹莹,2016.李攀龙诗歌用韵研究[D].华中师范大学硕士学位论文.
[24] (明)徐祯卿,2009.徐祯卿全集编年校注[M].范志新编年校注.北京:人民文学出版社.
[25] 徐子方,2003.明杂剧史[M].北京:中华书局.
[26] 薛凤梅,2014.谢榛诗韵研究[D].贵州师范大学硕士学位论文.
[27] 游汝杰,2004.汉语方言学教程[M].上海:上海教育出版社.
[28] 岳国钧,1998.元明清文学方言俗语辞典[M].贵阳:贵州人民出版社.
[29] 詹伯慧,张振兴,2017.汉语方言学大词典[M].广州:广东教育出版社.
[30] 张勇生,2013.鄂东南赣语的地理分布类型势[M]//甘于恩.南方语言学:第5辑.广州:暨南大学出版社.
[31] 周振鹤,游汝杰,2006.方言与中国文化[M].上海:上海人民出版社.

The Literary Pursuit and Practice of the Seven-Scholar School in the Ming Dynasty: A perspective from Dialectology

SHI Xiaojun & OUYANG Ping

Abstract: As the most important literary school in the Ming Dynasty, the Seven-Scholar School has many members, a wide geographical area, and a long influence. Its literary style will undoubtedly be influenced by the dialects of its members and reflect strong regional cultural characteristics. This paper makes data analysis on the native poets of the Seven-Scholar School using geographic information system (QGIS), and studies the influence of dialect on the literature of the Seven-Scholar School in the Ming Dynasty from both literary and linguistic perspectives by means of digital humanities: In the specific creation, the poetry rhyme of Xie Zhen, Li Panlong and other members was obviously influenced by Shandong dialect, and Kang Hai's opera words appeared a large number of Guanzhong dialect. In addition, the Seven-Scholar School emphasizes "true poetry in the folk" and its emphasis on folk songs shows that dialects have played an important role in the creation and theoretical construction of the Seven-Scholar School.

Keywords: Dialectology, Seven-Scholar School, Guanzhong dialect, Wu dialect

▶海外汉语方言◀

从语音特点看古巴台山话的演变[①]

陈晓锦　龙祉均

（暨南大学文学院/汉语方言研究中心　广东广州　510632）

【提　要】古巴的全国人口为1100多万，西班牙语为其官方用语。华人在古巴的历史已有170年，华侨华人及华裔都能熟练使用西班牙语。华人带自祖籍国的汉语方言主要是粤方言台山话和广府话。古巴华人社区内的"台山话"是"大台山话"的概念，泛指广东四邑地区的话。由于使用人数少，台山话变成极少数人之间偶尔使用的语言。同时，世界华人圈中广府话的强势及华人社区内各地点的四邑话和广府话的相互影响，台山话的不少特点发生了变化，呈现了向广府话靠拢的趋势，还常有混杂西班牙语的现象。通过实地调查古巴哈瓦那（西班牙语La Habana）、善飞咕（西班牙语Cienfuegos）和舍咕（西班牙语Ciego De Avila）三地的华人，我们记录了3000多个词条，归纳并分析古巴台山话的语音系统，并将其与广东台山话（祖籍地方言）比较，与海外同源的其他国家华人社区的台山话比较，呈现了面临濒危现状的古巴台山话在脱离祖籍地170年后的坚持与变化。

【关键词】古巴　台山话　语音　演变

古巴共和国（英语：The Republic of Cuba，西班牙语：La República de Cuba）简称古巴，国名源自泰诺语"coabana"，意为"肥沃之地""好地方"，位于美洲加勒比海的西北部，素有"墨西哥湾的钥匙"之称，因为古巴岛状似鳄鱼，故也被称为"加勒比海的绿色鳄鱼"。全国人口1100多万，官方语言为西班牙语。

1492年10月，哥伦布发现了古巴，于是这个美丽的岛国从16世纪起就沦为西班牙的殖民地。1895年，古巴在何塞·马蒂领导下开始进行独立战争并宣布独立。1898年，美

[①] 本文为国家社科基金重大项目"海外华人社区汉语方言与文化研究"（14ZDB107）的阶段性成果之一。

西战争爆发后，美国击败西班牙并占领了古巴。1959年1月1日，菲德尔·卡斯特罗领导的起义军推翻了巴蒂斯塔独裁政权并宣告古巴革命胜利。

华人在古巴的历史已有170年。古巴盛产蔗糖，在16—17世纪，西班牙庄园主靠着从非洲买进黑奴来从事甘蔗园和糖厂劳动。19世纪初，英国率先发起废奴行动，西班牙人在压力下只好停止买卖奴隶，同时为了弥补劳动力的空缺，开始从亚洲移民。首批中国移民206人是1847年6月4日作为"契约华工"被"卖猪仔"，从厦门乘船抵达哈瓦那的。古巴的博物馆里至今仍保留着这些华工的卖身契，"契约"的期限为8年。因为华工给庄园主卖苦力，后来在西班牙语中就有了"苦力"这个表示早期中国移民的词。

此后，来古巴的华工不断增多，1870年，古巴政府宣布废除华工的"契约"。19世纪中叶，由于美国歧视移民的政策，大批华人从美国芝加哥等地移民古巴，1874年，在古巴的华人有10万多人，加上从中国国内陆续抵达的，据说鼎盛时期曾达到15万，来源主要是广东四邑一带使用台山话，还有广州周边南（海）番（禺）顺（德）使用广府话的粤籍华人。古巴首都哈瓦那的华人区——与世界上很多国家不一样，古巴的华人聚居区不叫"唐人街"，而是叫"华区"——成了美洲最大、最繁荣的华人区，一时间有"小香港""小巴黎"之称。成立于1893年的中华总会馆，是古巴迄今仍然存在的华人组织，也是拉美国家中历史最悠久、规模曾经最大的侨团之一。

垦殖劳作，参加独立战争，华人在古巴的历史功绩被广为称赞。哈瓦那市内贝达多区的一个小广场上有一座8米高的黑色大理石，是旅古华侨参加古巴独立战争记功碑，上面用西班牙文篆刻着古巴民族英雄何塞·马蒂的战友盖萨达将军的名言："没有一个古巴华人是逃兵，没有一个古巴华人是叛徒。"不过，1959年古巴革命胜利后，以私营业主为主的华人华侨大批离开古巴，或回国，或前往美国和其他拉美国家，只有少数留下。随着时间的流逝，老华侨去世，鲜有新的中国移民到来，古巴华人的数量越来越少，华人社会日趋衰落。华人区现在的居民大多数是有华人血统的华裔，华人区原有的商铺、华校、影院、报纸逐渐消失。据华人说，目前全古巴的华侨（持中国护照）和华人总共才有1000多人，除了哈瓦那，古巴的一些省，如善飞咕省（"善飞咕"为华人的叫法，西班牙语Cienfuegos）、舍咕省（"舍咕"为华人的叫法，西班牙语Ciego De Avila）等地也有一些华侨华人，而有中国血统的华裔的数量就难以估计了。

西班牙语为古巴的官方用语，是华侨华人及华裔都能熟练使用的日常用语。华人回忆说，20世纪60年代前，华人见面讲汉语方言，现在见面讲西班牙语。华人区原先最多人使用的粤方言台山话，和使用人数相对少的广府话变成极少数人之间偶尔使用的语言。"台山话"的概念在古巴，是"大台山话"，泛指源于广东四邑地区的话。因为使用的人数少及世界华人圈中广府话的强势，也因为华社各个地点的四邑话和广府话的互相影响，带自祖籍地的台山话的不少特点都发生了变化，表现了向广府话靠拢的趋势，且在使用时还常常混杂着西班牙语。

本文是古巴实地调查的成果，我们分别调查了哈瓦那、善飞咕和舍咕的华人，调查记录了300多个词条，从中归纳了古巴台山话的语音系统，对其作了分析，并将其与祖籍地广东台山话和海外同源的其他国家华人社区的台山话比较，以显示古巴台山话这个濒危的方言在脱离祖籍地170年后的现状与变化。

以下是主要发音人简况：

周卓明，男，第三代华人，祖籍广东斗门，被调查时73岁，哈瓦那古巴中华总会馆西班牙文书记，高中文化，父母都是古巴的土生华人，不会说汉语和汉语方言。本人会说西班牙语、华语及粤方言台山话、广府话，懂汉字。台山话、广府话均从华区学来，汉语和汉字都是自学的，因为小时候母亲在华区的电影院做工，看了不少华语片、粤语片，从中得益不小（遗憾的是，本文发表时，周先生已去世）。

胡海霞，女，第二代华人，祖籍广东恩平，被调查时39岁，善飞咕省商店营销员，大学文化，会说西班牙语、法语、台山话，不懂汉字。

赵玉娟，女，第二代华人，祖籍广东新会，被调查时57岁，哈瓦那古巴中华总会馆中文书记，大学文化，曾在北京学过两年汉语，会讲西班牙语、华语、台山话，懂得一些汉字。

陈细九，男，祖籍广东番禺，大学文化，被调查时70岁，8岁时从番禺到古巴投靠叔父，退休政府官员、农场主，舍咕省中国侨团民治党主席，会说西班牙语、简单的广府话，不懂汉字。

一、古巴台山话的语音系统

（一）声母

包括零声母在内，古巴台山话共有19个声母。

表1　古巴台山话声母表

p 病	pʰ 爬	m 袜	f 饭	w 湖
t 灯	tʰ 听	n 年	ɬ 小	l 呖
ts 整	tsʰ 床		s 山	j 入
k 讲	kʰ 企	ŋ 人	h 兔	
ø 冻				

说明：j-、w-声母是类似广州话j-、w-的半元音，遇到i、e、u等开口度较小的韵母及与它们做主要元音的韵母拼合时，摩擦偶尔会稍重一些。

(二)韵母

包括自成音节 m 在内，古巴台山话共有 55 个韵母。

表 2　古巴台山话韵母表

	i 肥	u 兔	y 鱼
a 爬	ia 㧟	ua 瓜	
		uai 鬼	
ɔ 婆	iɔ 锯	uɔ 过	
ɛ 车			
	iu 手		
ai 斋			
ɔi 菜			
ei 皮			
ui 杯			
au 秋			
ou 鬚			
ɛu 刀			
am 针			
ɛm 含			
im 淋			
an 山	in 新	un 孙	
		uan 关	
ɛn 天			
ɔn 酸			
		uɔn 乱	
œn 樽			
aŋ 灯		uŋ 风	
	iaŋ 听		
ɔŋ 汤			
	iɔŋ 窗		
eŋ 绳			
ɛŋ 名			
ap 鸽	ip 湿		

续表

	iap 涩	
ɛp 迭		
at 辣	it 节	ut 出
		uat 骨
ɔt 喝		
ɛt 热		
ak 贼		uk 捉
	iak 尺	
ɔk 落		
	iɔk 雀	
ek 色		
ɛk 踢		
m̩ 唔		

说明:

1. 韵母 iɔ 只有一个例字,常用字"锯 kiɔ⁴⁴";
2. 韵母 œn 也只有一个例字,常用字"樽",且此字有两读"tun⁴⁴/tsœn⁴⁴"。

(三) 声调

古巴台山话共有7个声调。

表3　古巴台山话声调表

调类	调值	例字
阴平	44	高天边帮化派店凳
阳平	22	笋湖皮求南帆名场
上声	55	火睇许婶满本颈粽
去声	31	话味站电旱暖养冷
上阴入	5	执湿蛤笔漆侧碧福
下阴入	3	插贴鸽发抹切个壳
阳入	2	十叶碟辣别麦薄六

二、古巴台山话声韵调系统与广东台山话的相同点

古巴台山话语音系统与广东台山话的相同点不少,以下分别以声母、韵母、声调的顺序展开阐述:

(一) 声母

1.古全浊声母清化后，平声多送气，仄声多不送气，同大多数粤方言。例如：婆₍并₎pʰɔ²²、爬₍并₎pʰa²²、斜₍邪₎tsʰɛ²²、齐₍从₎tsʰai²²、锄₍床崇₎tsʰɔ²²、厨₍澄₎tsʰui²²、柴₍床崇₎tsʰai²²、巢₍床崇₎tsʰau²²、裙₍群₎kʰun²²、步₍并₎pu³¹、鼻₍并₎pi³¹、杂₍从₎tsap²、住₍澄₎tsi³¹、焗₍群₎kuk²。

2.部分古晓母合口字如同古非、敷、奉母字，念f-声母，溪母合口字也有读f-的，与国内的粤方言一样。例如：花₍晓₎fa⁴⁴、火₍晓₎fɔ⁵⁵、化₍晓₎fa⁴⁴、欢₍晓₎fun⁴⁴、婚₍晓₎fun⁴⁴、灰₍晓₎fui⁵⁵、苦₍溪₎fu⁵⁵、裤₍溪₎fu²¹、阔₍溪₎fut⁵。

3.古微母字也与国内的粤方言相同，念m-声母，与古明母合。例如：味mei³¹、尾mei⁵⁵、晚man³¹、万man³¹、文mun²²、闻man²²、蚊man²²、网mɔŋ⁵⁵、袜mat²。

4.古见组字没有腭化，不论洪音、细音，大都念k-、kʰ-、h-声母，同其他粤方言。例如：瓜₍见₎kua⁴⁴、哥₍见₎kɔ⁴⁴、机₍见₎kei⁴⁴、膏₍见₎kou⁴⁴、颈₍见₎kiaŋ⁵⁵、脚₍见₎kiɔk³、汽₍溪₎hi⁴⁴、考₍溪₎hau⁵⁵、去₍溪₎hui²¹、开₍溪₎hɔi⁴⁴、契₍溪₎kʰai⁴⁴、起₍溪₎hi⁵⁵、轻₍溪₎hiaŋ⁴⁴、茄₍群₎kʰia²²、桥₍群₎kʰiu²²、渠₍群₎kʰui⁵⁵、徛₍群₎kʰi⁵⁵、穷₍群₎kʰuŋ²²。

5.古泥（娘）、来母不混，n-、l-有别，古泥（娘）母读n-，来母读l-，例如：女nui⁵⁵、尿niu³¹、泥nai²²、暖nɔn⁵⁵、男nam²²、农nuŋ²²、林lim²²、路lu³¹、榄lam⁵⁵、凉liɔŋ²²、力lek²、六luk²。

6.古日母字部分念ŋ-声母，例如：人ŋin²²、日ŋat²、肉ŋuk²、热ŋɛt²。

7.古疑母字也主要读ŋ-声母，例如：牙ŋa²²、鹅ŋɔ²²、我ŋɔ⁵⁵、咬ŋau⁵⁵、瓦ŋa⁵⁵、牛ŋau²²、眼ŋan⁵⁵、银ŋin²²、硬ŋaŋ³¹。

8.w-声母基本出现在古匣母和影母中，喻母也有部分字读w-。例如：禾₍匣₎wɔ²²、华₍匣₎wa²²、胡₍匣₎wu²²、环₍匣₎wan⁴⁴、黄₍匣₎wɔŋ²²、滑₍匣₎wat²、核₍果~，匣₎wat²、蛙₍影₎wa⁴⁴、乌₍影₎wu⁴⁴、碗₍影₎wun⁵⁵、稳₍影₎wun⁵⁵、芋₍喻云₎wu²¹、位₍喻云₎wai³¹、云₍喻云₎wan²²、维₍喻以₎wui²²。

9.j-声母基本出现在影母和喻母中，日母、匣母也有个别读j-。例如：衣₍影₎ji⁴⁴、医₍影₎ji⁴⁴、阴₍影₎jim⁴⁴、烟₍影₎jin⁴⁴、腌₍影₎jip³、有₍喻云₎jiu⁵⁵、邮₍喻云₎jiu²²、爷₍喻以₎jɛ²²、夜₍喻以₎jɛ³¹、演₍喻以₎jin⁵⁵、羊₍喻以₎jɔŋ²²、入₍日₎jap²、惹₍日₎jɛ⁵⁵、丸₍匣₎jɔn²²。

10.零声母除了上述所言，出现在端母和定母以外，影母也有读零声母的，见母也有个别读零声母。例如：阿₍影₎a⁴⁴、安₍影₎ɔn⁴⁴、鸭₍影₎ap³、屋₍影₎uk⁵、罐₍见₎un⁴⁴。

(二) 韵母

1.韵母系统同广东台山话，单元音、复元音、鼻音韵尾韵母、声化韵母、塞音韵尾韵母齐全，没有海外不少汉语方言所有的、只出现在借词中的韵母。

2.没有粤方言广府话通常有的ɐ系列韵母。

3. 阳声韵尾和塞音韵尾保留完整，-m、-n、-ŋ 和 -p、-t、-k 俱全。例如：站 tsam³¹、含 hεm²²、甜 tʰim²²、十 sap²、叶 jip²、涩 kiap²；边 pin⁴⁴、碗 wun⁵⁵、关 kuan⁴⁴、辣 lat²、别 pit²、阔 fut²；盲 maŋ²²、讲 kɔŋ⁵⁵、风 fuŋ⁴⁴、麦 mak²、席 tsεk²、烛 tsuk⁵。

（三）声调

1. 阴平调值半高平 44，古去声清音声母字归阴平，也读 44；古去声浊音声母字读去声，调值 31。例如：化_晓fa⁴⁴、派_滂pʰai⁴⁴、四_心sei⁴⁴、店_端tim⁴⁴、半_帮pɔn⁴⁴、印_影jin⁴⁴、凳_端taŋ⁴⁴、镜_见kεŋ⁴⁴、送_心suŋ⁴⁴；雾_微mu³¹、谢_邪tε³¹、住_澄tsi³¹、庙_明miau³¹、饭_奉fan³¹、蛋_定tan³¹、乱_来lɔn³¹、病_並piaŋ³¹、样_{喻以}jɔŋ³¹。

2. 入声调 3 个，古阴入字再分化出上阴入和下阴入。

3. 虽然因为没有 ɐ 系列韵母，上、下阴入的区分不同于广府话以主要元音舌位的高低划分，但古巴台山话读上、下阴入的字基本与广东广州话同。这点，广东台山话也一样。例如：

表 4　古巴台山话与广州话阴入调对照表

上阴入	广州话	古巴台山话
	执 tsɐp⁵、笔 pɐt⁵、湿 sɐp⁵	执 tsap⁵、笔 pat⁵、湿 sip⁵
下阴入	广州话	古巴台山话
	发 fat³、抹 mat³、壳 hɔk³	发 fat³、抹 mɔt³、壳 hɔt³

4. 有变调，变调数量与广东台山话相同，都是 3 个，变调的类型也相同。高平变调 55，高升变调 35，中降变调 31。其中，55 变调最少，35 变调最多。变调以出现在单音节字，两字连读、三字连读后一音节的为多，也可以出现在连读的前一音节或中间音节。例如：

表 5　古巴台山话的连读变调表

高平变调	靴 hε⁴⁴⁻⁵⁵、熊猫 huŋ²²miu⁴⁴⁻⁵⁵、狗仔 kau⁵⁵tsai⁵⁵tui³¹⁻⁵⁵、伯爷公 pak³jε²²⁻⁵⁵kuŋ⁴⁴、伯爷婆 pak³jε²²⁻⁵⁵pʰɔ²²
高升变调	雨 ji³¹⁻³⁵、撒 sa⁵⁵⁻³⁵、画 wa⁴⁴⁻³¹、对 tui⁴⁴⁻³⁵、捏 nan⁵⁵⁻³⁵、几时 ki⁵⁵si²²⁻³⁵、钓鱼 tiu⁴⁴jy²²⁻³⁵、黄鳝 wɔŋ²²sin³¹⁻³⁵、镬铲 wɔk²tsʰan⁵⁵⁻³⁵、电筒 tin³¹tʰuŋ²²⁻³⁵、市长 si³¹tsiɔŋ²²⁻³⁵、道士 tou⁵¹si²²⁻³⁵、婆婆 pʰɔ²²pʰɔ²²⁻³⁵、姑爷 ku⁴⁴jε²²⁻³⁵、姨丈 ji²²tsiɔŋ³¹⁻³⁵、妹妹 mɔi³¹mɔi³¹⁻³⁵、弟弟 tei³¹tei³¹⁻³⁵、出麻 tsʰut⁵ma²²⁻³⁵、赌钱 tu⁵⁵tshin²²⁻³⁵、舞狮 mu⁵⁵su⁴⁴⁻³⁵、冇面 mou⁵⁵min³¹⁻³⁵、订位 tεŋ³¹wai³¹⁻³⁵、车位 tsʰ⁴⁴wai³¹⁻³⁵、轮椅 lun³¹ji⁵⁵⁻³⁵、掉咗 tiu³¹tsɔ⁵⁵⁻³⁵、点样 tim⁵⁵jɔŋ³¹⁻³⁵、大人物 ai³¹ŋin²²mat²²⁻³⁵、啦啦队 la⁴⁴la⁴⁴tui³¹⁻³⁵、拉二胡 lai⁴⁴ji²²wou²²⁻³⁵、驾驶盘 ka⁴⁴sɔi⁵⁵pʰun²²⁻³⁵、调头位 tiu³¹hau²²wui³¹⁻³⁵
中降变调	裤 fu⁴⁴⁻³¹、葱 tʰuŋ⁴⁴⁻³¹/tsʰuŋ⁴⁴⁻³¹、菜心 tsʰɔi⁴⁴sim⁴⁴⁻³¹、慈菇 si²²ku⁴⁴⁻³¹、莲藕 lin²²au⁵⁵⁻³¹、龙虾 luŋ²²ha⁴⁴⁻³¹、衫裤 sam⁴⁴fu⁴⁴⁻³¹、裤脚 fu⁴⁴⁻³¹kiɔk³、叉仔 tsʰa⁴⁴⁻³¹tɔi⁵⁵

三、古巴台山话声韵调系统与广东台山话的不同点

古巴台山话语音系统与广东台山话的不同点，是本文阐述的重点。以下提到的不同点，尽管有的变化似乎才刚开始，并未完成，同样也能给我们一个提示。我们以声母、韵母、声调的顺序展开论述：

（一）声母

1. 声母中没有出现《珠江三角洲方言语音对照》（詹伯慧、张日昇，1987）所记录的广东台山话声母里的5个浊音声母，双唇浊音ᵐb-、唇齿浊音v-、舌尖前浊音ⁿd-、z-，舌根浊音ⁿg-。这点与我们调查过的缅甸仰光、美国三藩市、芝加哥、洛杉矶、俄勒冈州波特兰、加拿大维多利亚等地的台山话相同。

2. 古端、透、定三母的读法与广东台山话有同也有异：古端、透、定母"部分转读为零声母和h-声母"，这个声母的重要特点与广东台山话一致。不过，其中端母的例子我们记录到的不多，也显示了变化，端母主要读零声母，透母主要读h-声母，定母读零声母和h-声母的都有，另端、透、定三母也有读t-、tʰ-声母的，与粤方言广州话不一样，却与广东台山话一致。例如：

表6　古巴台山话古端、透、定母例字表

端母	帝ai⁴⁴、冻uŋ⁴⁴、得ak⁵、倒tou⁵⁵、刀tou⁴⁴
透母	拖hɔ⁴⁴、土hu⁵⁵、梯hai⁴⁴、体hai⁵⁵、透hau⁴⁴、天hɛn⁴⁴、吞hun⁴⁴、汤hɔŋ⁴⁴、厅hɛŋ⁴⁴、桶huŋ⁵⁵、托hɔk³、腿thui⁵⁵、吞tʰan⁴⁴、踢tʰiak³
定母	徒hu²²、提hai²²、台hɔi²²、桃hou²²、头hau²²、田hin²²、臀hun²²、唐hɔŋ²²、停hɛŋ²²、铜huŋ²²、度u³¹、大ai³¹、地i³¹、豆au³¹、诞an⁴⁴、动uŋ³¹、特ak²、肚tu⁵⁵、弟tei³¹、电tin³¹、甜tʰim⁴⁴、条tʰiu²²

3. 广东台山话声母有一个特点，古精组字有不少读t-、tʰ-的，古巴台山话精组字保留t-、tʰ-读法的少，精组和知组、照组读ts-、tsʰ-的多，与广东台山话不完全一致。另有相当部分的精组、知组和照组字读t-、tʰ-或ts-、tsʰ-两可，显示了带自祖籍地的这一特点还在变化之中。例如：

祖_精tu⁵⁵、餐_清tʰan⁴⁴、亲_清tʰin⁴⁴、戚_清tʰek⁵、材_从tʰɔi²²、吹_{穿昌}tʰui⁴⁴。

左_精tsɔ⁵⁵、早_精tsou⁵⁵、酒_精tsiu⁵⁵、做_精tsu³¹、姊_精tsi⁵⁵、节_精tsit³、菜_清tsʰɔi³¹、聪_清tsʰuŋ⁴⁴、漆_清tsʰit⁵、坐_从tsʰɔ⁵⁵、脐_从tsʰi²²、钱_从tsʰin²²、贼_从tsʰak²、墙_从tsʰiaŋ²²、杂_从tsap²、谢_邪tsɛ³¹、斜_邪tsʰɛ²²、丑_彻tsʰau⁵⁵、迟_澄tsʰi²²。

千_清tʰɛn⁴⁴/tsʰɛn⁴⁴、清_清tʰɛŋ⁴⁴/tsʰɛŋ⁴⁴、春_{穿昌}tʰun⁴⁴/tsʰun⁴⁴、草_清tʰɔ⁵⁵/tsʰɔ⁵⁵、佛祖 fat²tu⁵⁵/

祖先 tsu⁵⁵sin⁴⁴、生仔 saŋ⁴⁴tɔi⁵⁵/狗仔 kiu⁵⁵tsɔi⁵⁵/耳仔 ji⁵⁵tsai⁵⁵、葱 tʰuŋ⁴⁴⁻³¹/tsʰuŋ⁴⁴⁻³¹、打千秋 a⁵⁵tsʰɛn⁴⁴tʰiu⁴⁴/中秋节 tsuŋ⁴⁴tsʰiu⁴⁴tsit⁵、上菜 siɔŋ⁵⁵tʰɔi⁴⁴/椰菜 jɛ²²tsʰɔi⁴⁴、秤 tʰeŋ⁴⁴/够秤 kau⁴⁴tsʰeŋ⁴⁴、清 tʰeŋ⁴⁴/清补凉 tsʰeŋ⁴⁴pu⁵⁵lɛŋ²²、茶ᵢᵢtʰa²²/茶 tsʰa²²、千 tʰɛn⁴⁴/打千秋 a⁵⁵tsʰɛn⁴⁴tʰiu⁴⁴、铺床 pʰu⁴⁴tsʰɔŋ²²/大床 ai³¹tsʰɔŋ²²。

4. 粤方言四邑话声母与广府话有一大区别，四邑话有清边擦音ɬ-。ɬ-声母主要来自古心母，穿母、审母、禅母也有读ɬ-的。古巴台山话也有ɬ-声母，可是读声母ɬ-的例子，在我们3000多个词条的词汇表中，只有两个心母字，且其中的一个"小"字还有ɬ-、s-声母，如"须 ɬou⁴⁴、小 ɬiu⁵⁵/ siu⁵⁵"，这说明古巴台山话已经差不多要丢失祖籍地台山话的这一特点了。

5. 与广东台山话不同，古巴台山话精组字保留t-、tʰ-读法的少，精组和知组、照组读ts-、tsʰ-的多，只有一套塞擦音ts-、tsʰ-。古心母字只有个别读ɬ-，其他穿母、审母、禅母等读s-；而照组则读ts-、tsʰ-、s-。例如：

追 tsui⁴⁴=锥 tsui⁴⁴、姊 tsi⁵⁵=指 tsi⁵⁵、粽 tsuŋ⁵⁵=总 tsuŋ⁵⁵、次 tsʰi⁴⁴=厕 tsʰi⁴⁴、脆 tsʰui⁴⁴=吹 tsʰui⁴⁴、从 tʰuŋ²² ≠ 虫 tsʰuŋ²²、细 sai⁴⁴=西 sai⁴⁴、死 si⁵⁵=屎 si⁵⁵、四 si⁴⁴=书 si⁴⁴。

6. 除了上述的声母特点，古巴台山话声母还有一些例子不多的不稳定表现，如：

端母字个别有不送气和送气两读：肚脐 tʰu⁵⁵tshi²²/肚饥 tu⁵⁵ki⁴⁴。

透母字个别有 h-、tʰ-两读：偷睇 tʰau⁵⁵hai⁵⁵/睇 tʰai⁵⁵。

精知照组字送气塞擦音个别读擦音：插~秧，穿初 sap³jɔŋ⁴⁴、铲把~，穿初 pa⁵⁵san⁵⁵、场晒~，澄 sai⁴⁴siɔŋ²²。

（二）韵母

1. 广东台山话四呼不全，缺少撮口呼

古巴台山话韵母中出现了广东台山话没有的撮口呼y韵，不过读y的例子不多，如"遇 jy³¹"，另外也有个别字在不同的场合，出现了非撮口与撮口的不同读法，如"雨 ji³¹/jy³¹" "樽 tun⁴⁴/tsœn⁴⁴（在我们的调查资料中，œ韵只出现了这一次）"。其中，遇摄字"鱼"的3种不同读法或许可以展示此字向撮口呼的演变：

咸鱼 ham²²ŋui²²→劏鱼 thɔŋ⁴⁴ji²²→钓鱼 tiu⁴⁴ju²²⁻³⁵。

其中，第一例"ŋui²²"是广东台山话固有的读法，第二例"ji²²"虽然有变化，但仍非撮口，第三例读法的改变则已完成。

在我们调查过的美国、三藩市、洛杉矶、俄勒冈州波特兰等地华人社区的台山话里，也出现了极少量撮口呼的读法。

2. 部分字韵母的读法不稳定，例如：

唔好 m²²hɔ⁵⁵/好 hou⁵⁵（hou³⁵）、头皮 hau²²pʰi²²/皮蛋 pʰei⁵⁵tan³¹（pʰei²¹）、筷子 fai⁴⁴tsu⁵⁵/蒜子ᵢᵢsɔn³¹tsi⁵⁵（tsi³⁵）、后生 hei³¹saŋ⁴⁴/后便 hau³¹pɛn³¹（hɐu²²）、米饮 mai⁵⁵jim⁵⁵/饮酒 jam⁵⁵tsiu⁵⁵ （jɐm³⁵）、撳 kim³¹/撳 kam³¹（kɐm²²）、生日 saŋ⁴⁴ŋit²/日 ŋat²（jɐt²）、入葬 jip²tsɔŋ⁴⁴/入日 jap²（jɐp²）、乱来 luɔn³¹/lun³¹（lyn²²）。

比较一下，可以发现，古巴台山话音节中标有下划线的例子，读法较接近广府话（括号内为广府话读音）。而下面一组例子，更是展示了变化的渐进模式：

生仔 saŋ⁴⁴tɔi⁵⁵/狗仔 kiu⁵⁵tsɔi⁵⁵/耳仔 ji55tsai⁵⁵（tsɐi³⁵）。

（三）声调

1.《珠江三角洲字音对照》（詹伯慧、张日昇，1987）所记的广东台山话有8个声调，平声、上声分阴阳，去声不分，入声分阴阳后，阴入又再分出上、下阴入。古巴台山话共有7个调类，古平声分阴阳，上、去不分，古入声分阴阳后，阴入再分出上阴入和下阴入。整体与我们调查过的海外华人社区台山话，如缅甸仰光台山话，美国洛杉矶、三藩市、芝加哥、俄勒冈州波特兰台山话，加拿大维多利亚台山话等声调系统一样，上声不分阴阳。

2. 我们已知古巴台山话的去声清音声母字读如阴平，与广东台山话同。另古上声浊音声母字相当部分读31，与去声相同，归入去声。这点也与我们调查过的缅甸仰光台山话，美国洛杉矶、三藩市、芝加哥、俄勒冈州波特兰台山话，加拿大维多利亚台山话等相同。例如：

马_明_ma³¹、买_明_mai³¹、奶_泥（娘）_nai³¹、理_来_lei³¹、社_禅_sɛ³¹、野_喻以_jɛ³¹、市_禅_si³¹、柱_澄_tsʰi³¹、旱_匣_hɔn³¹、暖_泥（娘）_nun³¹、冷_来_laŋ³¹、养_喻以_jɛŋ³¹。

四、结语

综上所述，比较古巴台山话与广东台山话的语音，可以发现这两个时空阻隔了近两百年的汉语方言，相同点远多于差异点，海外汉语方言与中国祖籍地方言的同根同源再次得到了印证。

但是，变化也已经开始，尤为值得关注的是，发生变化的特点都是广东台山话声母、韵母、声调中有别于广府话等其他粤方言的特征式特点，虽然部分特点的变化才是开始，但我们不排除这些变化会继续发展。而且，古巴台山话是一个濒危程度非常高的海外华人社区汉语方言。假如没有新鲜血液的输入，没有祖籍地新移民的及时补充，传承古巴台山话非常困难。可以说，古巴华人社区台山话的消亡将不是耸人听闻的呓语。

参考文献

[1]陈晓锦，2014.东南亚华人社区汉语方言概要［M］.广州：世界图书出版公司.
[2]甘于恩，2010.广东四邑方言语法研究［M］.广州：暨南大学出版社.
[3]孙光英，2010.华人在古巴［J］.炎黄春秋（10）.

[4] 辛世彪, 2004.东南方言声调比较研究[M].上海：上海教育出版社.
[5] 詹伯慧, 张日昇, 1987.珠江三角洲字音对照[M].广州：广东人民出版社.

The Evolution of Cuba Taishanese: from Sound Characteristics

CHEN Xiaojin & LONG Zhijun

Abstract: Cuba has a population of over 11 million, Spanish is the official language. Overseas Chinese in Cuba are also 170 years. They all speak Spanish very well. The mother tongue which they bring from China are Taishan and Guangfu cantonese. Taishan dialect from Guangdong Siyi（四邑）area, is rarely used by people. Because Guangfu dialect is very strong in Chinese society all over the world, it made the Taishanese pronunciation change, and people speak it mixed with Spanish. The treatise is the result of field work in Cuba. We analyzed the pronunciation system, compared Cuba Taishan dialect with Guangdong Thaishan dialect, and other Thaishan dialects in overseas Chinese society. We showed Taishanese change of 170 years when it mored to Cuba from China.

Key words: Cuba, Taishan dialect, pronunciation, change

▶ 书 评 ◀

《音乐、语言与脑》述评①

邓德崇　侯兴泉

(暨南大学文学院/汉语方言研究中心　广东广州　510632)

【提　要】语言和音乐是人类社会特有的现象,两者均涉及复杂而有意义的声音序列。《音乐、语言与脑》一书从声音元素、节奏、旋律、句法、意义和演化6个层面对目前已知的音乐和语言以及大脑相关的实证研究作了全面的对比和总结,并着重从现代认知科学的角度阐明了音乐和语言在认知加工机制中的共性。本文对该书的主要内容进行简要介绍和评价。

【关键词】音乐　语言　大脑　神经

一、导入

《音乐、语言与脑》(MUSIC, LANGUAGE, AND THE BRAIN)是加利福尼亚圣地亚哥神经科学研究所高级研究员Aniruddh D. Patel在现代认知科学视角下对音乐和语言进行比较的著作,2008年由牛津大学出版社出版。该书将比较作为全文章节主要结构线索,对目前已知的音乐与语言和大脑相关的实证研究做了全面总结。在音乐和语言的对比中,作者主要从两个系统的表现形式出发,分析两者之间的异同。在看似诸多不同的形式和表征背后,阐明了音乐和语言在语言加工和神经产生过程具有相关性,并从心理学和神经科学两个方面给予了科学的研究证据。该书出版后在国际语言学、音乐学、心理学和神经科学等领域都产生了很大的反响,国内的杨玉芳和蔡丹超(2012)曾将该书翻译为中文,在华东师范大学出版社出版。下文我们对其主要内容进行简要的介绍和评价。

---

① 本文受到暨南大学汉语方言研究中心自立项目"粤方言的韵律层级特征研究"资助。

二、主要内容

《音乐、语言与脑》主要分为7章，第一章为引言，第二章到第七章是全书的主体内容，分别对音乐和语言在声音元素、节奏、旋律、句法、意义和演化等6个层面进行比较，对语言和音乐的特点进行说明，再从中找出两者在语言加工和神经产生过程的相关性。下面我们分别对每一章的内容进行介绍。

（一）引言

第一章为引言。作者从开篇就提出音乐和语言在人类生存中具有核心的作用，均涉及复杂而有意义的声音序列，所以他认为应对这两个领域进行对比。作者解释了将语言和音乐进行对比的原因，在介绍音乐和语言是存在差异还是存在共性的两种观点的基础上，作者更强调音乐和语言的共性，他认为这两个领域具有一些相同的基本加工机制。这些机制包括了形成习得范畴的能力（第二章内容）、从节奏和旋律序列中提取统计规则的能力（第三章和第四章内容）、把输入成分整合为句法结构的能力（第五章内容）、从声音中提取情绪意义的能力（第六章内容），最后从演化的角度，讨论音乐是否存在一种进化适应器。在本章的最后，作者希望能够通过认知视角为探索音乐和语言的比较研究提供一个新的框架。

（二）声音元素

第二章主要从音高和音色的组织方式来对音乐和语言进行比较。

首先，作者集中对音乐的音阶和音程这两个习得的音乐声音范畴进行讨论。他把音高作为音乐声类别的基础，其最根本的理由是音乐音高知觉是多维度的，感知到的音高相似性不仅取决于音高高度的相近性，也取决于音高色彩度的特性。

其次，作者提出了一个问题"为什么音色对比很少成为音乐声系统的基础？"，他认为音色不能作为组织音乐声音对比的基础是有着物理和认知的原因：在物理方面，因为音色的剧烈变化通常要求乐器激发方式的改变，或者乐器自身的几何或共振性质的改变，而对于大多数乐器来说，这些参数中任何一个的迅速改变都是十分困难或者是根本不可能的；在认知方面，音色对比不是以相互间有序的知觉距离系统加以组织的。

再次，作者从与音乐声音系统的相似性和差异性出发，讨论语言中有组织的声音对比。他认为，虽然音高对比在语言中是有组织的，但在语言中组织声音对比的主要维度是音色，没有音色对比就没有基础来定义不同的音位或者音节。

最后，在对音乐和语音各自系统的回顾中，他从认知神经科学的观点出发，认为这两者虽表面存在差异但深层却存在着相似性，即两个系统都依赖于习得声范畴的心理框架。因此，比较研究音乐和语言声音系统的焦点，自然就是产生和保持这种习得声范畴的机制。

（三）节奏

第三章主要从节奏的周期性和知觉性来对音乐和语言进行比较。本章从节奏的定义出发，介绍了节奏具有周期性的特点。

首先，作者把"节奏"定义为用时间、重音和组合等因素构成的声音的系统性模式。他认为，言语和音乐都以时间、重读和短语的系统性模式为特征。

其次，作者分别概述音乐和言语中的节奏，重点关注与跨领域比较相关的问题。在音乐领域，作者主要关注西欧传统音乐，因为他认为在这类音乐中，拍子是按照拍打的强度等级来组织的，存在强拍和弱拍的交替；同时，不论在内隐水平还是外显水平，它都是和言语之间比较最多的节奏形式。

再次，他还介绍了节奏类型学的4种方法：基于言语周期性的研究、基于音系学的研究、基于时长测量的研究、基于感知的研究。作者认为基于感知的言语节奏实证研究是一个很有研究前景的新领域。

最后，他对本章进行了总结：言语和音乐涉及到声音在时间、重音和短语（乐句）上的系统模式，两者都是有节奏的，均表现出重要的相似性和差异性。相似性之一是组合结构，即在两个领域中，元素（如音调和词）都被组合成更高层级的单元，如乐句（或短语）。一个主要的不同是时间上的周期性，在音乐节奏中十分广泛，但在言语节律中却不存在。

（四）旋律

第四章主要对音乐旋律和语言旋律进行比较。

首先，在这章的一开始作者就提出了一个问题，即"能找到一个同时包含音乐旋律和语言旋律的定义吗？"接着，他从"旋律"的界定出发试图寻找答案，他给出了一个较为宽泛的定义，即旋律是一种有组织的音高序列，它向听众传达了丰富的信息。他认为音乐旋律与语言旋律的重要区别在于是否有稳定的音程、是否有特定期待的影响以及神经心理作用是否存在差异。

其次，作者列出了9种关系（拍子与节拍、旋律轮廓、音程影响、动机相似性、音调层级、事件层级、潜在和声、元关系）对比两者之间的差异。作者发现，虽然两个领域的旋律系统之间存在很大的不同，但在结构和加工两个领域的旋律之间存在着诸多联系。比如，作曲家母语中音高模式的统计特征可能反映在他或她所创作的乐曲中。此外，神经心理学研究也表明大脑加工口语旋律轮廓和音乐旋律轮廓的方式是重合的。

最后，作者通过这些发现做了总结，认为音乐旋律和口语旋律的关系实际上比人们普遍认为的更密切。

（五）句法

第五章主要探讨音乐和语言在句法上的不同。

首先，作者介绍了"音乐句法"的概念，认为音乐中的句法（就像语言一样）指的是将离散的结构元素组合成序列的原则。这些规范并不是音乐家必须遵守的"规则"。相反，作曲家和表演者能够且确实出于艺术目的故意违反这些规范。但在这里，他并没有对语言句法进行定义。

其次，他探讨了乐音和乐句法与语言句法在形式上的异同。在差异方面，第一，语言具有语法范畴，如名词、动词和形容词，而音乐中则没有与之相对应的形式；第二，在序列中两个领域语法范畴的层级组织上存在差别；第三，音乐句法中存在长距离关系；第四，句法歧义在两个领域中扮演的不同角色。在语言中，认知系统往往避开句法歧义，相反，却对音乐上的句法歧义有更大的容忍度，有时用它来达到美学目的。在相似方面，两个领域都承认一个序列中"结构性"和"阐释性"元素的不同，且两者都具有语法功能。

再次，作者从基于认知神经科学的实证研究中发现语言和音乐在句法加工方面存在重叠，二者在句法加工上的重叠可以认为是那些提供资源以进行复杂句法整合的神经区域和心理操作的重叠，这是一种称为"共享句法整合资源假设"（Shared Syntactic Integration Resource Hypothesis，SSIRH）（Patel等，2003）的观点。

最后，作者对本章进行了总结，他认为对音乐和语言句法的比较研究应该建立在两个系统的重大差异的认知理解上面，这样对于未来研究的探索很有可能收获颇丰。

（六）意义

第六章主要探讨音乐和语言在意义上的异同。

首先，作者对所讨论的"语言"进行说明，这里的"语言"是指日常交流的普通语言，而不是诗歌、哲学或其他特定形式的话语；"音乐"，指器乐——没有歌词的音乐。

其次，他提出语言意义和音乐意义的关系有着矛盾的特性，一方面是因为音乐有着可以立刻理解却不可以翻译的特性，另一方面是因为音乐比语言更容易跨越文化的界限。语言学的意义大致可以分为两类，语义和语用。而对于音乐的意义作者没有给出明确的定义。

再次，他列出了11种类型的音乐意义的简要分类，目的是探讨音乐表现意义的不同形式。他分别对"与音乐相关的语言学意义"和"歌曲中的语言和音乐意义"进行分析，语言和音乐的篇章连贯性加工存在相似的心理加工机制，但在情绪方面，到目前为止还没有足够的证据表明语音情绪和音乐情绪的大脑加工区是否相同。

最后，他指出了语言和音乐的未来研究方向，即描述由语言和音乐引起的情绪维度的数量、声学线索映射到语音情绪和音乐情绪的方式的差异，以及音色对于语言和音乐情绪的影响等。

（七）演化

第七章主要从演化角度探讨音乐和语言的来源和发展变化。

首先，从演化的角度来看，作者认为语言和音乐是一种特殊的现象。语言是人类独有的能力，而音乐从表面上看似乎并不是人类所独有的，但实际上动物所谓的"歌唱"跟人类的音乐还是存在明显的差别。他通过观察鸟类和鲸鱼歌唱的情况，发现了这些鸣叫类动物的"歌曲"与人类音乐存在几个重要区别：歌曲通常由雄性产生；这是一种受生物性调节的生殖行为；在学习上存在很强的限制；动物歌曲的结构多样性与相等意义上的多样性无关。

其次，作者提出了这样一个问题"语言和音乐是不是自然选择的直接目标？"，这个问题成为这一章的焦点。在语言的自然选择方面，他介绍了支持自然选择在语言进化中的直接作用的10条证据（牙牙语、人类声道的解剖结构、口语学习、语言语音结构的早熟性、语言获得的关键时期、口语和手势语的结构和发展的共性、语言习得的稳健性、增加贫乏的语言输入的复杂性、与语言相关的基因的固定、无法获取语言的生物代价）。在音乐的自然选择方面，作者认为音乐具有人类普遍性这点并不能成为自然选择在音乐进化中起直接作用的证据。

再次，他尝试根据使用语言演化的10条证据来检验音乐，但他发现，无论哪个领域（音乐或语言）在为人类生物学的这些特征提供相关的选择压力时均存在不明确性，相关基因的固定对于选择压力的来源也是模糊的。基于此，他在"音乐结果的学习速度""关键期效应""获得音乐能力的稳健性""获得音乐能力失败的生物学代价""对婴儿的研究""对遗传学的研究""对动物的研究"的研究中认为现有证据仍未可证明音乐未受到自然选择的塑造。

最后，他提出了一个值得探讨的问题，即基于拍子的节奏加工在多大程度上代表了一种领域特殊性、先天性和人类特有的能力。

三、简要评价

本书从不同的角度出发，探索了音乐和语言的关系。根据音乐和语言在声音元素、节奏、旋律、句法和意义等不同层面的研究表明，作者认为应当把语言和音乐看作是子过程的复杂集合，两者存在相似性，但也存在差异。在很多情况下，音乐与语言的关联初看并不明显，但其却存在着深层次的关联性，例如在认知和神经系统中，二者存在明显的相关性。本书在认知层面为探索音乐与语言的关系搭建了框架，也在研究大脑声音表达意义的机制方面为对比音乐和语言的异同提供了有效的方法。本书有以下特色：

第一，融合音乐、语言、认知及神经科学等多个学科，从多个层面对音乐和语言进行比较，是一部优秀的跨学科研究语言和音乐关系的著作。

本书的中心论点是，语言和音乐这两种人类重要的听觉表达形式可能存在相同潜在的神经结构，该书的最佳之处便是作者考察了两者之间的联系。所以这本书能够帮助语言学领域和音乐学领域的研究者在原有研究的基础上，多关注语言和音乐学科的交叉面，拓展研究思路。

在该书出现之前，国内外针对语言或音乐的研究大多都是孤立的、单一的，研究重点多立足于语言或音乐的自身领域，跨领域的研究比较少，同时针对两者的研究方法也有所局限，本书为音乐和语言跨领域研究提供了神经认知方面的研究可能。语言和音乐研究是否能够互为补充也将成为我们在未来研究中需要重点思考的问题。所以今后应当注意两者研究的方法创新，避免局限于具体学科的研究方法，应多角度、多层次探索新的研究方法，这样才能交叉互证，不断提高语言和音乐研究的水平。

第二，研究结构框架清晰，各个章节相互联系又相互独立。

作者从声音元素、节奏、旋律、句法、意义和演化等6章出发，对音乐和语言之间的联系进行探索。这6章既相互关联，又相互独立，也适合仅对其中一章内容感兴趣的读者进行阅读。同时，在本章主题的框架下，每章的前几个小节都对语言和音乐上的特点进行详细讨论，如第三章语言的节奏和音乐的节奏、第四章语言的旋律和音乐的旋律，这些章节都为最后一节提供了背景知识，每章的最后一节主要探讨音乐和语言之间关键的认知联系，提供经验证据，提出未解决问题，并指出今后研究的发展方向。

全书提出的一些未解决的问题非常值得我们进一步思考研究。比如关于语言或音乐本质的问题，像"音乐的意义是什么？""语言旋律和音乐旋律的定义是什么？""语言之间节奏的知觉异同将在多大程度上取决于听者的母语？""非重音语言的母语者的节奏感知线索是怎样的？""为什么英语口语比法语口语在音高音程上的变化更大？""音乐和语调之间存在什么联系？""应该用几个维度来描述语言和音乐所表现的情绪？""音色对语言情绪和音乐情绪的影响是什么？""音乐是不是自然选择的直接目标？"等。这些问题大多数是音乐和语言研究中较为本质的问题，所以在未来研究中，我们在关注语言或音乐研究前沿的同时，更应该注重对语言或音乐学科相关本质问题的展开探讨。

第三，材料丰富翔实，为研究者提供新思路。

全书不仅科普了音乐和语言相关领域的基础知识，也涵盖了前沿的研究理论和方法，全书材料详实，论证有力。该书在运用丰富的范例让不同学科的研究者广泛了解和接受更多其他学科知识的同时，也为学者在相关研究中提供新的思路。

例如在第三章对语言和音乐节奏的比较中，提到音乐中"拍"的概念，"拍"在音乐中是一个基本计时单位，而在语言节奏的研究中似乎缺少一个基本的单位对其进行描述。那么是否可以将音乐中"拍"的概念引入到语言学研究中呢？国内已有学者对此进行了尝试，如殷治纲（2011）将音乐中的"拍"和"节"运用于汉语朗读语篇节奏的研究中，他认为"拍"是一个具有相对稳定特性的研究单位，当假设说话人语速在局部范围内是稳定的，在标准语速下，一个"拍"的长度应该对应于单位音节时长；将"拍"引入语言节奏研究中，音节便不再作为计时单位，比音节级别更高的节奏单元也能够直接用"拍"进行计时，不再受到音节数量的影响；"拍"同时又是一个与心理感知相关的时长单位，所以通过语感经验可以证明"拍"被认为和人说话时的主观时间感关系更加密切。当然他的研究范式也是对语言节奏研究的初步尝试，需要更多的实验证据加以证明，这就需要更多学者站在跨领域的视角下对现有语料进行不断地尝试和探索。

当然本书也存在一些问题。首先，本书主要关注的是西欧传统的调性音乐，对与其节奏组织方式截然不同的东方音乐提及甚少。所以讨论的音乐内容也仅仅限制在西欧传统音乐之内，容易导致研究不够全面的问题。其次，本书主要是对音乐中的器乐和语言中的话语进行对比分析，对跟话语更加密切的各民族"声乐"探索甚少，只在节奏、旋律和意义三章以插曲的形式加以简单介绍。无论是从演化的角度还是人群使用的角度，声乐和话语的关系问题都值得我们深入探讨，而中国境内丰富的民族声乐和语言资源无疑为我们研究该话题提供了良好的条件。最后，书中提出了不少尚待解决的问题，如"音乐和语调之间存在什么联系？""语音情绪和音乐情绪的大脑加工区是否相同""音乐是不是自然选择的直接目标？"等，这些问题都需要进一步研究探索。

总体来讲，该书作为一部跨领域的研究著作，从认知的观点出发，为探索音乐和语言关系提供了一个框架，用新的比较方法打开了新的研究思路，同时还提供了极具价值的研究范式，具有很强的指导性，对语言和音乐的研究者都具有重要启示，是一本值得深入研读和推广普及的优秀著作。

参考文献

［1］帕泰尔，2012.音乐、语言与脑［M］.杨玉芳，蔡丹超译.上海：华东师范大学出版社.
［2］殷治纲，2011.汉语普通话朗读语篇节奏研究［D］.中国社会科学院研究生院博士学位论文.
［3］Patel Aniruddh Daniele, et al, 2003. Stress-Timed vs. Syllable-Timed Music? A Comment on Huron and Ollen（2003）［J］. Music Perception.
［4］Patel A D, 2007.Music, Language, and the Brain［M］.Oxford University Press.

Book Review: Music, Language, and the Brain

DENG Dechong & HOU Xingquan

Abstract: Language and music are phenomena peculiar to human society, and both involve complex and meaningful sequences of sounds. Music, Language, and the Brain provides a comprehensive comparison and summary of what is known about music and language and brain-related empirical research at six levels: sound elements, rhythm, melody, syntax, meaning and evolution, and focuses on elucidating the commonalities between music and language in cognitive processing mechanisms from the perspective of modern cognitive science. This paper focuses on a brief introduction and evaluation of the main contents of the book.

Key words: Music, Language, Brain, Neural

《明代南京官话军屯移民语言接触演变研究》简评

邓宏丽

（暨南大学文学院/汉语方言研究中心　广东广州　510632/
广西科技师范学院文化与传播学院　广西来宾　546199）

【提　要】《明代南京官话军屯移民语言接触演变研究》首次较为系统地分析了津、滇、黔、琼四地军屯移民语言，该著融合了历史层次、语言接触的视角，以语言纵横比较为主要方法探讨四地语言从源到流的变化。文章认为该著材料翔实、方法多元、结论可靠、理论创新，对近代官话史、方言史的研究实践具有借鉴意义。

【关键词】《明代南京官话军屯移民语言接触演变研究》　语言接触　比较　演变

2021年3月，商务印书馆出版了曾晓渝教授著的《明代南京官话军屯移民语言接触演变研究》（以下简称《移民语言研究》），该著是作者主持承担的国家社科基金重点项目"明代南京官话军屯移民语言在津、滇、黔、琼六百年历时演变比较研究"的结项成果。该著首次全面调查津、滇、黔、琼四地军屯移民语言的语音、词汇和语法特征，以纵横比较分析明代南京官话军屯移民语言600多年从源到流的演变，以语言接触视角解释四地军屯移民语言共性和个性形成的原因，是一部融合历史层次视角、语言比较和语言接触理论框架为一体的语言学著作。

多年来，曾晓渝教授致力于近代官话的研究，她在1989年之前就开始研究《西儒耳目资》的音系，并完成她的硕士论文《〈西儒耳目资〉音系研究》。相关研究一直延续至今，长达30多年，作者及其团队从2009年开始先后11次到天津、安徽、江苏、云南、贵州、海南等地进行了调查，调查时间跨度十余年，其中的艰辛和付出可能只有做过田野调查的学者才能深刻体会，这种对学术研究孜孜以求、坚持不懈的精神值得我辈学习。曾教授发表了17篇相关论文，她的3位博士生和2位硕士生的学位论文皆与此项目研究直接相关。因此，该书是他们多年艰辛付出的集成之作。本人多次拜读，获益良多，深受启发，虽然自己才疏学浅，但也想将相关阅读体会记录下来，如有不当之处敬请批评指正。

---

① 基金资助：广东省普通高校人文社会科学重点研究基地（暨南大学汉语方言研究中心）经费支持；广西哲学社会学科学规划研究课题自筹项目"广西西南官话语音声学和感知实验研究"（20FYY018）。

一、《移民语言研究》的特色

1. 内容全面，材料翔实

该著内容较为全面，不仅对津、滇、黔、琼四地现代语音进行了全面的描写，还考察了历时语音的演变，调查了词汇和语法。全书由引言和6章内容组成。引言部分指出语言接触对语言演变的重要性，引入研究的话题。第1章围绕明代南京官话的性质而展开，这是探讨天津话、云南官话、贵州安顺屯堡话和海南崖城话源流的基础性关键问题。第2—5章分别探讨了天津话、云南官话、贵州安顺屯堡话和海南崖城话的源流。第6章是理论提升部分，分析四地军屯移民在南北环境下的演变，解释其共性和个性，归纳官话内部语言接触演变的规律。这让我们在短时间内全面了解明代南京及其移民语言的整体特点和演变过程。

该著所用的材料也非常丰富，主要分为两类，第一类为历史文献材料，包括移民材料和历代韵书韵图材料，移民材料有《中国历史地图集·元明时期》《中国明朝档案总汇》、《中国移民史》（曹树基）等近30本，是方言源流考证的重要旁证。历代韵书韵图材料有《交泰韵》《西儒耳目资》《韵略易通》《韵籁》等近20本，为理清明代南京官话、清代天津话、明清云南官话等的基本面貌而服务。第二类为实地调查的第一手材料，作者及其团队历经10多年先后11次到天津、安徽、江苏、云南、贵州、海南等地进行了调查，掌握了这些地方方言的语音、词汇和语法的基本概况，为该项研究获得了第一手可靠的材料。不管是卫所人员籍贯的材料、历代韵书韵图材料还是实地考察的材料，都是作者及其团队花费大量的时间和精力才整理出来的，语料翔实，真实可信，为相关研究提供了可靠而珍贵的材料。

2. 以纵横比较为主，兼顾其他研究方法

明朝陈第说过："时有古今，地有南北，字有更革，音有转移，亦势所必至。"[①]可见我们的先人早就知道语言演变表现在时间和空间两个维度上。《移民语言研究》最常用的方法就是纵横比较，纵向比较着眼于时间的变化，如比较不同历史时期的丽江话，分析老派丽江话和新派丽江话在时间上的变化；横向比较着眼于空间的变化，如将天津话与周围北京官话、冀鲁官话、江淮官话和中原官话比较，分析天津话受周围方言影响而产生的空间变化。

虽然以纵横比较为主，但也兼顾其他研究方法，如在探讨天津话古入声调类归派上借鉴了应用曲线判定法，运用王洪君（2006）提出的核心通阶和常用通阶的概念，运用阶曲线判定天津话清入归阳平、去声属于外源性层次，归上声、阴平的属于自源层次，因上声字少，阴平字多，因此推测清入声归阴平可能是早期天津话自源性主层次。在屯

---

① （明）陈第：《毛诗古音考自序》。

堡话两字组连读变调中采用语音实验的方法分析。在崖城军话声调系统分析中还借助波形图来说明入声字"抹 ma^{324}"的辅音波形带有很强的喉音色彩。在词汇比较中，以斯瓦迪的核心词作为比较对象，探讨方言间的亲疏关系。曾教授在方法的选择上，不拘一格，以具体比较的语言项目为导向，将传统与现代相结合，继承与创新相结合，这种灵活处理的方式值得我们思考和学习。

3. 以问题为导向，逐层分析核心问题

以问题贯穿始终，是本书最大的特色。从第一章到第六章，共提出21个问题。如第一章的"明代南京辖区分布的官话方言"《西儒耳目资》与明代南京话的关系""明代南京官话的性质""传统明代正音观念下的通用语标准"4个问题，都是为解释明代南京官话性质而服务的，第1—2个问题是解答第3个问题的前提，首先指出明代南直隶辖区存在中原官话和江淮官话，并归纳明代南直隶辖区官话的基本特点，接着分析了《西儒耳目资》的音系，认为其综合了中原官话和江淮官话的语音特点，反映了明代通用的南京官话音系。第3个问题是本章的焦点问题，作者通过7种对音材料音系特点的考察比较，论证了明代南京官话具有权威通用性，且融合了江淮、中原、北京官话的音系特征，实际上是个动态弹性系统。最后一个问题是解释第3个问题的，作者认为明代南京官话之所以具备江淮、中原、北京官话的音系特征，是在"正音"观念下，读书音和口语音的融合。这4个问题每个都切中"明代南京官话的性质"的要害，层层推进，剖析核心问题。作者问题的设置非常严密，一环紧扣一环，论证过程清晰明了，令人信服。以问题为导向的研究思路能迅速让读者了解作者的研究意图，也是该著的一个亮点，值得年轻学者借鉴学习。

4. 理论创新，结论可靠

"很多语言学家主张，语言演变有'内部因素促动的演变'（internally motivated change）和'接触引发的演变'（contact induced change）两类。事实上，假若我们把语言演变界定为从最初的语言使用者的个体创新到这个创新在语言社会的逐渐播散的整个过程，那么在某种意义上，历史语言学家所研究的'语言演变'绝大部分都是由语言接触导致的"[①]（Tomason，2003：687）。可见，语言接触是引起语言不断演变发展的重要动因。津、滇、黔、琼四地官话方言都受周围其他方言接触影响产生了变化，因此作者始终贯穿语言接触理论，揭示明代南京官话军屯移民语言从源到流演变的原因。如引用托马森（Thomason，2007）提出语言接触中的"别同"心理来解释天津话的"另类"，认为天津话声调异于周围的北京官话和冀鲁官话，是因为天津人想彰显自己的个性，选择了不同的语言表现形式，即"语言态度对语言个性的决定性作用"（曾晓渝，2021）。值得一提的是作者从语言接触的视角对四地方言历史演变的差异进行了解释，提出7种影响因素，并将4种方言里"明代南京官话典型特征今仍保存痕迹"的各自差异分别与7种影

---

① Thomason Sarah, "Contact as a Source of Language Change," In Brian Joseph&Richard Janda(eds).The Handbook of Historical Linguistics.（Blackwell Publishing, 2003）.

响因素的重合度进行统计,归纳出影响因素的强弱排序:①语言特征的相对隐性,②说话者的别同心态,③与周边方言差距明显,④地理社会环境(a.同语群体内部通婚,b.语言环境较封闭,c.地理上独处一隅),⑤周边/邻近方言强势。这是该著总结出的官话内部语言接触演变规律,可以说是探索语言接触演变研究理论的一个新尝试,不仅对官话方言接触变异研究具有启示作用,对其他语言或者方言的接触研究也具有重要的借鉴价值。

作者以移民材料作为旁证,以语言素材作为主证,以翔实的材料、灵活的方法、时空的比较和接触的视角,揭示剖析明代南京官话军屯移民语言从源到流的演变,结论可靠,言之有据,令人信服。如作者以"明代大规模汉族军屯移民入滇,其人数占了当时云南总人口数的70%,其中42%的军官来自南直隶,27%来自北方地区和乾嘉时期外省大量移民(主要来自湖广、江西、四川)进入云南"这些移民情况作为旁证,推测明代南京官话是云南官话的源头,再通过《西儒耳目资》《百夷译语》、现代云南官话、江淮官话、中原官话和西南官话的时空比较,发现云南官话遗存了源头语言的特征,因受湖广话和四川话接触影响而产生与周围西南官话一致的特征,剖析了云南官话从源到流的变化。为了证明"最早进入云南的汉语不是云南官话的源头"这个问题,作者比较了不同时期丽江话的调查材料,并与周围方言进行了比较,同时也考察了丽江的社会历史背景,认为老派丽江话可能是唐代从四川进入云南的,是当时南诏贵族学习的目标语,受到母语的负迁移,其声调系统、音节结构都是汉语与纳西语匹配后的结果,具有皮钦语的特点,得出"老派丽江话历史可能比源自明代军屯移民语言的云南官话更长,虽然更古老,但并非云南官话的源头。新派丽江话是近几十年随着云南官话通语昆明话影响的不断加大而兴起的"这个结论。

二、《移民语言研究》的价值

1. 史料价值

《移民语言研究》本身就是一本语言史料,融历史移民材料、历代韵书韵图材料和第一手调查材料于一体。作者梳理了《中国明代档案汇总》中天津卫所、云南卫所和贵州卫所的军官户籍,从原始文件摘录到籍贯地详表的统计,需要花费大量的时间和精力,笔者正参照曾教授的方法统计广西卫所军官的户籍,能深刻体会到这项工作的难度。由于《中国明代档案汇总》没有广东都司军官的档案资料,作者查阅了大量的历史文献材料,才得到崖州守御军官的户籍情况,可见这些材料是非常珍贵的。本书涉及的韵书韵图材料不少于20本,重点分析了《西儒耳目资》《韵籁》《百夷译语》等,作者弄清楚了《西儒耳目资》的基础方言不是江淮官话或南京方言,而是综合了明代中原官话、江淮官话的特点;比较了通行本和修改本《韵籁》的异同之处,肯定了修改本的价值,并归纳了通行本《韵籁》的声韵系统;分析了明代乙、丙和丁《百夷译语》3种版本的共性和差异，得出乙、丙版本的《百夷译语》是基于同一种傣语方言，即芒市傣语，丁种本系列《百夷译语》反映的是清代乾隆间云南汉语方言，根据这些文献材料，呈现了清代乾隆间的云南官话特点。毫无疑问，这些材料对后人研究近代官话具有非常重要的参考价值。天津、安徽、云南、海南、贵州等地的一手材料也是该著重要语料之一，如附录中附有《安徽固镇话同音字表》和《云南腾冲话同音字表》，书中纵横比较的语音、词汇和语法材料都是作者通过多种方法和多种渠道获得的，材料翔实可靠，具有重要的史料价值。

2. 创新价值

纵观以往明清官话方言研究，一般都是"基于文献资料的静态单点研究模式"[①]。作者突破了静态单点研究模式，着眼于语言演变，揭示明代南京官话及其后裔语言系统变化的动态性，具有一定的创新性。作者首先探讨了源头语言明代南京官话的性质，分析比较了明代系列官话韵书所反映的音系特征，得出明代权威性通用官话的基本音系特征融合了北京官话、中原官话和江淮官话的特征，也就是说明代权威性通用官话在实际交际中并非是固化、系统的，而是具有动态弹性的。然后系统比较明代南京官话、清代天津话、明清云南官话和现代天津话、云南官话、安顺屯堡话、崖城话，同时也与周围的冀鲁官话、西南官话等方言进行比较，探讨源头语明代南京官话到支流语天津话、云南官话、安顺屯堡话和崖城的动态变化过程，且以语言接触的视角揭示演变的机制。作者用实例论证了"语言的动态性"不仅体现在从源到流变化的动态性，也体现在同一时期的语言本身的动态性，研究模式也是多点比较探讨语言动态变化的本质，打破了以往静态的视角和单点研究的模式，对明清官话的研究模式具有创新价值。

3. 启示作用

《移民语言研究》对近代官话研究接触演变研究具有较大的启示作用，尤其是广西官话。明代广西境内也有军屯驻入，据范玉春（2018）调查发现广西境内先后曾设置11个卫、11个千户所，其中由广西都司管辖的有广西护卫、桂林右卫、桂林中卫、南宁卫、柳州卫等10个卫，以及灌阳、全州、平乐、富川等11个直属千户所。卫所的军官江淮户籍最多，湖广、江西次之。据《桂林右卫武官选簿》记录了174名（武官或其家族）从都指挥使至试百户等不同等级武官的籍贯，其中来自江淮地区的共有50名，占到近30%，如定远徐氏、寿州王氏、寿州方氏、寿州史氏、凤阳戚氏。据乾隆《南宁府志》记载，南宁卫及其下辖卫所至少有18名来自江淮的武官，驯象卫至少有10名，其中指挥吴世勋、陶源、王懋德、李延忠、杨式、吴怀仁、孙云仍以及卫镇抚王殿亨均是江淮籍，此外还有王得全椒王氏。

广西语言相当复杂，除了官话，还有粤语、客家话、湘语和闽语，以及少数民族语言如壮语、苗语和瑶语等。广西官话处在这样多语多方言的环境下，对其进行研究，语

[①] 曾晓渝：《明代南京官话军屯移民语言接触演变研究》，商务印书馆，2021年，第2页。

言接触的问题是绕不开的。近来笔者发现 n、l 分明、分尖团为广西官话的主流特征，这两个特征异于主流的西南官话，与明代南京官话一致。笔者也观察到从柳州南下到来宾再到武鸣，广西官话中的入声韵越来越多，尤其是在武鸣官话中，已系统地出现在音系中，到底是语言底层的保留还是受语言接触影响产生有待研究。以广西军屯移民情况为旁证，广西官话部分语音特点又与明代南京官话一致，部分官话方言点的语言特征与桂林话和柳州话差异较大，那我们是否可以猜测以下问题："广西官话与明代军屯移民是否有关""广西源头是否是明代南京官话""广西官话是否受到周围语言和方言的影响"，这些问题都是值得进一步研究的。

三、结语

作者在结语中提到："无论共时还是历时，官话方言内部以及其他方言接触的相互影响普遍存在，由此产生的许多复杂方言现象尚待研究。"《移民语言研究》为这类研究提供了一个范式，它创新了语言接触理论，对官话方言接触变异研究具有启示作用，其研究思路和研究方法对近代官话史、方言史的研究实践具有借鉴意义，翔实的材料和可靠的结论也为相关研究提供了重要的参考价值。

参考文献

[1] 范玉春, 2018. 明代广西卫所的建置沿革及其时空特征——"明代广西的军事移民与地方社会"系列研究之一[J]. 贺州学院学报, 34(4): 11–18.

[2] 范玉春, 2019. 明代广西卫所官军来源考——"明代广西的军事移民与地方社会"系列研究之二[J]. 贺州学院学报, 35(3): 23–28.

[3] 陆淼焱, 2012. 武鸣县城官话调查报告[D]. 广西大学硕士学位论文.

[4] 苏士俊, 等, 南宁府志·职官志·武职: 卷二九[Z]. 乾隆刻本.

[5] 王洪君, 北京话清入归调的层次与阶曲线判定法——兼评《基本词汇与语言演变》（汪、王 2004）[M]// 语言学论丛: 第三十三辑. 北京: 商务印书馆, 2006.

[6] 佚名, 2001. 桂林右卫武官选簿[M]// 中国第一历史档案馆, 辽宁省档案馆. 中国明代档案总汇: 第 58 册. 桂林: 广西师范大学出版社.

[7] 曾晓渝, 2021. 明代南京官话移民语言接触演变研究[M]. 北京: 商务印书馆.

[8] Thomason Sarah, 2003. Contact as a Source of Language Change[M]// Brian Joseph, Richard Janda. The Handbook of Historical Linguistics. Blackwell Publishing.

[9] Thomaon, Sarah Grey. 2007. Language and Deliberate Change[J]. Journal of Language.

A Brief Comment on "Garrison Migration and Dialect Contact: A Geolinguistic Study of Four Descendants of Ming Dynasty Nanjing Mandarin"

DENG Hongli

Abstract: "Garrison Migration and Dialect Contact: A Geolinguistic Study of Four Descendants of Ming Dynasty Nanjing Mandarin" systematically analyzes the language of military immigration from Jin, Dian, Qian, and Qiong. This book combines the perspectives of historical levels and language contact, and comparison of languages as the main method to explore the changes from the source to the flow of languages in the four places. The article believes that the work has detailed materials, diverse methods, reliable conclusions, and theoretical innovations, which have reference significance for the research and practice of modern Mandarin and dialects history.

Key words: "Garrison Migration and Dialect Contact: A Geolinguistic Study of Four Descendants of Ming Dynasty Nanjing Mandarin", Language contact, Compare, Evolution